Grundfragen demokratischer
und rechtsstaatlicher Verwaltung

Grundfragen demokratischer und rechtsstaatlicher Verwaltung

1. Deutsch-Japanisches Verwaltungsrechtskolloquium

Herausgegeben von

Bernd Grzeszick und Wolfgang Kahl

Mohr Siebeck

Bernd Grzeszick ist Direktor des Instituts für Staatsrecht, Verfassungslehre und Rechtsphilosophie sowie des Heidelberg Center for American Studies.

Wolfgang Kahl ist Direktor des Instituts für deutsches und europäisches Verwaltungsrecht sowie der Forschungsstelle für Nachhaltigkeitsrecht der Universität Heidelberg.

Gedruckt mit freundlicher Unterstützung der Fritz Thyssen Stiftung für Wissenschaftsförderung.

ISBN 978-3-16-163455-0 / eISBN 978-3-16-163456-7
DOI 10.1628/978-3-16-163456-7

Die Deutsche Nationalbibliothek verzeichnet diese Publikation in der Deutschen Nationalbibliographie; detaillierte bibliographische Daten sind über *https://dnb.dnb.de* abrufbar.

Das Buch wurde von Gulde Druck aus der Times gesetzt, in Tübingen auf alterungsbeständiges Werkdruckpapier gedruckt und von der Buchbinderei Nädele in Nehren gebunden.

Printed in Germany.

Vorwort

Der vorliegende Band enthält die gesammelten Vorträge, die auf dem 1. Deutsch-Japanischen Verwaltungsrechtskolloquium am 28. und 29. April 2023 in Heidelberg gehalten wurden. Thematisch sind die Beiträge den Grundfragen demokratischer und rechtsstaatlicher Verwaltung gewidmet, um als Eröffnungsveranstaltung den Bogen zu spannen für weitergehende rechtsvergleichende Betrachtungen auf dem Gebiet des Verwaltungsrechts, die Gegenstand künftiger Tagungen in Japan und Deutschland sein sollen.

Ermöglicht wird dies durch die großzügige Förderung seitens der Fritz Thyssen Stiftung, die das Vorhaben von Beginn an und ausdauernd positiv begleitet, wofür wir uns herzlich bedanken.

Heidelberg, im August 2023 — Bernd Grzeszick und Wolfgang Kahl

Inhaltsverzeichnis

Teil III
Exekutive Normsetzung in der parlamentarischen Demokratie

Teil IV
Ermessens(fehler)lehre in Japan

Teil V
Externer Sachverstand und Verwaltungswissen in der pluralen Gesellschaft

Teil VI
Vermeidung von Kontroll- und Verantwortungsdefiziten bei unabhängigen Verwaltungseinheiten

Teil VII
Berichte aus parallel tagenden Arbeitskreisen: „Bericht aus der VDStRL“ und „Vorstellung der JStRLV“

Begrüßung

Wolfgang Kahl[*]

Die deutsch-japanischen Wissenschaftsbeziehungen auf dem Gebiet des Verwaltungsrechts reichen bis in die Gründungszeit des modernen japanischen Staates, die sog. Meiji-Restauration[1] zurück. Dabei war die Rechtsvergleichung für die Entwicklung des japanischen Verwaltungsrechts stets von besonderer Bedeutung.[2] Seit dem letzten Drittel des 19. Jahrhunderts, spätestens seit der Arbeit an der Meiji-Verfassung von 1889, findet in Japan eine intensive Rezeption des deutschen öffentlichen Rechts statt. Diese Rezeption äußerte sich anfangs etwa in der Lektüre von *Otto Mayers* „Verwaltungsrecht", verbreiterte sich aber in der Folge und wandte sich auch zahlreichen sonstigen Fragen zu. Sie umfasst mittlerweile *vice versa* auch, wenngleich – vor allem aufgrund des Sprachproblems – in schwächerer Form die Rezeption des japanischen Verwaltungsrechts durch die deutsche Verwaltungsrechtswissenschaft.

Die dominierende Traditionslinie geht dabei von *Tatsukichi Minobe* (1873–1948) über *Jirō Tanaka* (1906–1982) zu dessen Schülern als Schlüsselfiguren des Verwaltungsrechtsaustausches in den letzten 60 Jahren. Namentlich ragt insofern vor allem das Wirken von *Hiroshi Shiono* (Universität Tokio) und der von ihm geprägten „Tokio-Schule" (Schüler u.a.: *Hikaru Takagi*, *Yoichi Ohashi*, *Ryuji Yamamoto*) sowie das von *Tokiyasu Fujita* (Universität Tohoku, Richter am Supreme Court) heraus.

Dabei bestanden von Anfang an weit verzweigte, zumeist auf individuellen Kontakten basierende und hier nicht vollständig darstellbare Austauschbeziehungen. Diese weisen einen bemerkenswerten Schwerpunkt im süddeutschen Raum, namentlich mit Universitäten in Baden-Württemberg (vor allem Freiburg, Heidelberg, Konstanz) auf. Daneben bestehen aber auch Beziehungen zu zahlreichen weiteren deutschen Universitäten, etwa Berlin (*Michael Kloepfer, Christian*

---

[*] Ich danke *Eberhard Schmidt-Aßmann* und *Ruyji Yamamoto* für hilfreiche Hinweise.

[1] Siehe dazu *Ishikawa*, Friedrich Franz von Mayer, 1992, S. 217 ff.; ferner das Stichwort „Meiji-Restauration", in: Wikipedia, https://de.wikipedia.org/w/index.php?title=Meiji-Restauration&oldid=231738274 (abgerufen: 21. April 2023).

[2] Vgl. *Kischel*, Rechtsvergleichung, 2015, § 9 Rn. 137 ff.; *Baum*, in: Kaspar/Schön (Hrsg.), Einführung in das japanische Recht, 1. Aufl. 2018, § 1 Rn. 1 ff.; *Oda*, Japanese Law, 4. Aufl. 2021, S. 1 ff., 53 ff.

Waldhoff), Bonn (*Fritz Ossenbühl*), Hamburg (*Hans-Heinrich Trute*), Köln (*Klaus Stern*), München (*Peter Badura*, *Peter Lerche*) und Münster (*Dirk Ehlers*). Vor allem *Shiono* und *Fujita* waren in den 60er und 70er-Jahren des letzten Jahrhunderts Gastwissenschaftler in Freiburg bei *Martin Bullinger*, *Konrad Hesse* und *Rainer Wahl*; über *Winfried Brohm* und *Ohashi* geht die Linie nach Konstanz (dort auch zu *Hartmut Maurer*). Einen spezifischen Bezug hat die deutsch-japanische Verwaltungsrechtsvergleichung schon früh zu Heidelberg: In den 1960er Jahren unternahmen Verwaltungsrechtler aus der „Kyoto-Schule", vor allem *Tsutomu Muroi* (ab 1966 Universität Nagoya) und *Bin Takada* (ab 1967 Universität Osaka), einen Forschungsaufenthalt bei *Ernst Forsthoff*. Hier beschäftigte sich *Takada* eingehend mit deutscher Literatur zum Rechtsstaatsdenken des 18. und 19. Jahrhunderts. Es folgte ein Aufenthalt *Forsthoffs* in Japan, in dessen Rahmen dieser Hiroshima, Osaka und Tokio besuchte. Während seines Aufenthalts wurde mit *Forsthoff* gemeinsam eine Sondertagung der Vereinigung der Japanischen Öffentlichen Rechtslehrer veranstaltet. Prägend sind aus Heidelberger Sicht aber vor allem die Zentralfiguren *Fujita* und *Shiono* sowie in deren Gefolge bis in die Gegenwart hinein zahlreiche Professoren (insbesondere *Yamamoto*, *Masahiko Ohta*, *Tomohiko Tatsumi*) der Universität Tokio, aber auch Ministerialbeamte aus Tokio, die das Institut für deutsches und europäisches Verwaltungsrecht (IVR) in Heidelberg besuchten und weiterhin besuchen. Auf Heidelberger Seite wirkte insofern vor allem der an der Rechtsvergleichung im Öffentlichen Recht auch mit Japan stets besonders interessierte *Eberhard Schmidt-Aßmann*[3] maßgeblich mit, dessen Schriften[4] auch im asiatischen Raum bis heute eine breite Rezeption erfahren.

Auch im Jahre 2023 ist der Austausch im Verwaltungsrecht zwischen Deutschland und Japan nach wie vor lebendig und fruchtbar, auch wenn sich stets nur eine kleinere Gruppe der Professorinnen und Professoren für Rechtsvergleichung interessiert und der deutsch-japanische Vergleich zudem in beiden Ländern mit der wachsenden Konkurrenz aus den USA, England und Frankreich zu kämpfen hat. Auch heute noch kommen zahlreiche japanische Wissenschaftler als Gastforscher nach Deutschland, häufig im Rahmen ihrer zweiten Qualifikationsschrift und danach im Rahmen von Folgeaufenthalten. Auch heute noch reisen zahlreiche deutsche Rechtswissenschaftler zu Vortragsaufenthalten nach Japan, viele Jahre verdienstvoll gefördert vor allem von der Kawanaka-Stiftung. Diese Vortragsreisen führen nicht selten – dank der Übersetzung durch unsere äußerst sprachkundigen japanischen Kollegen – zu Folgepublikationen deutscher Wis-

---

[3] Vgl. *Schmidt-Aßmann*, ZaöRV 78 (2018), S. 807 ff.

[4] Allgemein wirkmächtig im ausländischen Verwaltungsrecht, auch in Japan, etwa *Schmidt-Aßmann*, Das allgemeine Verwaltungsrecht als Ordnungsidee, 2. Aufl. 1998; *ders.*, Verwaltungsrechtliche Dogmatik, 2013 (2. Aufl. 2023).

senschaftler in japanischen Fachzeitschriften. Umgekehrt publizieren japanische Wissenschaftler wichtige Beiträge in deutschen Tagungsbänden, Festschriften und Fachzeitschriften. So wurden in jüngerer Zeit etwa in Freiburg,[5] Tübingen[6] oder Speyer[7] gemeinsame deutsch-japanische Tagungen durchgeführt.[8] Japanische Öffentlich-Rechtler nehmen überdies regelmäßig als Gäste an den Verhandlungen der Vereinigung der Deutschen Staatsrechtslehrer (VDStRL) teil.[9] Die wichtigsten Schriften deutscher Verfassungs- und Verwaltungsrechtler, zunächst das Deutsche Verwaltungsrecht *O. Mayers*, später zentrale Werke etwa von *Konrad Hesse*, *Eberhard Schmidt-Aßmann* oder *Rainer Wahl*, wurden ins Japanische übersetzt.

Dabei hat das „Schulen-Denken" (insbesondere „*Schmitt*-Schule" vs. „*Smend*-Schule"), das sich im Verwaltungsrecht vor allem in dem Streit „Verwaltungsakt vs. Verwaltungsrechtsverhältnis" abbildete, über die Jahre erfreulicherweise an Bedeutung verloren und einer differenzierteren Betrachtung Platz gemacht. In den Vordergrund getreten sind, verstärkt in den neunziger Jahren durch das Inkrafttreten des japanischen Verwaltungsverfahrensgesetzes 1993[10] einerseits und die Einflüsse der Reformdiskussionen um die Neue Verwaltungsrechtswissenschaft in Deutschland[11] andererseits, offenere, konstruktiv-gegenstandsbezogene

---

[5] Vgl. etwa die Nachweise in den Fußnoten 21 f.

[6] Vgl. etwa *Kitagawa* et al. (Hrsg.), Regulierung – Deregulierung – Liberalisierung, 2001.

[7] Vgl. etwa *Ziekow* (Hrsg.), Wandel der Staatlichkeit und wieder zurück?. Die Einbeziehung Privater in die Erfüllung öffentlicher Aufgaben (Public Private Partnership), 2011, dort insbesondere die Beiträge von *Akio Takahashi* und *Atsunori Isomura*.

[8] Wiederum nur stellvertretend sei genannt die von *Rainer Pitschas* und *Shigeo Kisa* 1999 in Speyer veranstaltete Tagung zur „Internationalisierung von Staat und Verfassung im Spiegel des deutschen und japanischen Staats- und Verwaltungsrechts" unter Beteiligung japanischer und deutscher Rechtswissenschaftler, vgl. *Pitschas/Kisa* (Hrsg.), Internationalisierung von Staat und Verfassung im Spiegel des deutschen und japanischen Staats- und Verwaltungsrechts, 2002.

[9] Siehe zur weiteren Optimierung der wechselseitigen Informiertheit über die aktuellen Entwicklungen und Diskurse im Fach auch die Berichte von *Hirotaka Tokumoto* und *Jens-Peter Schneider* in diesem Band.

[10] *Sakurada/Bölicke*, ZJapanR 5 (1998), S. 169 ff. Dazu *Shiono*, VerwArch 84 (1993), S. 45 ff. Ferner *Ködderitzsch*, ZJapanR 2 (1996), S. 131 ff.; *Bullinger*, VerwArch 84 (1993), S. 65 ff. Eingehend *Takagi/Tsuneoka/Suda*, Jôkai Gyôsei Tetsuzukihô (Kommentar zum jVwVfG), 2. Aufl. 2017.

[11] Vgl. die von *Wolfgang Hoffmann-Riem* und *Eberhard Schmidt-Aßmann* in den Jahren 1993–2004 herausgegebenen 10 Bände der „Schriften zur Reform des Verwaltungsrechts" sowie anschließend *Hoffmann-Riem/Schmidt-Aßmann/Voßkuhle* (Hrsg.), Grundlagen des Verwaltungsrechts, 1. Aufl. 2006, 3. Aufl. 2022 (nunmehr herausgegeben von *Voßkuhle/Eifert/Möllers*). Berichtend *Kersten*, in: Kahl/Ludwigs (Hrsg.), Handbuch des Verwaltungsrechts, Band I, § 25; *Kahl*, European Public Law (EPL) 16 (2010), S. 105 ff. (chinesische Übersetzung in: Huxiang Law Review 3 [2023], S. 148 ff.).

Debatten. Sie haben die frühere (zu) einseitige Ausrichtung am Verwaltungsakt überwunden und befassen sich nun auch eingehend mit sonstigen verwaltungsrechtlichen Fragen, etwa dem in Japan als Gyoseishido („Verwaltungsanleitung“) bezeichneten informellen Verwaltungshandeln sowie Verhandlungslösungen und deren Durchsetzung.[12] Weitere Themen der Beschäftigung waren in jüngerer Zeit beispielsweise die Steuerung der Verwaltung durch Recht,[13] der Verwaltungsstil,[14] die Ermessenslehre,[15] die Öffentlichkeitsbeteiligung im Rahmen der exekutiven Normsetzung,[16] die Konstitutionalisierung, zumal Demokratisierung[17] des Verwaltungsrechts[18] oder die Rentenversicherung und Generationengerechtigkeit[19].[20]

Zuletzt hat sich der deutsch-japanische Rechtsvergleich tendenziell etwas auf das Verfassungsrecht verlagert, wie die von *Rainer Wahl* 1998, 2000, 2004 und 2005 veranstalteten Tagungen[21] sowie die seit 2015 von *Matthias Jestaedt* und *Hidemi Suzuki* organisierten „Deutsch-Japanischen Verfassungsgespräche“[22] un-

---

[12] Vgl. *Fujita*, Die Verwaltung 15 (1982), S. 226 ff.; *dens.*, in: Hoffmann-Riem/Schmidt-Aßmann (Hrsg.), Konfliktbewältigung durch Verhandlungen, Band 1, 1990, S. 289 ff.; *dens.*, NVwZ 1994, S. 133 ff.; *Shiono*, in: Tsuji (Hrsg.), Public administration in Japan, 1984, S. 239 ff.; *dens.*, in: FS für Peter Lerche, 1993, S. 851 ff. Ferner *Ohashi*, VerwArch 82 (1991), S. 220 ff.; *ders.*, in: Riedel (Hrsg.), Bedeutung von Verhandlungslösungen im Verwaltungsverfahren, 2002, S. 51 ff.; *Takada*, DÖV 2002, S. 265 ff. Berichtend aus deutscher Sicht *Leiße*, DÖV 2008, S. 802 ff.; *Marutschke*, Einführung in das japanische Recht, 2. Aufl. 2009, S. 80 ff.

[13] *Ohashi*, in: Trute/Groß/Röhl/Möllers (Hrsg.), Allgemeines Verwaltungsrecht – zur Tragfähigkeit eines Konzepts, 2008, S. 513 ff.; *Yamamoto*, DÖV 2006, S. 848 ff.

[14] *Shiono*, in: Coing (Hrsg.), Die Japanisierung des westlichen Rechts, Japanisch-deutsches Symposion in Tübingen vom 26. bis 28. Juli 1988, 1990, S. 45 ff.

[15] *Yamamoto* (Fn. 13), S. 848 ff.; *ders.*, VerwArch 109 (2018), S. 190 ff. (211 ff.); *Tatsumi*, in diesem Band.

[16] *Ohashi* (Fn. 13), S. 522 f.; *Yamamoto*, in: Trute/Groß/Röhl/Möllers (Hrsg.), Allgemeines Verwaltungsrecht – zur Tragfähigkeit eines Konzepts, 2008, S. 899 (922 ff.).

[17] *Yamamoto*, JöR 65 (2017), S. 849 ff.

[18] *Yamamoto* (Fn. 16), S. 899 ff.

[19] *Ohta*, in: Gebauer/Isomura/Kansaku/Nettesheim (Hrsg.), Alternde Gesellschaften im Recht, 2015, S. 149 ff.; *ders.*, in: Kasagi (Hrsg.), Solidarity Across Generations, 2020, S. 151 ff.

[20] Vgl. im Übrigen auch noch *Takada*, DÖV 2002, S. 265 ff.

[21] Die beiden erstgenannten Tagungen zu den Themen „Verfassungsprobleme der Biomedizin“ und „Umweltverfassungsrecht“, die beiden letztgenannten Tagungen zum Thema „Verfassungsänderung, Verfassungswandel, Verfassungsinterpretation“, vgl. *Wahl* (Hrsg.), Verfassungsänderung, Verfassungswandel, Verfassungsinterpretation, Vorträge bei deutsch-japanischen Symposien in Tokio 2004 und Freiburg 2005, 2008.

[22] Vgl. *Jestaedt/Suzuki*, Verfassungsentwicklung I, Auslegung, Wandlung und Änderung der Verfassung. Deutsch-japanisches Verfassungsgespräch 2015, 2017; *dies.*, Verfassungsentwicklung II, Verfassungsentwicklung durch Verfassungsgerichte. Deutsch-Japanisches Verfassungsgespräch 2017, 2019; *dies.*, Verfassungsentwicklung III, Verfassungsentwicklung im Gesetz. Deutsch-Japanisches Verfassungsgespräch 2019, 2021.

terstreichen. Umso größer ist das Bedürfnis, diese wichtige verfassungsrechtliche Kooperation nun durch einen alle zwei Jahre in Deutschland bzw. Japan zusammenkommenden, institutionalisierten Gesprächskreis „Deutsch-Japanisches Verwaltungsrechtskolloquium" zu ergänzen. Auch für das Verwaltungsrecht bedarf es für unsere beiden Länder eines festen und längerfristigen Forums gegenseitigen Erfahrungsaustausches und gemeinsamen Lernens,[23] in das auch jüngere Nachwuchswissenschaftler/-innen einbezogen werden.

Es ist *Bernd Grzeszick* und mir daher eine große Freude, Sie, sehr geehrte Kolleginnen und Kollegen, heute zum ersten Zusammentreffen unseres durch die Fritz-Thyssen-Stiftung großzügig geförderten neuen Gesprächskreises (zu dessen Teilnehmerinnen und Teilnehmern siehe die Liste am Ende des Buches) begrüßen zu dürfen. Unsere erste Tagung war ursprünglich bereits für das Jahr 2020 geplant, musste dann aber wie so vieles infolge der Covid-19-Pandemie leider dreimal verschoben werden. Nun freuen wir uns umso mehr auf das gegenseitige Kennenlernen sowie auf anregende Fachvorträge und Diskussionen und heißen Sie auf das Herzlichste zum 1. Deutsch-Japanischen Verwaltungsrechtskolloquium in Heidelberg willkommen. Eine besondere Freude ist es uns ferner, heute Abend den Präsidenten des Bundesverfassungsgerichts, Herrn Prof. Dr. *Stephan Harbarth*, als Gast begrüßen zu dürfen; Herr *Harbarth* hat sich freundlicherweise bereiterklärt, eine Dinner-Speech über „Die Bedeutung der Rechtsvergleichung in der Rechtsprechung des Bundesverfassungsgerichts" zu halten.[24]

[23] Siehe allgemein auch die Aktivitäten und Ziele der Deutsch-Japanischen Juristenvereinigung; dazu das Stichwort „Ziele", in: Deutsch-Japanische Juristenvereinigung e.V., https://djjv.org/index.php/de/djjv/ziele-der-djjv. Auch gelegentliche Symposien der Alexander von Humboldt-Stiftung trugen in der Vergangenheit zur Verbesserung des gegenseitigen kulturellen und juristischen Verständnisses und zur Anbahnung von Kontakten bei; erwähnt sei als eines der Resultate nur der Sammelband von *Berberich/Holl/Maaß* (Hrsg.), Neue Entwicklungen im Öffentlichen Recht, 1979, dort insbesondere der 3. Teil (Verwaltungsrecht).

[24] Die Rede ist in diesem Band mitabgedruckt, s. unten S. 9ff.

Teil I

Die Bedeutung der Rechtsvergleichung in der Rechtsprechung des Bundesverfassungsgerichts*

Stephan Harbarth

I. Einführung

Warum sollte es für die Rechtsprechung des Bundesverfassungsgerichts von Bedeutung sein, wie das Recht eines anderen Staates einen bestimmten Konflikt löst? In den Vereinigten Staaten von Amerika würde die Antwort von Vertretern des „Originalism" in etwa so lauten, wie es Justice *Antonin Scalia* in seinen Opinions wiederholt zum Ausdruck brachte:

> „[I]rrelevant are the practices of the ‚world community,' whose notions of justice are (thankfully) not always those of our people."[1]

oder:

> „We must never forget that it is a Constitution for the United States of America that we are expounding […] [W]here there is not first a settled consensus among our own people, the views of other nations, however enlightened the Justices of this Court may think them to be, cannot be imposed upon Americans through the Constitution."[2]

Die deutsche und europäische Rechtstradition teilt diese komparative Skepsis nicht.[3] So hat *Peter Häberle* bereits 1989 in einem vielbeachteten Aufsatz die Rechtsvergleichung im Verfassungsrecht gar als „fünfte Auslegungsmethode" neben dem klassischen Methodenkanon *Savignys* proklamiert.[4] Und in der Tat: Versteht man die Verfassung nicht als starres, unveränderliches Dokument, so

---

* Der Verfasser dankt Herrn Dr. Dominik Meier, LL.M. (Yale) für die hilfreiche Unterstützung bei der Vorbereitung des der Veröffentlichung zugrundeliegenden Vortrags für das 1. Deutsch-Japanische Verwaltungsrechtskolloquium an der Ruprecht-Karls-Universität Heidelberg am 28. April 2023.

1 Supreme Court, Atkins v. Virginia, 536 U.S. 304, 347 f. (2002). Indessen gibt es auch viele U.S.-amerikanische Juristen, die sich für mehr Rechtsvergleichung aussprechen (siehe statt aller *Ginsburg*, EuGRZ 2005, S. 341).

2 Supreme Court, Thompson v. Oklahoma, 487 U. S. 815, 868 f. (1988).

3 Noch weiter geht die südafrikanische Verfassung, die Bill of Rights, die in Art. 39 Abs. 1 lit. c eine ausdrückliche Ermächtigung zur Rechtsvergleichung enthält: „When interpreting the Bill of Rights, a court, tribunal or forum […] may consider foreign law."

4 *Häberle*, JZ 1989, S. 913.

dürfte insbesondere angesichts der fortschreitenden gesellschaftlichen, wirtschaftlichen und technologischen Globalisierung viel dafür sprechen, den Blick weniger auf das „Ob" und mehr auf das „Wie" von Rechtsvergleichung zu richten.

Erst recht gilt dies für eine der Europa- und Völkerrechtsfreundlichkeit verpflichtete Verfassung. Das Unions- und Völkerrecht setzt bis zu einem gewissen Grad eine Rezeption der Rechtsordnungen der Mitglied- bzw. Konventionsstaaten voraus, weil es sich teilweise aus den gemeinsamen Verfassungsüberlieferungen der Nationalstaaten speist.[5] Umgekehrt hält der Grundsatz der Europa- und Völkerrechtsfreundlichkeit des Grundgesetzes das Bundesverfassungsgericht dazu an, Auslegungsspielräume im Sinne unions- bzw. völkerrechtlicher Wertungen zu nutzen.[6] Aufgrund dieser vertikalen Verschränkungen mit beiderseitiger Rezeptionsrichtung drängt sich Rechtsvergleichung vielfach geradezu auf.

Im Folgenden sei die Bedeutung der Rechtsvergleichung in der Rechtsprechung des Bundesverfassungsgerichts in einigen Facetten kursorisch beleuchtet. Den Beginn markiert dabei eine Bestandsaufnahme darüber, in welchem Umfang und in welcher Weise das Bundesverfassungsgericht in seinen Entscheidungen rechtsvergleichend argumentiert (II.). Im Anschluss an Überlegungen zum Zweck der Rechtsvergleichung und zu ihrer Legitimation in der Verfassungsrechtsprechung (III.) werden die Voraussetzungen für eine gelingende Verfassungsrechtsvergleichung konkretisiert (IV.), bevor ein knappes Fazit gezogen wird (V.).

II. Bestandsaufnahme

Die Bedeutung der Rechtsvergleichung in der Rechtsprechung des Bundesverfassungsgerichts lässt sich sowohl quantitativ (1.) als auch qualitativ (2.) vermessen.

1. Quantität

Zu Beginn der 1950er Jahre konnte das Bundesverfassungsgericht auf keine eigene Rechtsprechung und erst recht auf keine eigene „ständige Rechtsprechung" rekurrieren – eine solche musste erst noch entwickelt werden. Jedenfalls auch deshalb war bei der Entfaltung der eigenen verfassungsrechtlichen Dogma-

[5] Vgl. Art. 6 Abs. 3 EUV, Art. 52 Abs. 4 Grundrechte-Charta.

[6] Siehe hierzu nur BVerfGE 128, 326 (366 ff.).

tik das komparative Engagement des Gerichts von Anfang an groß.[7] Allein im ersten Band der Entscheidungssammlung finden sich fünf Entscheidungen mit komparativen Elementen; dies entspricht mehr als 10 % aller dort veröffentlichten Entscheidungen.[8] In den 1960er Jahren nahm die Bereitschaft zur Rechtsvergleichung zunächst ab, seit den 1970er Jahren steigt sie jedoch kontinuierlich an.[9] In den 2000er Jahren enthielten nach einer Auswertung von *Martini* 12,4 % der Senatsentscheidungen rechtsvergleichende Bezüge.[10] Aktuelle Zahlen liegen nicht vor; es darf aber angenommen werden, dass sich der Aufwärtstrend fortgesetzt hat und der Anteil heute deutlich höher liegt. Überproportional häufig enthalten Sondervoten komparative Elemente.[11]

Das Feld der Vergleichsrechtsordnungen wird statistisch von der US-amerikanischen Rechtsordnung angeführt, wobei in der Summe mit Abstand europäische Rechtsordnungen dominieren.[12] Die Berücksichtigung der Verfassungsordnungen europäischer Staaten ist neben der (teilweise) leichteren sprachlichen Zugänglichkeit und der gemeinsamen historisch-kulturellen Vergangenheit[13] vor allem der europäischen Integration geschuldet, auf die noch gesondert einzugehen sein wird.[14] Doch auch asiatische Rechtsordnungen – wie etwa die Japans[15] –

---

[7] *Tschentscher*, JZ 2007, S. 807 (808); *Voßkuhle*, ZaöRV 79 (2019), S. 481 (494). Nach einer Auswertung von *Martini* verglich das Bundesverfassungsgericht in den 1950er Jahren in 6 % aller Senatsentscheidungen (*Martini*, Vergleichende Verfassungsrechtsprechung, 2018, S. 94). Siehe für eine weitere statistische Auswertung *Cárdenas Paulsen*, Über die Rechtsvergleichung in der Rechtsprechung des Bundesverfassungsgerichts, 2009, S. 34 sowie für eine frühe Analyse auch *Mössner*, AöR 99 (1974), S. 193 (228 ff.).

[8] BVerfGE 1, 97 (101 f.); 1, 144 (151 und 155 f.); 1, 208 (256); 1, 332 (347); 1, 372 (381 f.). Zu den Entscheidungen im ersten Band *Tschentscher*, JZ 2007, S. 807 (808 mit Fn. 10).

[9] So *Martini*, Vergleichende Verfassungsrechtsprechung, 2018, S. 94 hinsichtlich der Senatsentscheidungen: 1960er Jahre: 2,8 %, 1970er Jahre: 3,3 %, 1980er Jahre: 4,1 %, 1990er Jahre: 5,3 %. Vgl. für eine statistische Auswertung auch *Cárdenas Paulsen*, Über die Rechtsvergleichung in der Rechtsprechung des Bundesverfassungsgerichts, 2009, S. 34.

[10] *Martini*, Vergleichende Verfassungsrechtsprechung, 2018, S. 94 (die Daten reichen jedoch nur bis zum 131. Entscheidungsband im Jahr 2012).

[11] *Häberle*, in: Vergleichende Verfassungsrechtsprechung, S. 251 (256 f.); *Martini*, Vergleichende Verfassungsrechtsprechung, 2018, S. 176 ff. So lässt etwa das Sondervotum im ersten Schwangerschaftsabbruchsurteil 1975 deutliche Sympathien für die erst zwei Jahre vorher ergangene Entscheidung *Roe v. Wade* des U.S. Supreme Court (410 U.S. 113) erkennen (siehe BVerfGE 39, 1 (73 f.)).

[12] *Martini*, Vergleichende Verfassungsrechtsprechung, 2018, S. 114 f.

[13] *Baer*, JöR 63 (2015), 389, 392; *Martini*, Vergleichende Verfassungsrechtsprechung, 2018, S. 114.

[14] Vgl. unten unter II.3.

[15] BVerfGE 84, 239 (249 ff.) (für die Höhe der Kapitalertragsteuer bei Zinsen aus Einlagen bei Kreditinstituten).

sowie afrikanische oder lateinamerikanische Rechtsordnungen werden, wenngleich in geringerem Umfang, berücksichtigt.[16]

2. Qualität

Qualitativ lässt sich die Rechtsvergleichung nach ihrem Gegenstand (a.), ihrem Standort in der Entscheidung (b.), ihrer Funktion (c.) und ihrer Durchführung (d.) unterscheiden.

a) Gegenstand der Rechtsvergleichung

Die Rechtsvergleichung in der Rechtsprechung des Bundesverfassungsgerichts weist vielfältige Facetten auf und bezieht sich auf unterschiedliche Gegenstände. Mitunter wird geschriebenes Verfassungsrecht verglichen; häufig rezipiert das Gericht die verfassungsrechtliche Rechtsprechung anderer Verfassungsgerichte.[17] Seltener bezieht sich das Bundesverfassungsgericht auf ausländische verfassungsrechtliche Literatur.[18] Rechtsvergleichung gibt es nach außen, aber auch nach innen: Der rechtsvergleichende Blick des Bundesverfassungsgerichts geht zumeist über die Grenzen der Bundesrepublik hinaus – soweit angezeigt werden aber auch die Verfassungen der Länder rechtsvergleichend in den Blick genommen.[19]

Gegenstand der bundesverfassungsgerichtlichen Rechtsvergleichung ist vielfach auch nicht das Verfassungsrecht, sondern das Fachrecht ausländischer Staaten oder der Länder. So hat das Gericht etwa in der Entscheidung zur Stiefkindadoption das Fachrecht 15 ausländischer Rechtsordnungen daraufhin untersucht, ob es für die Stiefkindadoption mildere Mittel gibt, als ausnahmslos an das Bestehen einer Ehe zwischen rechtlichem Elternteil und Stiefelternteil anzuknüpfen.[20] Im Beschluss zu den polizeilichen Befugnissen nach dem Sicherheits- und Ordnungsgesetz in Mecklenburg-Vorpommern hat das Gericht u. a. die Befugnisse zur Hausdurchsuchung in den Sicherheitsgesetzen aller Länder verglichen.[21]

---

[16] *Martini*, Vergleichende Verfassungsrechtsprechung, 2018, S. 115.

[17] Hiermit ist im Rahmen dieses Beitrags nicht nur die Rechtsprechung der Verfassungsgerichte im engeren Sinne, d.h. eigenständiger, spezialisierter Verfassungsgerichte gemeint, sondern die aller obersten Gerichte, die Verfassungsrecht als Prüfungsmaßstab anwenden.

[18] Bspw. BVerfGE 117, 163 (186).

[19] Etwa BVerfGE 1, 144 (151) (über die Zahl der Lesungen im Bundestag).

[20] BVerfGE 151, 101 (140 Rn. 102 ff.). Die betrachteten Staaten waren Belgien, Dänemark, Irland, Niederlande, Norwegen, Österreich, Portugal, Serbien, Slowenien, Spanien, Vereinigtes Königreich, Schweiz, Australien, Kanada und Neuseeland.

[21] BVerfG, Beschluss des Ersten Senats vom 9. Dezember 2022 – 1 BvR 1345/21 –, juris

Der inhaltliche Schwerpunkt der Rechtsvergleichung liegt auf den Grundrechten.[22] Dies ist nicht verwunderlich, denn der Grundrechtsteil des Grundgesetzes weist „verwandtschaftliche Beziehungen" zu den Grundrechtsverbürgungen anderer Verfassungen auf, die auf eine gemeinsame Entwicklung seit der Aufklärung zurückblicken.[23] Zudem eignet sich das Staatsorganisationsrecht weniger als die Grundrechte für einen komparativen Zugriff, weil es stärker von der individuellen politischen Entwicklung des Staates geprägt ist.[24] Neben dem materiellen Verfassungsrecht ist gelegentlich auch das Verfassungsprozessrecht Gegenstand der Rechtsvergleichung.[25]

Jedenfalls verwandt mit der Rechtsvergleichung ist die Bezugnahme auf tatsächliche Feststellungen anderer Gerichte. Das Bundesverfassungsgericht bezog sich etwa im Klimabeschluss auf einen Sonderbericht des Intergovernmental Panel on Climate Change (IPCC).[26] In diesem Zusammenhang zitierte das Bundesverfassungsgericht Urteile des Hoge Raad der Niederlande und des irischen Supreme Court, die den Sonderbericht ebenfalls zur Grundlage ihrer Entscheidungen gemacht hatten.[27]

b) Standort in der Entscheidung

Rechtsvergleichende Elemente finden sich in verschiedenen Teilen bundesverfassungsgerichtlicher Entscheidungen. Im Sachbericht wird zunächst der Hintergrund des verfassungsrechtlichen Streits ausgeleuchtet. Hier werden u. a. die Stellungnahmen von Sachverständigen und Institutionen wiedergegeben, die teilweise rechtsvergleichende Bezüge enthalten; gelegentlich stellt das Gericht selbst die Rechtslage in anderen Staaten im Sachbericht vergleichend dar.[28] Im Rahmen der Zulässigkeitsprüfung hat das Bundesverfassungsgericht gerade in seiner Anfangszeit häufiger auf ausländisches Recht zurückgegriffen, um eine

Rn. 137. Neben Landesrecht wurden auch das Bundespolizeigesetz und das Bundeskriminalamtgesetz in die rechtsvergleichende Umschau einbezogen (auch das Fachrecht des Bundes kann mithin Gegenstand der rechtsvergleichenden Betrachtung durch das Bundesverfassungsgericht sein).

[22] *Sauer*, Journal für Rechtspolitik 18 (2010), S. 194 (197); *Martini*, Vergleichende Verfassungsrechtsprechung, 2018, S. 105.

[23] Hierzu im Detail *Kröger*, Grundrechtsentwicklung in Deutschland, 1998.

[24] *Martini*, Vergleichende Verfassungsrechtsprechung, 2018, S. 105.

[25] Etwa BVerfGE 1, 97 (102); 4, 31 (37); 119, 181 (211).

[26] BVerfGE 157, 30 (117 f. Rn. 161).

[27] BVerfGE 157, 30 (117 f. Rn. 161).

[28] Rechtsvergleichender Vortrag aus der mündlichen Verhandlung wird etwa im Sachbericht von BVerfGE 115, 276 (298 f.) dargestellt. Für die Darstellung der Rechtslage in anderen Staaten siehe etwa BVerfGE 84, 239 (251 ff.); 128, 109 (113 f.). Vgl. insgesamt *Martini*, Vergleichende Verfassungsrechtsprechung, 2018, S. 108 f.

eigene Zulässigkeitsdogmatik zu entwickeln.[29] So hat es beispielsweise sein eigenes Verständnis der Beschwerdebefugnis von der schweizerischen Konzeption abgegrenzt.[30]

Das Gros der Rechtsvergleichung findet jedoch im Rahmen der Prüfung der Begründetheit statt. Das Bundesverfassungsgericht lässt rechtsvergleichende Elemente vor allem in die Entfaltung verfassungsrechtlicher Maßstäbe einfließen,[31] insbesondere bei der Ermittlung des Schutzbereichs der Grundrechte, etwa wenn es bei der Auslegung des Begriffs „Wohnung" zur Analyse des Schutzbereichs des Art. 13 GG auf andere Rechtsordnungen zurückgreift.[32] Die Rechtsvergleichung tritt dabei zum Kanon der traditionellen Auslegungsmethoden hinzu.[33] Häufig finden sich rechtsvergleichende Überlegungen auch in der Verhältnismäßigkeitsprüfung: Namentlich bei der Prüfung der Erforderlichkeit einer staatlichen Maßnahme kann sich etwa ein Seitenblick auf das Fachrecht anderer Staaten anbieten.[34] Andere Rechtsordnungen haben vergleichbare Probleme wie das deutsche Recht zu lösen, sodass ausländische Regulierungsansätze wertvolle Erfahrungen über die Effektivität und mögliche Folgen staatlicher Maßnahmen bereitstellen können (wenngleich unterschiedliche Kontexte dabei Zurückhaltung nahelegen können).

c) Funktion der Rechtsvergleichung

Das Bundesverfassungsgericht greift in seinen Entscheidungen auf Rechtsvergleichung primär zurück, um das gefundene Auslegungsergebnis im Wege der Affirmation oder Kontrastierung zu bestätigen.[35]

Eine Affirmation geschieht am häufigsten durch einen Verweis auf ausländische Verfassungsrechtsprechung.[36] Wenn das gefundene Ergebnis auch durch die

---

[29] *Martini*, Vergleichende Verfassungsrechtsprechung, 2018, S. 109 f.

[30] BVerfGE 1, 97 (102).

[31] *Martini*, Vergleichende Verfassungsrechtsprechung, 2018, S. 111 spricht allgemein davon, dass die Rechtsvergleichung am häufigsten bei „Bestimmung der verfassungsrechtlichen Maßstäbe" herangezogen würde.

[32] BVerfGE 32, 54 (70).

[33] Bspw. BVerfGE 28, 243 (258): „Für die Entscheidung dieser Frage läßt sich weder der Entstehungsgeschichte des Art. 4 GG noch dem Vergleich mit anderen Rechtsordnungen etwas entnehmen". Hierzu *Martini*, Vergleichende Verfassungsrechtsprechung, 2018, S. 111.

[34] Etwa BVerfGE 151, 101 (140 Rn. 102 ff.).

[35] Zwischen Erkenntnisfunktion, Absicherungsfunktion, Vereinheitlichungsfunktion und Begründungsfunktion differenzierend *Voßkuhle*, Der Staat 61 (2022), S. 621 (630 f.).

[36] *Sauer*, Journal für Rechtspolitik 18 (2010), S. 194 (198); *Wendel*, Der Staat 52 (2013), S. 339 (344 ff.); *Martini*, Vergleichende Verfassungsrechtsprechung, 2018, S. 127 ff.; *Hillgruber*, JöR 63 (2015), S. 367 (378); *Baer*, JöR 63 (2015), S. 389 (396); *Ellerbrok/Pracht,* EuR 2021, S. 188 (200).

gleichsinnige verfassungsrechtliche Rechtsprechung anderer – vergleichbarer[37] – Staaten gestützt wird, sichert dies die eigene Auslegung ab und verleiht der Argumentation zusätzliches Gewicht. So zitierte das Bundesverfassungsgericht im Lüth-Urteil den U.S. Supreme Court, um die Bedeutung der Meinungsfreiheit als „the matrix, the indispensable condition of nearly every other form of freedom" zu untermauern,[38] es verwies in der Fraport-Entscheidung auf den kanadischen Supreme Court für das Leitbild des „public forum"[39] und im Klimaschutzbeschluss auf die Einschätzungen des niederländischen Hoge Raad und des irischen Supreme Court, die ihre jeweiligen nationalen Regierungen zu effektiveren Maßnahmen zur CO_2-Reduktion verpflichtet hatten.[40]

Freilich setzt sich ein Gericht, das zur Bestätigung fremdes Recht zitiert, schnell dem Vorwurf der Rosinenpickerei aus,[41] wie ihn *Antonin Scalia* deutlich formulierte:

> „To invoke alien law when it agrees with one's own thinking, and ignore it otherwise, is not reasoned decisionmaking, but sophistry."[42]

Deshalb nimmt es nicht wunder, dass das Bundesverfassungsgericht ausländisches Recht argumentativ auch zur Kontrastierung heranzieht.[43] Während etwa das Sondervotum im ersten Schwangerschaftsabbruchsurteil aus dem Jahr 1975 den U.S. Supreme Court als Autorität für die Bestätigung der abweichenden Auffassung anführte,[44] wurde in der von der Mehrheit getragenen Entscheidung darauf verwiesen, dass das Grundgesetz aufgrund der nationalsozialistischen Vergangenheit Deutschlands dem Leben einen höheren Wert beimesse als andere Verfassungen und daher nicht derselbe Maßstab wie in anderen demokratischen Staaten angesetzt werden könne.[45] Die Gegenüberstellung mit ausländischem Recht kann daher zu dem Ergebnis führen, dass wegen der Individualität des deutschen Verfassungsrechts fremdes Verfassungsgut gerade nicht übertragbar

---

[37] Siehe hierzu noch unten unter IV.

[38] BVerfGE 7, 198 (208) – Lüth, unter Bezug auf Justice *Benjamin Cardozo* (dessen Zitat aus dem Urteil des U.S. Supreme Court, Palko v. State of Connecticut, 302 U.S. 319 (1937) stammt).

[39] BVerfGE 128, 226 (253 und 267); daneben verwies das Gericht auch wieder auf den U.S. Supreme Court.

[40] BVerfGE 157, 30 (117, 168 und 173 f.).

[41] Dieser Vorwurf findet sich auch in der deutschen Rechtswissenschaft (etwa *Hillgruber*, JöR 63 (2015), S. 367 (385)).

[42] Supreme Court, Roper v. Simons, 543 US 551 (2005).

[43] Zur Funktion der Kontrastierung *Wendel*, Der Staat 52 (2013), S. 339 (349 f.); *Martini*, Vergleichende Verfassungsrechtsprechung, 2018, S. 137 ff.; vgl. auch *Baer*, JöR 63 (2015), S. 389 (395).

[44] BVerfGE 39, 1 (73 f.).

[45] BVerfGE 39, 1 (66 ff.).

ist.[46] Spiegelbildlich zur affirmativen Bezugnahme reduziert die kritische Distanzierung von anderen Rechtsordnungen das argumentative Gewicht ausländischer Judikate – freilich nicht für die ausländische, sondern für die eigene Rechtsordnung – und dient damit ebenfalls der Bestätigung der eigenen Argumentation.

d) Durchführung der Rechtsvergleichung

Die Verfassungsrechtsvergleichung durch das Bundesverfassungsgericht erscheint jedenfalls in ihrem „Außenauftritt" häufig kursorisch und selektiv. Vergleicht das Gericht zur Affirmation, findet sich in der Entscheidung meist nur ein Hinweis auf eine ähnliche Positionierung eines ausländischen Verfassungsgerichts,[47] also eine auf das Ergebnis verkürzte Form der vorgenommenen Rechtsvergleichung zur argumentativen Unterstützung.[48] Eine nähere Erläuterung der spezifischen Bedeutung gerade dieser Verfassungsordnung für die erfolgende Rechtsvergleichung unterbleibt zumeist.[49] Dies bedeutet freilich mitnichten, dass es an einer vertieften Auseinandersetzung mit dem ausländischen Recht, seiner Auswahl oder dem Vergleichsmaßstab mangelt. Das Schwergewicht der rechtsvergleichenden Analyse findet „hinter den Kulissen" statt.[50] Die im Vorfeld einer Senatsentscheidung erarbeiteten Voten enthalten nicht selten eine detaillierte rechtsvergleichende Analyse. Eingang in die Entscheidung findet indes nur die Spitze des „komparatistischen Eisbergs",[51] um sie nicht zu überfrachten oder weil der Vergleich nicht entscheidungserheblich ist.[52]

Rechtsvergleichung erfolgt aber nicht nur mittels Lektüre ausländischer Gerichtsentscheidungen, sondern auch auf der Grundlage eines direkten Gedankenaustauschs. Auch abseits der Öffentlichkeit findet ein kontinuierlicher internationaler Diskurs zwischen Verfassungsgerichten statt.[53] Die häufigste Form des

[46] So etwa in BVerfGE 1, 97 (102) (zum Konzept der Beschwerdebefugnis im schweizerischen Recht); 2, 79 (86) (zur Unzulässigkeit der Gutachtenerstellung durch den U.S. Supreme Court); 5, 85 (135) (zum Parteiverbotsverfahren, das kaum ein anderer Staat kennt); 61, 319 (336) (zu Sondertarifen für Alleinerziehende nach U.S.-amerikanischem und zum Familiensplitting nach französischem Vorbild).

[47] Vgl. *Martini*, Vergleichende Verfassungsrechtsprechung, 2018, S. 128 ff.; vgl. auch *Wendel*, Der Staat 52 (2013), S. 339 (344 mit Fn. 27).

[48] Kritisch hierzu *Sauer*, Journal für Rechtspolitik 18 (2010), S. 194 (200).

[49] *Wendel*, Der Staat 52 (2013), S. 339 (344).

[50] Siehe bereits *Starck*, JZ 1997, S. 1021 (1024); *Baer*, JöR 63 (2015), S. 389 (390); *Voßkuhle*, ZaöRV 79 (2019), S. 481 (497 f.).

[51] So *Wendel*, Der Staat 52 (2013), S. 339 (342), der das Bild von *Husa*, RIDC 2006, S. 1095 übernommen hat.

[52] *Voßkuhle*, ZaöRV 79 (2019), S. 481 (497 Fn. 86).

[53] Hierzu auch *Baer*, JöR 63 (2015), S. 389 (390); *Voßkuhle*, ZaöRV 79 (2019), S. 481 (497 f.); *Martini*, Vergleichende Verfassungsrechtsprechung, 2018, S. 474 ff.

grenzüberschreitenden Austausches zwischen Verfassungsgerichten stellen bilaterale Begegnungen und Diskussionsforen dar. Bilaterale Gesprächsformate werden ergänzt durch institutionalisierte multilaterale Zusammenkünfte von Verfassungsgerichten, auch solcher aus einem Sprach- oder Rechtskreis. So gibt es bereits seit 1972 eine in regelmäßigen Abständen einberufene Konferenz der europäischen Verfassungsgerichte; im zweijährigen Rhythmus findet das „Sechser-Treffen“ der deutschsprachigen Verfassungsgerichte (Deutschland, Liechtenstein, Österreich, Schweiz) sowie der deutschsprachigen Mitglieder des Gerichtshofs der Europäischen Union und des Europäischen Gerichtshofs für Menschenrechte statt. Darüber hinaus treffen sich Mitglieder von Verfassungsgerichten weltweit aus unterschiedlichen Anlässen, z. B. bei internationalen Fachkonferenzen. Schließlich besteht seit 1992 mit der Venedig-Kommission ein Dokumentationszentrum, das die wichtigsten Entscheidungen der Verfassungsgerichte weltweit in englischer oder französischer Sprache zusammenfasst und zur Verfügung stellt.[54]

3. Europäisiertes Verfassungsrecht und Völkerrecht

Neben die vom Gericht vorgenommene – vorstehend beschriebene – tradierte Rechtsvergleichung, die es grundsätzlich nach eigenem Ermessen im Rahmen der Rechtsfindung anwendet und mit der es sich in einen internationalen Verfassungsdiskurs begibt, trat eine immer bedeutsamer werdende, unter gänzlich anderen Vorzeichen stehende „europäische Verfassungsrechtsvergleichung“.[55] Das Grundgesetz war zuvorderst als ein normatives Universum für das deutsche Volk konzipiert. Die europäische Integration wurde zwar, wie die Präambel zeigt,[56] von Anfang an mitgedacht, ein „gemeineuropäisches Verfassungsrecht“[57] galt es aber erst noch zu entdecken. Zwar sind die Mitgliedstaaten Träger der Souveränität, einen Teil ihrer Souveränität üben sie aber gemeinsam aus.[58] Sie haben das Unionsrecht geschaffen, das wie eine Brücke Teile der nationalen Verfassungs-

---

[54] Vgl. https://www.venice.coe.int/WebForms/pages/?p=01_Constitutional_Justice&lang=DE (zuletzt abgerufen am 23. Juni 2023); dazu auch *Voßkuhle*, Der Staat 61 (2022), S. 621 (633 f.).

[55] Vgl. etwa *Sauer*, Journal für Rechtspolitik 18 (2010), S. 194 (200). Eine solche „europäische Verfassungsrechtsvergleichung“ wird teils nicht als Rechtsvergleichung angesehen (so etwa *Baer*, JöR 63 (2015), S. 389 (390); wohl auch *Tschentscher*, JZ 2007, S. 807); vgl. auch *Voßkuhle*, Der Staat 61 (2022), S. 621 (621 f.).

[56] „[V]on dem Willen beseelt, als gleichberechtigtes Glied in einem vereinten Europa dem Frieden der Welt zu dienen“; vgl. auch Art. 24 GG, der später durch Art. 23 GG ergänzt wurde.

[57] Siehe zur Idee eines gemeineuropäischen Verfassungsrechts *Häberle*, EuGRZ 1991, S. 261.

[58] *P. Kirchhof*, JZ 1998, S. 965.

ordnungen verbindet. Eindrücklich zeigen dies Art. 6 Abs. 3 EUV und Art. 52 Abs. 4 GRCh, die selbst einen rechtsvergleichenden Auslegungsbefehl geben: Da die in der Grundrechte-Charta verbürgten Grundrechte auf gemeinsamen Verfassungsüberlieferungen der Mitgliedstaaten beruhen, sind sie in Einklang mit diesen Überlieferungen auszulegen.[59] Gleiches gilt für die EMRK als multilateralen Völkerrechtsvertrag, der sich aus den Grundrechtsüberzeugungen der Konventionsstaaten speist.[60] Der Grundrechtsschutz kann daher nur durch eine wertende Gesamtschau der verschiedenen Grundrechtsquellen erfolgen.[61] Nachdem das Bundesverfassungsgericht seit der Entscheidung Recht auf Vergessen II für vollharmonisiertes Unionsrecht die Unionsgrundrechte als Prüfungsmaßstab heranzieht,[62] werden die Bedeutung der gemeinsamen Verfassungsüberlieferungen als Erkenntnisquelle, der grenzüberschreitende europäische Dialog der Gerichte und damit die europäische Verfassungsrechtsvergleichung in der Rechtsprechung weiter zunehmen. Umgekehrt wirken Unions- und Völkerrecht auch auf das Grundgesetz ein und setzen es unter Harmonisierungsdruck.[63] Das Grundgesetz ist durch den Grundsatz der Europa- und Völkerrechtsfreundlichkeit geprägt, weshalb die Grundrechte im Einklang mit der Grundrechtecharta und der EMRK auszulegen sind,[64] was eine „vergleichende Synthese"[65] aller beteiligten Rechtsordnungen erfordert.[66]

III. Legitimation und Zweck der Verfassungsrechtsvergleichung

Das Grundgesetz enthält – anders als etwa die südafrikanische Verfassung[67] – keine ausdrückliche Ermächtigung zur Rechtsvergleichung. Deshalb wird gelegentlich eingewandt, die Berücksichtigung fremder Verfassungsrechtsordnungen

---

59 Der EuGH rekurriert bereits seit 1970 auf die „gemeinsamen Verfassungsüberlieferungen der Mitgliedstaaten" (siehe nur EuGH, Rs. 11/70, ECLI:EU:C:1970:114, Slg. 1970, 1125 Rn. 3 – Internationale Handelsgesellschaft). Vgl. auch *C. Schönberger*, VRÜ 43 (2010), S. 6 (21); *Kotzur*, JöR 63 (2015), S. 355 (361); *P. Huber*, EuR 2022, S. 145.

60 Vgl. Art. 6 Abs. 3 EUV.

61 *P. Huber*, EuR 2022, S. 145 (151).

62 BVerfGE 152, 216.

63 *Sauer*, Journal für Rechtspolitik 18 (2010), S. 194 (200).

64 Deutlich BVerfGE 128, 326 (369): „Die Völkerrechtsfreundlichkeit des Grundgesetzes ist damit Ausdruck eines Souveränitätsverständnisses, das einer Einbindung in inter- und supranationale Zusammenhänge sowie deren Weiterentwicklung nicht nur nicht entgegensteht, sondern diese voraussetzt und erwartet."

65 *Münch*, ZaöRV 33 (1973), S. 126 (147).

66 Vgl. auch *Voßkuhle*, NVwZ 2010, S. 1 (3 f.).

67 Art. 39 Abs. 1 lit. c Bill of Rights: „When interpreting the Bill of Rights, a court, tribunal or forum […] may consider foreign law."

sei von vornherein unzulässig, weil andernfalls etwas in die Verfassung hineingelesen werde, was dort nicht geschrieben stehe.[68] So wandte sich *Hans Nawiasky*, der später an der Entstehung des Grundgesetzes beteiligt sein sollte,[69] auf der Staatsrechtslehrertagung im Jahr 1926 gegen einen komparativen Ansatz und wollte im Hinblick auf den Gleichheitssatz der Weimarer Reichsverfassung nicht „jenen höchst interessanten, ja verführerischen Versuchen“ folgen, „aus der *schweizerischen* oder *nordamerikanischen* Rechtspraxis [...] Konsequenzen für unser Recht“ zu ziehen.[70] Gewiss: Ein Vergleich birgt immer die Gefahr, Unvergleichbares zu vergleichen und daraus unzulässige Schlüsse zu ziehen.[71] Dies schließt Rechtsvergleichung aber nicht aus, sondern erfordert ihre sachgerechte Handhabung.

Im Hinblick auf die europarechtliche und völkerrechtliche Verfassungsrechtsvergleichung ist diese Skepsis im Sinne *Nawiaskys* heute unbegründet, weil sich das Grundgesetz – wie bereits dargelegt[72] – der offenen Staatlichkeit, der Europa- und Völkerrechtsfreundlichkeit verschrieben hat.[73] Im Übrigen sei auf die Funktion der Rechtsvergleichung in der Rechtsprechung hingewiesen: Rekurriert das Bundesverfassungsgericht auf das Recht eines anderen Staates, so ist der Bezugspunkt nicht das fremde Recht als solches, sondern die ihm zukommende Funktion bei der Lösung von Konflikten.[74] Auf diesen Vergleichspunkt, das *tertium comparationis,*[75] kommt es der rechtsvergleichenden Rechtsprechung an. Aus der Rechtsvergleichung können nur dann Erkenntnisse gewonnen werden, wenn sich das von ihr zu lösende Problem in einer anderen Rechtsordnung in vergleichbarer Weise stellt.[76] Eine illegitime normative Verbindlichkeit ausländischer Rechtssätze entsteht dadurch nicht, denn die ausländischen Gerichtsentscheidungen dienen gerade nicht als Präzedenzfälle, sondern als Vorschläge zur Lösung von Konflikten. Das Ziel der Rechtsvergleichung ist damit

---

[68] Vgl. etwa *Hillgruber*, JöR 63 (2015), S. 367.

[69] *Hans Nawiasky* nahm als juristischer Sachverständiger am Verfassungskonvent auf Herrenchiemsee teil; daneben prägte er auch die Verfassung des Freistaats Bayern maßgeblich mit (siehe *Zacher*, in: Heinrichs (Hrsg.), Deutsche Juristen jüdischer Herkunft, 1993, S. 677 (681)).

[70] *Nawiasky*, VVDStRL 3 (1927), S. 25 (27).

[71] Vgl. *Sauer*, Journal für Rechtspolitik 18 (2010), S. 194 (195).

[72] Vgl. oben unter II.3.

[73] Auch *Hillgruber,* der der Verfassungsvergleichung in der Rechtsprechung kritisch gegenübersteht, erkennt die Notwendigkeit der Rechtsvergleichung bei unions- bzw. völkerrechtlichem Bezug an (vgl. *Hillgruber*, JöR 63 (2015), S. 367 (371)).

[74] Vgl. *Kischel*, Rechtsvergleichung, § 1 Rn. 14; *Barak*, Tul. L. Rev. 80 (2005), S. 195 (198). Dieser funktionale Ansatz herrscht in der Literatur zur Rechtsvergleichung, sei sie privat- oder öffentlich-rechtlicher Natur, vor (vgl. statt aller *Zweigert/Kötz*, Einführung in die Rechtsvergleichung I, 2. Aufl. 1984, S. 34 ff.).

[75] Hierzu *Kischel*, Rechtsvergleichung, § 1 Rn. 9.

[76] *Mössner*, AöR 99 (1974), S. 193 (199).

Erkenntnis.[77] Das Hin- und Herwandern des Blicks zwischen der eigenen und der fremden Rechtsordnung, ihren Ähnlichkeiten und Unterschieden, ist eine fruchtbare Reflexionsmethode, um das eigene Recht besser zu verstehen.[78] Durch Rechtsvergleichung lässt sich temporär eine Distanz zur eigenen Rechtsordnung herbeiführen; die Außenperspektive ermöglicht den Gewinn von Erkenntnis über das eigene Recht und eröffnet dem Gericht ein Reservoir an Argumenten.[79] Die Rechtsvergleichung ist damit nur ein Argumentationswerkzeug unter vielen, um zu einer rationalen und nachvollziehbaren Entscheidung zu gelangen; sie wird selten das ausschlaggebende Argument liefern, die finale Entscheidung wird immer eine eigene bleiben.[80] Wenn aber Gerichte auf Aufsätze, Kommentare und Monographien von Wissenschaftlerinnen und Wissenschaftlern zurückgreifen, warum nicht auch auf rechtswissenschaftliche Analysen ausländischer Gerichte?[81]

IV. Voraussetzungen der Verfassungsrechtsvergleichung

Während der Nutzen der Verfassungsrechtsvergleichung inzwischen weithin anerkannt ist, besteht Unsicherheit darüber, unter welchen Voraussetzungen sie zulässig und wie sie durchzuführen ist. Es versteht sich von selbst, dass eine fremde Rechtsentwicklung nicht unbesehen auf das eigene Recht übertragen werden darf.[82] Eine rechtsvergleichende Argumentation ist von vornherein nur dann legitim, wenn das Grundgesetz dem Gericht in der zu entscheidenden Frage einen Spielraum einräumt – was im zumeist abstrakten Wortlaut der Verfassung, die zahlreiche konkretisierungsbedürftige Begriffe enthält, aber häufig der Fall ist.[83]

Zudem eignet sich nicht jede ausländische Rechtsordnung gleichermaßen zum Vergleich. In der Privatrechtsvergleichung herrscht die Auffassung vor, Rechtsordnungen eigneten sich besonders für einen Vergleich, wenn sie demselben

---

77 *Rabel*, in: Leser (Hrsg.), Rabel Ernst, Gesammelte Aufsätze, Bd. III, 1967, S. 1, 6: „Der Name ihres Ziels heißt einfach: Erkenntnis."; ähnlich auch *Zweigert/Kötz*, Einführung in die Rechtsvergleichung I, 2. Aufl. 1984, S. 16.

78 Vgl. *C. Schönberger*, VRÜ 43 (2010), S. 6 (7): Das „Vergleichen [führt] über das Fremde zum Eigenen zurück, macht uns gewissermaßen neu und anders mit uns selbst bekannt.", vgl. auch ebd. S. 22.

79 *Wieser*, Vergleichendes Verfassungsrecht, 2. Aufl. 2020, S. 44.

80 Vgl. *Mössner*, AöR 99 (1974), S. 193 (213).

81 Vgl. *Ginsburg*, EuGRZ 2005, S. 341 (343).

82 So bereits *Jellinek*, VVDStRL 3 (1927), S. 59 in seiner Responsio auf *Nawiasky* auf der Staatsrechtslehrertagung 1926.

83 *Mössner*, AöR 99 (1974), S. 193 (203 f. und 213); vgl. auch *Voßkuhle*, ZaöRV 79 (2019), S. 481 (492).

Rechtskreis angehörten.[84] So lassen sich der romanische, der deutsche und der anglo-amerikanische Rechtskreis unterscheiden, weil sich die Entwicklungslinien auf den Code Civil, die historische Rechtsschule und das Common Law zurückführen lassen. Eine solche „genetische" Unterscheidung ist im Verfassungsrecht nicht möglich, weil sich Verfassungsrechtskreise nicht oder jedenfalls nicht in gleichem Maße identifizieren lassen.[85] Zwar gibt es gemeinsame Wurzeln, denn die modernen Verfassungen beruhen auf ähnlichen Prinzipien, die sich in der Geschichte der Verfassungsentwicklung weltweit herausgebildet haben – die amerikanische Verfassung von 1787 und die französische Verfassung von 1791 waren Vorläufer, und nach dem Zweiten Weltkrieg kam es zu einer Blüte neuer Verfassungen, die bewährte Elemente übernahmen. Mitunter wurde bei der Verabschiedung neuer Verfassungen auch an spezifische ausländische Verfassungen angeknüpft.[86] Dabei darf jedoch nicht übersehen werden, dass jede Verfassung in einem eigenen Kontext entstanden ist, dem unterschiedliche politische, soziale, kulturelle und historische Hintergründe zugrunde liegen.[87] Deshalb kann die Einteilung in Verfassungsrechtskreise nicht vollends überzeugen.

In den veröffentlichten Entscheidungen des Bundesverfassungsgerichts wird nur selten explizit auf die Vergleichbarkeit der verglichenen Rechtsordnungen eingegangen. Im Apothekenurteil aus dem Jahr 1958 etwa verglich das Gericht ausdrücklich „zivilisatorisch vergleichbare[...] Staaten", deren „Verbrauchsgewohnheiten der Bevölkerung [...] nicht nennenswert verschieden" sind und in denen Apothekerinnen und Apotheker ein „besondere[r] Stand mit strengen Berufspflichten" sind.[88]

Auch wenn es keine allgemeingültige Antwort auf die Frage gibt, welche Rechtsordnungen vergleichbar sind, liegt die Vergleichbarkeit jedenfalls im Falle von Verfassungen nahe, die spezifisch an das Grundgesetz anknüpfen, oder solche, die auf vergleichbaren Werten wie das Grundgesetz basieren.

Das deutsche Verfassungsrecht hat zahlreiche Verfassungssysteme außerhalb Deutschlands stark beeinflusst, die sich in der Folge in ihrer Entstehung oder Fortentwicklung am Grundgesetz orientiert haben. Neben Spanien, Ungarn, Ko-

---

84 Siehe *Zweigert/Kötz*, Einführung in die Rechtsvergleichung I, 2. Aufl. 1984, S. 72 ff.

85 *Tschentscher*, JZ 2007, S. 807 (810); im Detail *Wieser*, Vergleichendes Verfassungsrecht, 2. Aufl. 2020, S. 147 ff.

86 Neben den Rechtsquellen als Unterscheidungsmerkmal wäre es auch denkbar, zwischen zentralistischen und föderativen Staatsorganisationen zu unterscheiden oder nur Verfassungen von Staaten mit einer wirksamen Verfassungsgerichtsbarkeit zu vergleichen (*Wieser*, Vergleichendes Verfassungsrecht, 2. Aufl. 2020, S. 154 ff.).

87 *Wieser*, Vergleichendes Verfassungsrecht, 2. Aufl. 2020, S. 42.

88 BVerfGE 7, 377 (415 f.) (hierzu und zu weiteren Beispielen *Martini*, Vergleichende Verfassungsrechtsprechung, 2018, S. 102 f.).

rea und Südafrika übernahmen vor allem nach dem Zerfall der Sowjetunion in den 1990er Jahren zahlreiche ehemals sozialistische Staaten Elemente des Grundgesetzes, weil die deutsche Verfassungsordnung als Vorbild für die Überwindung postautoritärer Strukturen galt.[89] Auch die ausgefeilte Grundrechtsdogmatik und die Verhältnismäßigkeitsprüfung des Bundesverfassungsgerichts haben die Rechtsprechung zahlreicher anderer Staaten inspiriert.[90] Stehen die Verfassungen dieser Staaten vor ähnlichen Herausforderungen wie das deutsche Verfassungsrecht, können ihre Ansätze zur Problemlösung auch Inspiration hierzulande sein. Denn, wie es *Guido Calabresi* mit Blick auf den „constitutional offspring“ der Vereinigten Staaten – er meinte Deutschland – treffend formuliert hat: „Wise parents do not hesitate to learn from their children.“[91] Umgekehrt können sich auch Verfassungsordnungen, die in Teilbereichen für das Grundgesetz Pate standen, für einen Vergleich in besonderer Weise eignen.

Auch wenn keine spezifische Verwandtschaftsbeziehung zwischen den Verfassungen besteht, kann eine Vergleichbarkeit bestehen, wenn die betroffenen Staaten gemeinsame Überzeugungen wie das Bekenntnis zu demokratischen Grundwerten und die Garantie der Menschenrechte teilen und ähnliche politische, wirtschaftliche und soziale Rahmenbedingungen aufweisen.[92] Häufig wird es sich dabei um demokratische Staaten europäischer, amerikanischer oder asiatischer Prägung handeln.[93] Auch wenn es zwischen diesen Staaten wesentliche kulturelle und politische Unterschiede geben mag, so haben sie doch eine gemeinsame Geschichte und eine vergleichbare Entwicklung hinsichtlich der Verbürgung der Menschenrechte, des Schutzes der individuellen Freiheit und der Etablierung einer Demokratie durchlaufen.

V. Fazit

Die Ausführungen zur Rechtsvergleichung in der Rechtsprechung des Bundesverfassungsgerichts konnten nur einige Schlaglichter werfen, die in keinem Verhältnis zur großen tatsächlichen Bedeutung komparativer Analysen stehen – heute mehr denn je. Denn die zunehmende Globalisierung, die Verdichtung des Völkerrechts und das immer engmaschigere Unionsrecht erlauben und erfordern einen komparativen Zugriff. Dieser Zugriff hat stets vor dem Hintergrund einer

[89] Vgl. *Nußberger*, JZ 61 (2006), S. 763 (767 f.); *Grimm,* in: Fahrmeir (Hrsg.), Deutschland, Globalgeschichte einer Nation, 2020, S. 683 (684).

[90] Hierzu etwa *Knill/Becker,* Die Verwaltung 36 (2003), S. 447.

[91] Sondervotum in United States v. Then, 56 F.3d 464, 468, 469 (1995).

[92] Vgl. *Barak*, Tul. L. Rev. 80 (2005), S. 195 (199).

[93] *Wieser*, Vergleichendes Verfassungsrecht, 2. Aufl. 2020, S. 52.

kulturhistorischen Kontextualisierung zu erfolgen, die die Besonderheiten der Vergleichsrechtsordnungen im Auge behält. So lassen sich aus den Erfahrungen anderer Rechtsordnungen wertvolle Impulse für das eigene Verfassungsrecht gewinnen.

Teil II

Demokratische und rechtsstaatliche Legitimation der Verwaltung?

Bei der Bewältigung der Sozialstaatlichkeit am Beispiel von *Dietrich Jesch* und *Bin Takada*

Atsushi Takada

I. Einleitung

In der unter den ständigen Veränderungen des 21. Jahrhundert stehenden Gesellschaft werden die Funktionen der sie stützenden und begleitenden Verwaltung weiter wesentlich sein. Auch vor den gegenwärtigen und künftigen Bedingungen und Herausforderungen soll die Verwaltung rechtsstaatlich und demokratisch konstituiert sein; müssen ihre Tätigkeiten rechtsstaatlich und demokratisch legitimiert werden.

Wie kann die Wissenschaft des öffentlichen Rechts, besonders die Verwaltungsrechtswissenschaft, dazu beitragen? Wie soll sie sich dabei dogmatisch und theoretisch betätigen? Welche Bedeutung kann die Rechtsvergleichung dafür haben? In meinem Beitrag werden diese Fragen nicht abstrakt thematisiert, auch möchte ich nicht nur auf konkrete gegenwärtige Konstellationen zu sprechen kommen. Vielmehr werden sich meine Überlegungen auf einer mittleren Abstraktionsebene bewegen, um nach Wegweisungen für das künftige wissenschaftliche Arbeiten zu suchen.

Im Folgenden wird die Art und Weise der demokratischen und rechtsstaatlichen Bewältigung der Sozialstaatlichkeit durch die Verwaltungsrechtswissenschaft nach dem zweiten Weltkrieg in Deutschland und Japan betrachtet. Paradigmatisch verfolgen lässt sich dies an den Überlegungen von *Dietrich Jesch* und *Bin Takada*, zumal sich die beiden Positionen als interessante Vergleichsgegenstände erweisen.

II. *Jesch* und die Gesetzmäßigkeit der Verwaltung im Sozialstaat

1. Problemstellung von Jesch

Jesch machte den Versuch, den „Eingriffsvorbehalt“ als Wesenselement der konstitutionellen Monarchie nachzuweisen und aus dem Wandel der Verfassungsstruktur auf ein Vorbehaltsverständnis zu schließen, das dem Grundgesetz als Verfassungstypus einer konstitutionellen Demokratie entspricht.[1] Neben der Klärung des neuen Verfassungsverständnisses behandelte er diejenigen Seiten der Problematik, die den Kernbereich der modernen Wandlungen betrafen, insbesondere die Geltung des Vorbehaltsprinzips bei staatlichen Leistungen und Begünstigungen.[2]

2. Verfassungsstruktur und Funktionenordnung

a) Gesetzmäßigkeitsprinzip

Um seine Aufgabe erfolgreich zu bewältigen, stellte *Jesch* eine methodische Hypothese auf: Das Gesetzmäßigkeitsprinzip sei eine Funktion der Verfassungsstruktur. Es bestehe deshalb eine funktionale Abhängigkeit zwischen der Geltung des Gesetzmäßigkeitsprinzips, seines Inhalts und Umfanges und der jeweiligen Struktur der konkreten Verfassungsordnung. Auf dieser Grundlage war es ihm möglich, die funktionelle Stellung des „Eingriffsvorbehalts“ in der Verfassungsstruktur der konstitutionellen Monarchie aufzuzeigen. Ferner erlaubte die Hypothese den Schluss, dass sich aus der veränderten Verfassungsstruktur auf eine veränderte funktionale Stellung und damit eine neue inhaltliche Ausgestaltung des Prinzips schließen lässt.[3] Die Verfassungsstruktur des Grundgesetzes weise das Parlament als das höchste Staatsorgan aus. Das Parlament beschränke nicht mehr die quasi natürliche Freiheit der Exekutive im Regierungs- und Verwaltungsbereich, sondern übertrage ihr die erforderlichen Befugnisse zum Handeln, die sie ohne die gesetzliche Ermächtigung nicht habe. Nur dort, wo es um echte politische Entscheidung auf Regierungsebene gehe, verfüge die Exekutive über eine eigenständige und gesetzesunabhängige verfassungsrechtliche Handlungskompetenz.[4]

---

[1] *Jesch*, Gesetz und Verwaltung, 1961, S. 1.
[2] *Jesch* (Fn. 1), S. 2.
[3] *Jesch* (Fn. 1), S. 66 f.
[4] *Jesch* (Fn. 1), S. 171.

b) Rechtsprechung

Nach *Jesch* liegt die funktionale Stellung der rechtssprechenden Gewalt in ihrer Kontrollkompetenz.[5] Bei der Konturierung der Gewaltenteilung unterschied er in seiner Doktorarbeit drei inhaltliche Bezugspunkte: 1.) die Funktionstheorie, in deren Rahmen die drei staatlichen Grundfunktionen beschrieben wurden; 2.) die Gewaltentrennung mit der Forderung einer absoluten Trennung und schließlich 3.) die Gewaltenkontrolle als ein System von „checks and balances". Unter der Gewaltenteilung im Grundgesetz verstand er die Hemmung der ersten und zweiten Gewalt durch eine ihnen gegenüber von der dritten Gewalt ausgeübten Kontrolle. Entsprechend ihrer besonderen Aufgabe sei die Rechtsprechung auch – erstmals in der deutschen Verfassungsgeschichte – ausnahmslos von den anderen Gewalten getrennt worden.[6] Die Rechtsprechung kontrolliere Parlament und Exekutive auf die Übereinstimmung ihrer Akte mit Verfassung, Gesetz und Recht. Das Parlament kontrollierte rechtlich und politisch die Exekutive und binde die Rechtsprechung durch die Gesetzgebung; nur die Exekutive selbst habe keinerlei Kontrollfunktionen gegenüber den beiden anderen Gewalten. Es gebe keinen der Exekutive zur Verfügung stehenden rechtsfreien Bereich mehr.[7]

3. Folgen der neuen Vorbehaltslehre

a) Leistungen und Begünstigungen

Nach der Wandlung der Verfassungsstruktur von der konstitutionellen Monarchie mit der Zuständigkeitsvermutung für die Exekutive zur Verfassungsordnung des Grundgesetzes sei die Exekutive als Verwaltung eine echte vollziehende Gewalt geworden. Alle ihrer Handlungsformen seien abhängig von einer parlamentarischen Ermächtigung, sofern ihr die Verfassung nicht selbst eine ausreichende Kompetenz zuweise. Die Notwendigkeit parlamentarischer Ermächtigung folge auch aus der Stellung des Parlamentes als höchstes Organ unter den Staatsorganen. Leistungen und Begünstigungen dürfen von der Verwaltung daher nur noch auf Grund einer parlamentarischen Ermächtigung gewährt werden.[8]

b) Globale und spezifizierte Ermächtigung

Nach *Jesch* ist eine globale Ermächtigung der Exekutive unter der Herrschaft des Grundgesetzes unzulässig. Denn wenn die Exekutive von einer parlamentari-

---

[5] *Jesch* (Fn. 1), S. 98.

[6] *Jesch*, Die Bindung des Zivilrichters an Verwaltungsakte, 1956, S. 117 ff.

[7] *Jesch* (Fn. 1), S. 98 f.

[8] *Jesch* (Fn. 1), S. 204 f.

schen Ermächtigungsnorm abhängig sei, müsse das Parlament einen begrenzten Ermächtigungstatbestand festlegen, da es sich sonst seiner Normierungs- und Lenkungsaufgabe entäußern würde. Soweit die Exekutive zu Maßnahmen ermächtigt werde, die die Rechtssphäre des Bürgers betreffen, müssen an die Form der parlamentarischen Ermächtigung strengere Anforderungen gestellt werden.[9]

Wenn die Exekutive zu Eingriffen in die Individualsphäre ermächtigt werde, müsse der Maßstab für das verwaltungsbehördliche Handeln vom Gesetzgeber selbst aufgestellt werden, und die einzelne Maßnahme der Behörde müsse an der Ermächtigungsnorm messbar sein. Dieses Messbarkeitserfordernis ergebe sich aus der Verfassungsstruktur der Bundesrepublik. Die wichtigste Verfassungsnorm in diesem Zusammenhang sei Art. 19 Abs. 4 GG. Denn die Forderung nach Messbarkeit verwaltungsbehördlicher Maßnahmen sei erst unter der Garantie gerichtlicher Kontrolle dieser Maßnahme sinnvoll. Das Erfordernis der Messbarkeit behördlichen Handelns bedinge, dass der Gesetzgeber dem Richter einen Maßstab an die Hand gebe, nach dem dieser die in Frage stehenden Maßnahmen beurteilen kann. Die Spezifizierung der Ermächtigung müsse also der Gesetzgeber selbst vornehmen; es sei unzulässig, wenn er diese Aufgabe den Gerichten überantworten würde. Die Aufgabe, die Macht der Exekutive zu begrenzen, habe das Grundgesetz dem Parlament auferlegt. Auch sei es Aufgabe der rechtsprechenden Gewalt, über die Einhaltung der gesetzlich festgeschriebenen Ermächtigungsgrenzen zu wachen.[10]

Inwieweit an die Leistungsermächtigung Anforderungen zu stellen sind, die die Bedingungen der Messbarkeitsklausel erfüllen, hänge davon ab, welche Struktur das Leistungsverhältnis zwischen Verwaltung und Leistungsempfänger besitze. Wenn der Einzelne ein subjektives Recht auf eine Leistung bei Erfüllung der Tatbestandsvoraussetzungen habe, so stelle die Versagung der Leistung trotz Vorliegens der gesetzlichen Voraussetzungen eine objektive Rechtswidrigkeit und zugleich die Verletzung des subjektiven Rechts des Einzelnen dar. Gegen die Leistungsverweigerung gewähre Art. 19 Abs. 4 GG umfassenden Rechtsschutz. In diesen Fällen sei eine spezifizierte, tatbestandsmäßig umschriebene Ermächtigung aus den gleichen Gründen erforderlich, aus denen sie für Eingriffsermächtigungen verlangt werden müsse. Denn die Verweigerung einer Leistung trotz eines Rechtsanspruches stelle eine Belastung dar. Im Rahmen der verwaltungsgerichtlichen Überprüfung müsse der Richter daher einen Maßstab haben, an dem er die Zulässigkeit der Verweigerung exakt überprüfen könne. Denn sonst

[9] *Jesch* (Fn. 1), S. 222 f.

[10] *Jesch* (Fn. 1), S. 223 ff.

würde dem Einzelnen nur scheinbar ein Rechtsanspruch eingeräumt, tatsächlich jedoch die Leistung in das Ermessen der Verwaltungsbehörden gestellt.[11]

c) Sozialstaatliche Leistungen und die demokratische sowie rechtsstaatliche Begründung der Vorbehaltslehre

Aus der Wandlung der Verfassungsstruktur zur parlamentarischen Demokratie und der Stellung des Parlaments unter dem Grundgesetz leitete *Jesch* die Notwendigkeit parlamentarischer Ermächtigung bei Leistungen und Begünstigungen ab. Aus dem Erfordernis der Messbarkeit behördlichen Handelns schloss *Jesch* auch auf die Pflicht des Gesetzgebers, dem Richter einen justiziablen Maßstab bei Leistungen auf Grund eines Rechtsanspruches an die Hand zu geben, um über die Reichweite der exekutiven Befugnisse verlässlich urteilen zu können. Durch demokratische sowie rechtsstaatliche Begründungen versuchte *Jesch* spezifizierte Ermächtigungen vom Parlament und verlässlichen Rechtsschutz durch die Gerichte bei Leistungen im Sozialstaat zu ermöglichen. Sie sollten demnach demokratisch sowie rechtsstaatlich legitimiert werden.

Unter dem Grundgesetz war ein verwaltungsgerichtlicher Rechtsschutz durch eine spezifizierte, tatbestandsmäßig umschriebene Ermächtigung durch ein Gesetz besonders wichtig. Im Gegensatz zur japanischen Verfassung (JV), auf die ich später näher eingehen werde, gab es im Grundgesetz eigentlich keine solide Basis für einen Rechtsschutz gegenüber sozialstaatlichen Leistungen. Das BVerfG verneinte in der Tat grundrechtliche Ansprüche des Einzelnen auf Fürsorge und betrachtete die Verwirklichung des Sozialstaates als in der Verantwortung des Gesetzgebers stehend.[12] Demgegenüber betonte das BVerwG die Bedeutung des demokratischen und sozialen Rechtsstaats für die Gewährung materieller staatlicher Leistungen. Dieser charakterisiere die Bürger als „Teilnehmer der Gemeinschaft“ und als „Träger eigener Rechte“ gegenüber staatlichen Leistungen. Außerdem hob es das aus der Menschenwürde resultierende Verbot hervor, „den Menschen lediglich als Gegenstand staatlichen Handelns zu betrachten“, soweit es sich um „die Sicherung … seines Daseins überhaupt“ handelt. Das BVerwG eröffnete dadurch die Möglichkeit, staatliche Fürsorge mit Hilfe einer menschenwürdekonformen Auslegung des Gesetzes verwaltungsgerichtlich einklagbar zu machen.[13] Im Vergleich dazu zeigt sich, welch einen stringenten Weg *Jesch* bei der Gewährleistung des subjektiven Rechts auf sozialstaatliche Leistungen einschlug.

---

[11] *Jesch* (Fn. 1), S. 228 f.

[12] BVerfGE 1, 97 (104 f.).

[13] BVerwGE 1, 159 (161 f.).

4. Bedeutung der Rechtsvergleichung für die Ausarbeitung der Lehre von Jesch

Bei der Ausarbeitung der Vorbehaltslehre von *Jesch* spielte der Rechtsvergleich eine wichtige Rolle. Einen diachronen Vergleich nahm er mit dem Verfassungstyp der konstitutionellen Monarchie und der Weimarer Verfassung und einen synchronen Vergleich mit dem Verfassungstyp der konstitutionellen Demokratie, insbesondere mit der Spielart der österreichischen Verfassungsordnung vor.

Bei seinem diachronen Vergleich spielte die Wendung von der konstitutionellen Monarchie zur konstitutionellen Demokratie die entscheidende Rolle. Eine besonders wichtige Frage war für *Jesch*, warum das Gesetzmäßigkeitsprinzip der konstitutionellen Monarchie in der Weimarer Republik ungebrochen fortgelten konnte. Er sah den ersten Grund darin, dass der staatsrechtliche Begriffsapparat beibehalten wurde. Erklären ließe sich dies mit dem prinzipiell konservativen Denken der Juristen und der personellen Kontinuität der maßgeblichen Interpreten des Staatsrechts, wie z. B. Gerhard Anschütz.[14] Den zweiten Grund sah er in einem Strukturmoment der Verfassung: Die starke Stellung des Reichspräsidenten entsprach der des konstitutionellen Monarchen im Kaiserreich.[15] Aufgrund der Fortgeltung der Eingriffsvorbehaltslehre in der Weimarer Republik konnte *Jesch* die neue Vorbehaltslehre nicht unmittelbar aus den Leitprinzipien des Rechtsstaats und Demokratie ableiten. Denn diese galten auch unter der Weimarer Verfassung. Er war daher gezwungen, mit den Funktionen und den Bauelementen der Verfassungsstruktur des Grundgesetzes zu argumentieren.

Jesch betonte den Unterschied zwischen dem österreichischen Bundesverfassungsgesetz mit der positiv-rechtlichen Formulierung eines Totalvorbehaltes und dem Grundgesetz. Nach *Jesch* konnte nichts für die Problematik unter dem Grundgesetz aus der positiv-rechtlichen Formulierung eines Totalvorbehalts in Art. 18 des österreichischen Bundesverfassungsgesetzes entnommen werden.[16] Er hatte daher seine eigene theoretische Konstruktion aufzubauen, um seine dogmatische Ausarbeitung des Prinzips der Gesetzmäßigkeit der Verwaltung unter dem Grundgesetz zu unterstützen.

[14] *Jesch* (Fn. 1), S. 7.
[15] *Jesch* (Fn. 1), S. 172 N. 1.
[16] *Jesch* (Fn. 1), S. 188.

5. Theorie und Dogmatik bei Jesch

a) Verfassungstheorie und Dogmatik

Jesch nutzte an mehreren Stellen theoretische Konzepte wie die Funktion der „Verfassungsstruktur" und die Gewaltenteilung als „Verfassungsstruktur", um mit ihrer Hilfe das Prinzip der Gesetzmäßigkeit der Verwaltung dogmatisch zu erfassen und konkrete Verfassungsinhalte aus dem Grundgesetz herzuleiten. Indem er das Gesetzmäßigkeitsprinzip als eine Funktion der Verfassungsstruktur verstand, war es ihm möglich, die Verfassungsstrukturen der konstitutionellen Monarchie mit denen der konstitutionellen Demokratie zu vergleichen. Unter Einbeziehung der konkreten Aussagen des Grundgesetzes gelangte er zu der Annahme eines sog. Totalvorbehalts des Gesetzes. Darüber hinaus erlaubte ihm das Konzept einer Verfassungsstruktur die Art. 92–104 GG dahin zu verstehen, dass in der gewaltententeilenden Ordnung des Grundgesetzes die dritte Gewalt, strikt getrennt von den beiden anderen Gewalten, diese allein anhand des Rechts kontrolliere. Ferner habe das Parlament – vom Gewaltenteilungsprinzip aus betrachtet – die Aufgabe, die Exekutive rechtlich und politisch zu kontrollierten. Nach *Jesch* existiert deshalb für die vollziehende Gewalt kein gesetzesfreier Raum mehr. Vor dem Hintergrund der grundgesetzlichen Verfassungsstruktur schloss *Jesch* insbesondere aus Art. 19 Abs. 4 GG auf den Grundsatz der Messbarkeit behördlichen Handelns. Globalermächtigungen sind deshalb unter der Herrschaft des Grundgesetzes unzulässig.

Jesch behandelte das Prinzip der Gesetzmäßigkeit der Verwaltung unter dem Grundgesetz auf eine dogmatische Art und Weise. Er war dabei davon überzeugt, dass es theoretischer Konzepte bedurfte, um den spärlichen Text einer Verfassung zu verstehen und das durch ihn Gebotene zu erfassen. Einen theoriefreien Zugriff auf das positive Verfassungsrecht hielt er für eine Illusion. Nur die Theorie eröffnet den nötigen reflexiven Raum, um das Verfassungsrecht zu verstehen. Für *Jesch* war eine Verfassungstheorie eine Voraussetzung der Dogmatik, einer Dogmatik für das Prinzip der Gesetzmäßigkeit der Verwaltung unter dem positiven Verfassungsrecht, wie z. B. dem Grundgesetz.

b) Rechtstheorie und Verfassungstheorie

Jesch beschäftigte sich auch mit anderen Arten theoretischer Überlegungen als der verfassungstheoretischen, um weitere Aufgaben der Verwaltungsrechtswissenschaft zu bewältigen. Er analysierte das Phänomen des unbestimmten Rechtsbegriffs nicht nur in verfassungsrechtlicher,[17] sondern auch in rechtstheoreti-

[17] Die verfassungsrechtliche Frage lautete für *Jesch*: Wer soll maßgeblich und abschließend über Auslegung und Anwendung eines unbestimmten Begriffes entscheiden: die Verwaltungs-

scher Sicht. Für ihn spiegelte sich im Gesetzesbegriff die rechtstheoretische Frage der Antinomie wider, die zwischen der Bindung an das Gesetz (und damit an die Gesetzesbegriffe) und der Freiheit des Richters bei der Gesetzesinterpretation besteht.[18] Er versuchte mit seinen Überlegungen einen Teil der Theorie von *Hans Kelsen* zu verbessern. Den Ausgangspunkt bildete die These, dass die von *Kelsen* entwickelte Vorstellung eines durch die Rechtsnorm zur Verfügung gestellten Rahmens, der vom Rechtsanwender auszufüllen ist, nicht in adäquater Weise den Bereich von Interpretation und Subsumtion abzubilden vermag. Denn auf diese Weise lasse sich das Verhältnis von Stabilität der Rechtsordnung zur Freiheit bei der Rechtsfindung nicht erklären. Er versuchte mit der Unterscheidung von Begriffskern und Begriffshof, die er von *Heck* übernahm, diese Beziehungen zu analysieren.[19] Er erkannte den Wert einer rechtstheoretischen Arbeit an.[20] Er führte selbst theoretische Überlegungen durch, die auf dem gleichen Abstraktionsniveau mit denen von *Kelsen* standen.

Jesch schätzte die rechtstheoretischen Leistungen von *Kelsen*[21] und versuchte, sie zu verbessern. Er ging aber zugleich davon aus, dass diese Theorie bei der Interpretation von Rechtsnormen versagt. Er zog eine scharfe Trennungslinie zwischen Rechtstheorie und Dogmatik. Ferner unterschied er zwischen der Gesetzmäßigkeit der Verwaltung und der Rechtmäßigkeit der Verwaltung, in der durch die *Merkl-Kelsensche* Stufentheorie vorgezeichneten Weise. Aus der Stufentheorie ergibt sich zwar ein Vorbehaltsprinzip, da jede Maßnahme der Exekutive einer Rechtsgrundlage bedarf, doch ist aus ihrer Sicht jede Globalermächtigung in Form einer Generalklausel ausreichend.[22] Für seinen dogmatischen

behörde oder das Verwaltungsgericht? Dies sei eine Frage nach der Zuständigkeit und müsse daher aus der verfassungsrechtlichen Kompetenzverteilung heraus beantwortet werden (*Jesch*, Unbestimmter Rechtsbegriff und Ermessen in rechtstheoretischer und verfassungsrechtlicher Sicht, AöR 82, 1957, S. 234).

[18] *Jesch* (Fn. 17), S. 171.

[19] *Jesch* (Fn. 17), S. 172.

[20] *Jesch* gebrauchte in seiner Abhandlung über den unbestimmten Rechtsbegriff für die rechtstheoretische Analyse über vier Mal so viele Seiten wie für die verfassungsrechtliche (*Jesch* (Fn. 17), S. 165–234 (70 Seiten für die rechtstheoretische) und S. 234–249 (16 Seiten für die verfassungsrechtliche)).

[21] In seiner Rezension (1961) zur „Reine[n] Rechtslehre, 2. Aufl." (1960) betrachtete er *Kelsens* Reine Rechtslehre als eine grundlegende Strukturanalyse der Rechtsordnung, die dazu eine stets anregende Analyse der Funktionen rechtswissenschaftlicher Begriffe sowie eine Kritik der traditionellen Systematik darstelle. *Kelsen* biete damit eine Rechtstheorie von hohem Rang. *Jesch* bekannte, dass die Lektüre der Reinen Rechtslehre für ihn stets einen geistigen Gewinn bedeutete (*Jesch*, DÖV 1961, S. 436 f.).

[22] *Jesch* (Fn. 1), S. 34, 187. Schönberger kritisierte *Jesch* dahingehend, dass er aus *Kelsens* rechtetheoretischen Erkenntnis inhaltliche Postulate im Hinblick auf Gesetzesvorbehalt und verwaltungsgerichtliche Kontrolle abgeleitet hätte (*Schönberger*, in: Stolleis (Hrsg.), Das Bon-

Umgang mit dem Prinzip der Gesetzmäßigkeit der Verwaltung unter dem Grundgesetz griff er deshalb auf verfassungstheoretische und nicht auf rechtstheoretische Überlegungen zurück.

6. Demokratie und Rechtsstaat für Jesch

In Deutschland wurde *Jesch* dahingehend verstanden, dass er den Gesetzesvorbehalt aus dem Grundgesetz demokratisch hergeleitet habe. Das BVerfG erklärte im Kalkar-Beschluss, dass sich das Verständnis des Grundsatzes des Vorbehalts des Gesetzes insbesondere mit seiner demokratischen Komponente in den letzten Jahren gewandelt hatte und zitierte als erstes „Gesetz und Verwaltung" von *Jesch*.[23] *Lepsius* hob hervor, dass *Jesch* den im Rechtsstaatsprinzip angesiedelten Gesetzesvorbehalt im demokratischen Prinzip neu konzipiert habe.[24] *Augsberg* kritisierte die Konzeption von *Jesch* aufgrund der fehlenden Aufmerksamkeit für den rechtsstaatlich-grundrechtlichen Gehalt. Wie *Lepsius* verstand er *Jesch* so, dass dieser im Wesentlichen mit dem Demokratieprinzip argumentiert habe.[25] Diese Einschätzungen überzeugen jedoch nicht. Wie oben deutlich gemacht wurde, waren rechtsstaatliche Komponenten für *Jesch* sehr wichtig, und zwar – wie der Blick auf seine Dissertation zeigt – von Anfang an.[26] Er begründete den Gesetzesvorbehalt sowohl demokratisch als auch rechtsstaatlich.

ner Grundgesetz – Altes Recht und neue Verfassung in den ersten Jahrzehnten der Bundesrepublik Deutschland (1949–1969), S. 79 N. 120). Diese Kritik erweist sich aus den im Text genannten Gründen als unzutreffend.

23 BVerfGE 49, 89 (126).

24 *Lepsius*, Wiedergelesen – Dietrich Jesch: Gesetz und Verwaltung, 1961 –, JZ 2004, S. 350.

25 *Augsberg*, in: Kremer (Hrsg.), Die Verwaltungsrechtswissenschaft in der frühen Bundesrepublik (1949–1977) 2017, S. 296 ff. Wichtige Entscheidungen des BVerfG für den Grundrechtsschutz, wie das Elfes-Urteil aus dem Jahr 1957 (BVerfGE 6, 32), das Lüth-Urteil (Jahr 1958) (BVerfGE 7, 377) und das Apotheken-Urteil (Jahr 1958) (BVerfGE 7, 377) wurden schon gefällt, als *Jesch* sich mit „Gesetz und Verwaltung" beschäftigte. Es war jedoch damals gar nicht klar, wie intensiv und in wie weit Grundrechte durch das BVerfG geschützt würden. *Elfes* verlor sogar den Prozess. Ein Versuch der Verstärkung des verwaltungsgerichtlichen Rechtsschutzes sollte damals ein sehr begreiflicher Weg zur Verstärkung der Rechtsstaatlichkeit sein.

26 Siehe seine eindrucksvolle Betonung des Rechtsstaats und Rechtswegstaats in seiner Dissertation (*Jesch* (Fn. 6), S. 13).

III. Erkundung der Sozialstaatlichkeit in der japanischen Verfassung durch *Bin Takada*

1. Recht auf ein Mindestmaß des Lebens als bloßer „Programmsatz"

Die japanische Verfassung, die am 3. November 1946 verkündigt wurde und am 3. Mai 1947 in Kraft trat, wurde sehr stark von der US-amerikanischen Besatzungsmacht beeinflusst. Der von ihr erarbeitete Verfassungsentwurf, der sog. MacAthur-Entwurf spielte eine entscheidende Rolle bei der Ausgestaltung der neuen Verfassung. Dieser Entwurf wurde im Volkshaus und im Herrenhaus des Reichsparlaments diskutiert und verändert. Eine der wichtigsten Änderungen bestand in der Einführung des Grundrechts auf einen Mindeststandard gesunden und kulturellen Lebens, das von der Opposition im Volkshaus vorgeschlagen wurde (Art. 25). Neben diesem „Existenzrecht" werden in der JV soziale Grundrechte über Erziehung und Arbeit anerkannt (Art. 26, 27, 28). *Wagatsuma*, ein führender Zivilrechtler, der in den 1920er Jahren durch intensive Auseinandersetzung mit der österreichischen Sozialrechtslehre die japanische Zivilrechtswissenschaft nachhaltig beeinflusste,[27] betonte die Bedeutung der Gewährleistung der „existenzrechtlichen Grundrechte" neben den „freiheitsrechtlichen Grundrechten". Sie seien die Manifestation der staatsgemeinschaftlichen Idee. Regelungen und Handlungen des Staats und der Einzelnen, die diese Rechte verletzen, seien rechtswidrig und unwirksam. Wenn der Staat aber seine Pflichten ignorieren und nicht die notwendigen Maßnahmen zur Gewährleistung dieser Rechte treffen würde, würden sich aus den Bestimmungen der JV keine konkreten Ansprüche gegen den Staat ergeben. Dem obersten Gericht sei es deshalb verwehrt, den verfassungswidrigen Zustand zu korrigieren.[28]

Diese Auslegung wurde vom Kommentar der Hogaku-Kyokai (Jurisprudence Association), einer Vereinigung der juristischen Fakultät der Universität Tokyo, zu der *Wagatsuma* gehörte, übernommen. Das Existenzrecht sei kein individuelles und gerichtlich durchsetzbares Recht, weil es eine bloße Möglichkeit sei, in einer kapitalistischen Gesellschaft ein Vermögen oder eine Gelegenheit zur Arbeit zu haben. Es gebe auch keine gesetzliche Bestimmung, die eine solche Posi-

---

[27] *Ohnaka*, in: Brauneder/Takii (Hrsg.), Die österreichischen Einflüsse auf die Modernisierung des japanischen Rechts, 2007, S. 161 ff. Seine Theorie beeinflusste aber schon während der Kriegszeit die Gesetzgebung in der Mandschurei und Japan. Die Basis dafür bildete seine enge Zusammenarbeit mit der Staatsverwaltung, die damals von sog. „Reformbüroktaten" bestimmt wurde. Einer der wichtigsten „Reformbürokraten" war *Nobusuke Kishi,* der sein Studienkamerad an der Universität Tokyo war. *Kishi* war ab 1941 der Minister des Handels und der Industrie im Kabinett Tojos und später von 1957 bis 1960 Premierminister.

[28] *Wagatsuma*, Kihonnteki-Jinken (Grundrecht), Kokka-Gakkai Zasshi (the journal of the Association of Political and Social Science), Vol. 60 No. 9 (1946), S. 282 ff.

tion absichere. Das Existenzrecht sei nicht mehr als eine Anweisung hinsichtlich der Grundrichtung der künftigen Politik und Gesetzgebung. Es habe juristisch die Bedeutung eines Programmsatzes.[29]

Kurz nach der Entstehung der JV setzte sich so eine Haltung gegenüber den sozialen Grundrechten durch, die diesen ihren normativen Gehalt weitgehend nahm und ihre Entwicklung von der allgemeinen Entwicklung des gesellschaftlichen Wohlstandes abhängig machte. Auch der Frage nach der Verwirklichung des Sozialstaatsprinzips wurde nicht weiter nachgegangen. Allgemein wurde angenommen, dass die Staatsverwaltung als Korsettstange der Staatsgemeinschaft mit großem Ermessen ausgestattet sei und eine wichtige Rolle für die künftige soziale Entwicklung spielen würde.

2. Kritik an der Lehre von der programmatischen Bestimmung und Analyse des Rechts auf ein Mindestmaß des Lebens

a) Analyse der programmatischen Bestimmung

Vor diesem Hintergrund lässt sich nachvollziehen, welches große Bedürfnis nach den ersten Nachkriegsjahren für grundsätzliche Reflexionen über das Recht auf ein Mindestmaß des Lebens bestand. Einlöst wurde das Bedürfnis von *Bin Takada* in seinem Bericht auf der Tagung der Japan Public Law Association.[30]

Er setzte sich zunächst mit der rechtsvergleichenden Forschung über programmatische Bestimmungen auseinander, die sich in Deutschland seit der Weimarer Verfassung entwickelt hat. Anschließend untersuchte er die betreffenden Bestimmungen der Weimarer Verfassung und zeichnete die wissenschaftlichen Diskussionen nach. Schließlich recherchierte er zu den wenigen vergleichbaren Bestimmungen des Grundgesetzes, verfolgte die Entwicklung der Rechtsprechung und die umfangreichen rechtswissenschaftlichen Diskussionen über das Sozialstaatsprinzip und insbesondere über seine Beziehung zum Rechtsstaat. Auf diese Weise schuf er die Grundlage für ein Verständnis, dass in den einschlägigen verfassungsrechtlichen Bestimmungen des Grundgesetzes mehr als bloße Programmsätze gesehen werden können. Sie können beispielsweise als Auslegungsrichtlinie fungieren, sich aber auch als Ermächtigung und Verpflichtung zur Leistungsverwaltung erweisen.[31]

---

29 *Hogaku-Kyokai*, Chuukai-Nihonkoku-Kenpo (Kommentar der japanischen Verfassung), 1953, S. 487 ff.

30 Über die mit der Tagung der Vereinigung der Deutschen Staatsrechtslehrer vergleichbare Tagung der Public Law Association Japans siehe *Atsushi Takada*, in: Cancik, Kley, Schulze-Fielitz, Waldhoff und Wiedrin (Hrsg.), Streitsache Staat: Die Vereinigung der Deutschen Staatsrechtslehrer 1922 – 2022, S. 909 ff.

31 *Bin Takada*, Seizon-Ken Hosho-Kitei no Hoteki-Seikaku – doitsu-kenpo niokeru Puro-

b) Art. 25 der JV – eine Verfassungsbestimmung mit subjektivem Rechtscharakter

Auf dieser Grundlage analysierte er dann Art. 25 JV. Die JV bestimmt im Art. 25 „das Recht auf ein Mindestmaß an gesundem und kultiviertem Leben".

Ausgehend von den Diskussionen im Parlament bei der Entstehung der JV entwickelte er ein Verständnis, bei dem die Norm auch ein subjektives Recht umfasst. „Ein Mindestmaß an gesundem und kultiviertem Leben" sei ein klares Kriterium und theoretisch objektiv bestimmbar. Überdies seien die Grundrechte, die die JV dem japanischen Volk gewährleiste, als unverletzlich garantiert worden (Art. 11, 97 JV). Die JV sei das oberste Gesetz Japans, die mit ihren Bestimmungen entgegenstehenden Gesetzen, Verordnungen, kaiserlichen Erlassen und sonstige Akten vorgeht und bei Widersprüchen zu deren Unwirksamkeit führt (Art. 98 JV). Das Grundrecht im Art. 25 JV sei daher ein direkt wirkendes Recht, sodass die Untätigkeit des Staates zur Verletzung des entsprechenden subjektiven Rechs führe. Auch lasse sich nicht an der gerichtlichen Durchsetzungsmöglichkeit zweifeln. Nach Art. 3 Abs. 1 des japanischen Verwaltungsprozessgesetzes werde vor dem Gericht die Verwaltungsakt-bezogene Klage gegen die Ausübung der öffentlichen Gewalt durch das Verwaltungsamt gestellt. Diese Bestimmung müsse verfassungsmäßig ausgelegt werden. Gegen die rechtswidrige Unterlassung der öffentlichen Gewalt müsse es möglich sein, eine Feststellungsklage zu erheben, um feststellen zu lassen, dass eine rechtswidrige Untätigkeit des Verwaltungsamts wegen des Nichtvorhandenseins des betreffenden Gesetzes vorliegt (Art. 3 Abs. 5).

c) Die verfassungstheoretische Reflexion des Rechtsstaates und Sozialstaates von Takada

Diese Auslegung des Rechts auf ein Mindestmaß an gesundem und kultiviertem Leben baut auf der verfassungstheoretischen Reflexion *Takadas* über den Rechtsstaat auf.[32]

Er untersuchte die Entwicklung des Rechtsstaates vom Formellen zum Materiellen als eine Folge der allgemeinen Modernisierung. Die allgemeine Modernisierung deutete auf die Verwirklichung von Prinzipien hin, die in der modernen Zeit im weiteren Sinne Geltung haben sollen, wie z. B. die Gewährleistung der Menschenrechte, die Gewaltenteilung und die Gewaltenkontrolle. Auch das Rechtsstaatsprinzip zählt für *Takada* zu diesen allgemeinen Prinzipien. In der

---

guramu-Kitei no Seikaku wo megutte (Die juristische Bedeutung der ein menschenwürdiges Dasein gewährleistenden Grundrechtssätze – Über die sog. Programmsätze in den deutschen Verfassungen), Kouhou-Kenkyu (Public Law Review), No. 26, 1964, S. 87 ff.

32 Vgl. *Bin Takada*, Rechtsstaat und Rechtsstaatsgedanke im japanisch-deutschen Vergleich, 2019, S. 91 ff.

anfänglichen Moderne innerhalb der modernen Zeit i. w. S. galt das bürgerlich-liberale Staatsprinzip. Im Anschluss an die Phase der Modifizierung dieses bürgerlich-liberalen Staatsprinzips trat die Hochmoderne. In diesem Zusammenhang bedeute die Hochmodernisierung Schritte zur Modifizierung der Prinzipien der anfänglichen Modernisierung, insbesondere aufgrund des Gedankens der Sozialstaatlichkeit. Die allgemeine Modernisierung sollte nach *Takada* die Grundlage bilden und die Voraussetzungen schaffen, von denen aus die Hochmodernisierung zu vollziehen sei. Hieraus folgt für *Takada*, dass die Hochmodernisierung nicht unter Verletzung der allgemein geltenden Prinzipien der modernen Zeit i. w. S. durchgesetzt werden darf.[33] Seine dogmatischen Überlegungen basierten auf diesen theoretischen Reflexionen über den Rechts- und Sozialstaat.

3. Art. 25 der JV und die Gesetzmäßigkeit der Verwaltung

Takada untersuchte auch die Bedeutung des Art. 25 JV in Zusammenhang mit der Gesetzmäßigkeit der Verwaltung. Durch die Schaffung der JV habe eine grundsätzliche Umwandelung der Verfassungsstruktur in Japan stattgefunden. Aus der konstitutionellen Monarchie der Meiji-Verfassung sei eine konstitutionelle Demokratie geworden. Zugleich habe sich der überkommene formelle Rechtsstaat zum materiellen Rechtsstaat entwickelt. Schließlich habe sich nicht nur die Gewährleistung der Untertanenrechte mit dem Gesetzesvorbehalt zu einer Garantie unverletzlicher Grundrechte gewandelt, sondern darüber hinaus sei ein sozialer Rechtsstaat entstanden.[34]

Der elementare Wandel der Verfassungsstruktur ziehe auch eine Transformation des Grundsatzes von der Gesetzmäßigkeit der Verwaltung nach sich. Unter der JV wurde die Verwaltung als quaestio juris durch die Verfassung errichtet. Die Staatsführung beruhe auf einem ernsten und demokratisch fundierten Auftrag des Volkes. Die Verwaltung sei nicht mehr frei, ihre Macht sei begrenzt und müsse aufgrund des Willens des Volkes durch die Vertreter des Volkes für das Volk ausgeübt werden (Präambel JV). In der JV soll daher die Verwaltung unter dem vom volksrepräsentativen Parlament als dem einzigen Gesetzgebungsorgan geschaffenen Gesetz stehen (Art. 41 JV).[35] Die Ermächtigung durch das Gesetz sei nun der Grundsatz. Das Gesetz soll die Verwaltung nicht nur ermächtigen, sondern auch mit ihrem Inhalt und Verfahren binden (Regelungsdichte). Dies

---

[33] *Takada* (Fn. 32), S. 127 ff.

[34] *Bin Takada* (Hrsg.), Gyouseihou – Houchishugi-Gutaikahou tositeno – (Verwaltungsrecht – als Rechtsstaatlichkeit konkretisierendes Recht –), 1993, S. 19 ff.

[35] *Takada* (Fn. 34), S. 29 ff.

solle auch in der Leistungsverwaltung gelten, die für die Garantien der sozialen Grundrechte zuständig sei.[36]

Die Untersuchungen über die Gesetzmäßigkeit der Verwaltung von *Takada* basierten auf rechtsvergleichenden Überlegungen, in die nicht nur Deutschland, sondern auch Österreich einbezogen wurde. Er betonte den drastischen Gegensatz zwischen dem deutschen Verständnis, nach dem selbst unter der Weimarer Verfassung der Eingriffsvorbehalt der herrschenden Meinung entsprach, und der österreichischen Verfassung, in der seit der Entstehung des Bundesverfassungsgesetzes im Jahr 1920 (Art. 18) der Totalvorbehalt und damit das „Legalitätsprinzip" galt. Aufmerksam registrierte er ferner die inhaltlichen Annäherungen, die sich seit den 1970er Jahren beobachten ließen. In Deutschland bildete sich in dieser Zeit die sog. Wesentlichkeitslehre heraus und in Österreich etablierte sich – gewissermaßen als Gegenstück – das „differenzierte Legalitätsprinzip", das Abstufungen bezüglich der Reichweite und Regelungsdichte des Vorbehaltsprinzips vorsah. *Takada* sah darin eine Entwicklung, die einen allgemeinen Anspruch erheben konnte. Darauf aufbauend sprach er sich auch für das japanische Recht für ein vergleichbares Verständnis des Grundsatzes der Gesetzmäßigkeit der Verwaltung aus.[37]

4. Verfassungstheoretische Überlegungen zur Sozialstaatlichkeit

a) „Welfare State" und „Sozialstaat"

In Japan wurde der Begriff „Fukushi-Kokka" als Übersetzung von „Welfare State" aus England übernommen. Der Begriff „Shakai-Kokka" wurde als Übersetzung für den Ausdruck „Sozialstaat" aus Deutschland aufgenommen. Beide Ausdrücke werden als übereinstimmend betrachtet.

b) Die Bedeutung des Ausdrucks „Sozialstaat"

Takada betonte den Umstand, dass sich in Deutschland der Begriff „Sozialstaat" im Gegensatz zum „Wohlfahrtsstaat" herausgebildet habe. In dem bismarckschen Wohlfahrtsstaat sei die Wohlfahrt ein „Zuckerbrot" als Gegenleistung für die hoheitliche „Peitsche" gewesen, um Entwicklungen hin zu mehr Rechtsstaatlichkeit und Demokratisierung zu verhindern.[38] In Deutschland sei daher der

---

36 *Bin Takada*, Ohsutoria ni okeru „Houritsu ni yoru Gyousei" to Wagakuni ni okeru Mondaitenn [1] (Die Gesetzmäßigkeit der Verwaltung in Österreich und in Japan [1]), Seikei Ronso (The Journal of Politics and Economics of Hiroshima University), Bd. 13 Nr. 5, 6 (1964), S. 164 ff. Vgl. auch *Takada* (Fn. 32), S. 109 ff.

37 *Takada* (Fn. 32), S. 121 ff.

38 *Bin Takada*, Doitsuteki Kyufugyousei-Ron no Monndaisei – Fukusi to Chiann Josetsu

neue Begriff „Sozialstaat“ notwendig gewesen, der mit der Rechtsstaatlichkeit harmonisch entwickelt werden sollte.[39]

Takada war deshalb skeptisch gegenüber der von Ernst Forsthoff entwickelten Lehre zur Daseinsvorsorge und seiner These von der Antinomie zwischen Sozialstaat und Rechtsstaat. Letzteres hielt *Takada* für verfehlt[40] und bei Ersterem vermisste er die grundrechtliche Fundierung.[41] Aufgrund seiner Grundhaltung kritisierte er auch den Bericht der japanischen Untersuchungskommission zur Verfassung, der sich für die radikalen Beschränkungen der Grundrechte unter Verweis auf den allgemeinen Gedanken einer Förderung der Wohlfahrt aussprach.[42]

Auf diesen verfassungstheoretischen Überlegungen basierte seine reflektierende Analyse des Art. 25 JV. Diese hat eine große Tragweite, nicht nur für die Kritik an der rückschrittlichen Wohlfahrtsstaatsvorstellung auf Seiten der Politik und der Untersuchungskommission der Verfassung, sondern auch für die herrschende Wohlfahrtsstaatsvorstellung in der Verwaltungspraxis. 1950 wurde das Sozialhilfegesetz erlassen. Seine Gestalt wurde maßgeblich von *Shinjiro Koyama* geprägt, einem Beamten des Ministeriums für Gesundheit und Wohlfahrt. In seinem Kommentar zum Sozialhilfegesetz entwickelte er die Rechtsauffassung, dass derjenige, der einen Verwaltungsprozess für die Gewährung von Sozialhilfe führe, nicht als eine in „Not im Leben leidende“ Person anerkannt werden könne, da die Führung eines solchen Prozesses kostspielig sei.[43] Praktisch wurde durch diese Auslegung eine gerichtliche Kontrolle der Verwaltungspraxis in sozialrechtlichen Fragen ausgeschlossen. Außerdem wurde angenommen, dass die Staatsverwaltung über ein großes Ermessen bei der Ausgestaltung und Weiterentwicklung der Wohlfahrtspflege verfüge.

An diesem Punkte setzten die kritisch-nachfragenden verfassungstheoretischen Überlegungen von *Takada* an. Die Betonung einer grundrechtlichen Fundierung der Sozialstaatlichkeit führe dazu, dass solche gerichtsfreien Räume keinen Bestand haben sollten. Die Sozialstaatlichkeit dürfte nicht unter Verletzung der allgemein geltenden Prinzipien der modernen Zeit i. w. S. durchgesetzt werden.

(Die Problematik der deutschen Theorie der Leistungsverwaltung – Einleitung zu „Wohlfahrt und Sicherheit“), Ho-Shakaigaku (The Sociology of Law) Nr. 21 (1969), S. 50 f.

[39] *Bin Takada*, Doitsu ni okeru Ho no Shihai (Herrschaft des Rechts in Deutschland), in: Isozaki Tatsugoro Sensei Kiju-Kinen (in: FS für Tatsugoro Isozaki), 1979, S. 111 ff.

[40] *Takada* (Fn. 39), S. 116 f.

[41] *Takada* (Fn. 38), S. 60 f.

[42] *Takada*, Houchi-Kokka to Fukusshi-Kokka (Rechtsstaat und Wohlfahrtsstaat, 1970), in: ders., Shakaiteki-Hochikokka no Kousei (Konstruktion des sozialen Rechtsstaats), 1993, S. 55 ff.

[43] *Koyama*, Kaitei-Zoho Seikatsu-Hogo no Kaishaku to Unyo (Auslegung und Anwendung der Sozialhilfe, erneute Aufl.), 1951, S. 243.

c) Sinn der verfassungsrechtlichen Überlegungen über die Sozialstaatlichkeit

Die Lehre *Takadas* übte jedoch keinen großen Einfluss auf Praxis und Lehre aus. Die Rechtsprechung hielt an den großen Spielräumen für den ausgestaltenden Gesetzgeber und großen Beurteilungsermächtigungen für die Verwaltung fest. In den meisten Lehrbüchern des Verfassungsrechts wurden der *Asahi*-Fall, in dem das oberste Gericht dem Minister der Gesundheit und Wohlfahrt bei der Beurteilung des Inhalts vom „Mindestmaß an gesundem und kultiviertem Leben" ein sehr großes Ermessen einräumte,[44] und der *Horiki*-Fall, in dem es dem Gesetzgeber bei der Entscheidung der konkreten gesetzlichen Maßnahmen in Zusammenhang mit dem Art. 25 JV ebenfalls ein sehr großes Ermessen einräumte,[45] nebeneinandergestellt. Die herrschende Lehre der Wissenschaft betrachtete „das Recht auf ein Mindestmaß an gesundem und kultiviertem Leben" als „abstraktes Recht", das auf gesetzliche Konkretisierungen angewiesen war. Es bestand kein wissenschaftliches Interesse daran zu ergründen, wie dieses Recht in den rechtsstaatlichen sowie demokratischen Verfassungsstaat vom Gesetzgeber, von der Verwaltung und den Gerichten ausgestaltet werden sollte. Die japanische Verfassungsrechtswissenschaft konnte keinen verfassungsrechtlichen Blickwinkel anbieten, wie soziale Grundrechte und Leistungsverwaltung rechtsstaatlich und demokratisch weiterentwickelt werden sollten und so unterstützte sie die Vorstellung von der Staatsverwaltung und ihrem sehr großen Ermessen. Ein Grund für die Reflexionslosigkeit der herrschenden Lehre war die scharfe Trennung zwischen Verfassungsrechtswissenschaft und Verwaltungsrechtswissenschaft. Diese Trennung machte es unmöglich, die Entwicklungen des öffentlichen Rechts dynamisch und sachgerecht zu erfassen.

Takada war mit seinem Konzept in der Lage, die sozialen Grundrechte und die Leistungsverwaltung dynamisch und sachgerecht zu erforschen. Seine rechtsvergleichenden und verfassungstheoretischen Überlegungen ermöglichten es ihm, diese Phänomene universal zu beobachten und gleichzeitig die konkreten Besonderheiten und Aufgaben des japanischen Rechts zu analysieren.

Seine Ansätze lassen sich als Vorbild verstehen, um auf neue wissenschaftliche Herausforderungen angemessen zu reagieren. In der Gegenwart weiten sich die sozialstaatlichen Aufgaben immer weiter aus. Es geht nicht länger nur um die Armutsbewältigung, sondern unter anderem darum den Herausforderungen einer Altersgesellschaft und der gesellschaftlichen Inklusion[46] zu begegnen. So wird man beispielsweise bei der rechtsstaatlichen und demokratischen Ausgestaltung

---

44 OGH, Großer Senat, Urteil vom 24.5.1967, Minshu 21, 5, 10, 1043.

45 OGH, Großer Senat, Urteil vom 7.7.1982, Minshu 36, 7, 1235. Auch Eisenhardt u. a. (Hrsg.), Japanische Entscheidungen zum Verfassungsrecht in deutscher Sprache, 1998, S. 398 ff.

46 Die Aufgabe der gesellschaftlichen Inklusion hat jetzt globale Dimensionen, die auch für

und Weiterentwicklung der Pflegeversicherung nicht umhinkommen, aufbauend auf sorgfältigen methodischen Reflexionen, verfassungsrechtliche Überlegungen anzustellen. Die Schlussfolgerung, die *Takada* zog, könnte hier als Ausgangspunkt dienen.

IV. Schlussbemerkung

Bei der demokratischen und rechtsstaatlichen Bewertung der Sozialstaatlichkeit bewegten sich *Jesch* und *Takada* in unterschiedlichen Kontexten. Historisch betrachtet besaß Deutschland in der Weimarer Zeit eine demokratische Verfassung, Japan erlebte erst nach der Entstehung der JV die konstitutionelle Demokratie. Als verfassungsrechtliches Vorhaben hatte das Grundgesetz wenige Stützpunkte, um auf ihm einen normativ kräftigen und gehaltvollen Sozialstaatsgedanken zu entwickeln. Demgegenüber verfügt die JV sogar über soziale Grundrechte. Trotz dieser unterschiedlichen Ausgangslagen standen beide – *Jesch* wie *Takada* – vor der Aufgabe, die sozialstaatlichen Gehalte der Verfassung unter Einbeziehung sowohl des Demokratieprinzips als auch des Rechtsstaatsprinzips zu bewältigen. Beiden gelang es, unter Rückgriff auf verfassungstheoretische Überlegungen und rechtstheoretisch informiert, eine leistungsfähige Dogmatik zu entwickeln. Schließlich erwies sich bei beiden der Vergleich mit dem österreichischen Recht als bedeutsam.

Die Verwaltungsrechtswissenschaft steht in der Gegenwart vor vielen großen Herausforderungen, die viel komplexer und umfangreicher sind als diejenigen kurz nach dem Zweiten Weltkrieg. Die Wissenschaft braucht aber bei ihren heutigen Bemühungen nicht bei null anzufangen. Von der Art und Weise der demokratischen und rechtsstaatlichen Bewältigung der Sozialstaatlichkeit in Deutschland und Japan kurz nach dem Zweiten Weltkrieg kann sie sich eine dicke Scheibe abschneiden, und nachvollziehen, auf welche lehrreiche Weise dogmatische Innovationen entwickelt wurden. Auch künftig dürfte sich die Auseinandersetzung mit vergangenen wissenschaftlichen Erfahrungen als wichtig für die Fortentwicklung der Verwaltungsrechtswissenschaft erweisen.

---

die Entwicklung der Rechtsstaatlichkeit und der Demokratie in Entwicklungsländer als unerlässlich betrachtet werden.

Demokratische oder rechtsstaatliche Legitimation der Verwaltung?

Friedrich Schoch

I. Verwaltungslegitimation als Rechtsbegriff

1. Konturierung der Fragestellung

„Legitimation" fragt nach der Rechtfertigung von Herrschaft.[1] „Legitimation der Verwaltung" behandelt die rechtsnormative Frage nach der Rechtfertigung der von der öffentlichen Verwaltung ausgeübten Herrschaft.[2] Bei diesem 1. deutsch-japanischen Verwaltungsrechtskolloquium geht es nicht um politikwissenschaftliche oder sozialwissenschaftliche Erkenntnisinteressen, sondern um juristische Fragestellungen; folglich sind die Anforderungen an die Legitimation von Verwaltungshandeln nach Maßgabe des positiven Rechts zu erörtern.[3]

Für das deutsche Recht sind die normativen Grundlagen für die Verwaltungslegitimation im Verfassungsrecht angelegt. Hinzu treten Einwirkungen des EU-Rechts. Signifikante Unterschiede zwischen dem nationalen Recht und dem supranationalen Recht sind, wie zu zeigen sein wird, nicht zu übersehen. Besonders markant erscheinen die Konturen zu den Konzepten der Verwaltungslegitimation bei einem rechtsdogmatischen Zugriff auf die Thematik. Dabei kommen die Vorzüge der ebenso traditionsbewussten wie entwicklungsoffenen und innovativen Wissenschaft vom Öffentlichen Recht[4] zum Tragen: Systemdenken und Systembildung, Verklammerung von Verfassungsrecht und Verwaltungsrecht, Ergänzung der Konstitutionalisierung des Verwaltungsrechts um die Europäisierung des Verwaltungsrechts, Überwindung der Dichotomie von Öffentlichem Recht und Privatrecht, Wechselwirkungen zwischen rechtswissenschaftlicher Forschung und gerichtlicher Praxis.

---

[1] *Schmidt-Aßmann*, Das allgemeine Verwaltungsrecht als Ordnungsidee, 2. Aufl. 2004, 2. Abschnitt Textziffer 80 (2/80).

[2] *Schmidt-Aßmann*, AöR 116 (1991), S. 329 (331); *Dreier/Kuch*, in: Kahl/Ludwigs (Hrsg.), Handbuch des Verwaltungsrechts, Bd. III, 2022, § 60 Rn. 1.

[3] *Jestaedt*, in: Kahl/Mager (Hrsg.), Verwaltungsaufgaben und Legitimation der Verwaltung, 2022, S. 183 (187).

[4] Näher dazu *Schoch*, in: Cancik u. a. (Hrsg.), Streitsache Staat, 2022, S. 607 (612 ff.).

2. Demokratische und rechtsstaatliche Grundlagen der Verwaltungslegitimation

Das Herrn *Takada* und mir gestellte Thema ist scheinbar durch einen Kontrast gekennzeichnet. Die Formulierung demokratische „oder" rechtsstaatliche Legitimation der Verwaltung deutet eine Alternative, möglicherweise sogar einen Gegensatz zwischen unterschiedlichen Legitimationskonzepten an. Dem rechtsstaatlich geprägten japanischen Modell der Verwaltungslegitimation könnte eine deutsche Konzeption entgegenzustellen sein, die auf der demokratischen Legitimation der öffentlichen Verwaltung gründet. Einem derartigen Gegensatz ist von vornherein eine Absage zu erteilen. Immerhin ist die Themenstellung mit einem Fragezeichen versehen.

Der einleitend formulierte Hinweis auf das positive Recht bezieht sich auf das gesamte hier einschlägige Verfassungsrecht (und ebenso das Unionsrecht). Umfasst davon sind das Demokratieprinzip und das Rechtsstaatsgebot. Analytisch sind diese beiden Legitimationsgrundlagen zu trennen, in der Sache überschneiden sie sich als Legitimationsgrundlagen, so dass Demokratie und Rechtsstaat in ihrer Komplementarität als verfassungsrechtliche Basis (Art. 20 Abs. 2 und 3, Art. 28 Abs. 1 GG) zusammenwirken und die administrative Legitimationsordnung konturieren.[5] Eine Engführung auf die ausschließlich demokratische Legitimation der öffentlichen Verwaltung[6] ist verfassungsrechtlich nicht angezeigt. Das belegt allein schon die Funktion des Parlamentsgesetzes als Legitimationsspender: Unter dem Vorzeichen des Demokratieprinzips ist das Gesetz bei der sachlich-inhaltlichen Legitimation der Verwaltung das maßgebliche Steuerungsinstrument,[7] in rechtsstaatlicher Perspektive ist es Ausdruck der Gewaltenteilung und der Gesetzmäßigkeit der Verwaltung.[8] In der Akzentuierung mag die Verwaltungslegitimation primär eine demokratische Legitimation sein, sie ist aber stets rechtlich geformt, so dass verfassungsrechtlich die Konstituierung einer demokratisch-rechtsstaatlichen Rechtfertigung administrativer Herrschaft zu bewerkstelligen ist.[9]

---

[5] *Schmidt-Aßmann* (Fn. 2), S. 332, 375; *ders.*, in: FS für Ulrich Battis, 2014, S. 85 (88, 98 f.); *Ibler*, in: FS für Franz-Joseph Peine, 2016, S. 457 f.; *Honer/Rudloff*, DÖV 2020, S. 461 (464); *Cancik*, in: Herdegen/Masing/Poscher/Gärditz (Hrsg.), Handbuch des Verfassungsrechts, 2021, § 14 Rn. 86.

[6] Dezidiert *Jestaedt* (Fn. 3), S. 190: Als Legitimation im Rechtssinne komme, „wenn überhaupt, nur die *demokratische* Legitimation der Verwaltung in Betracht".

[7] *Dreier*, in: ders. (Hrsg.), GG, Bd. II, 3. Aufl. 2015, Art. 20 (Demokratie) Rn. 112.

[8] *Schmidt-Aßmann*, in: Isensee/Kirchhof (Hrsg.), Handbuch des Staatsrechts, Bd. II, 3. Aufl. 2004, § 26 Rn. 58 ff.

[9] *Schmidt-Aßmann* (Fn. 2), S. 336.

3. *Erkenntnisinteresse zum Verwaltungsrechtskolloquium*

Die Legitimation der Verwaltung gilt im europäischen Kontext als „klassische Fragestellung des deutschen Rechts".[10] Sie wird sogar als „deutsche Besonderheit", als „deutsches Alleinstellungsmerkmal" bezeichnet.[11] Rechtsvergleichend wird dem deutschen Legitimationskonzept ein „Sonderweg in Europa" attestiert.[12] Das Bundesverfassungsgericht hebt hervor, die „demokratische Legitimation der in Deutschland ausgeübten öffentlichen Gewalt durch das Staatsvolk gehört als wesentlicher Inhalt des Grundsatzes der Volkssouveränität zu der durch Art. 79 Abs. 3 GG geschützten […] Verfassungsidentität des Grundgesetzes"[13]. Höher kann die Messlatte nicht gelegt werden.

Die hier anwesenden deutschen Teilnehmer müssen sich indessen nicht als (europäische) „Sonderlinge" begreifen. Ein solches Image könnte unschwer geschaffen werden, ginge man allen Verästelungen des deutschen Legitimationskonzepts nach und verlöre man sich in (gewiss nicht uninteressanten) Einzelheiten. Für die Zwecke dieses Kolloquiums konzentrieren sich die nachfolgenden Überlegungen auf die Grundlinien der Thematik, um einen sinnvollen Rechtsvergleich zu ermöglichen. Das schließt die Erörterung von Detailfragen nicht völlig aus; auch werden zur Veranschaulichung immer wieder konkrete Beispiele angeführt. Aber das Erkenntnisinteresse ist vornehmlich auf die Konturierung von Konzepten und die Offenlegung von Strukturen des maßgeblichen positiven Rechts gerichtet. Die Dominanz des Bundesverfassungsgerichts bei der Prägung des Untersuchungsgegenstands und der – etappenweisen – Fortentwicklung des Legitimationskonzepts ist deutschen Juristen bekannt. Die Leistungen des Gerichts immunisieren es jedoch nicht gegenüber Kritik. Im Gegenteil, die verfassungsrechtliche Tragfähigkeit einiger Erkenntnisse ist alles andere als gesichert, und bei der Einbettung der Verwaltungslegitimation in den unionsrechtlichen Kontext droht sich das Bundesverfassungsgericht zu „vergaloppieren".

---

[10] *Schöndorf-Haubold*, in: Kahl/Mager (Hrsg.), Verwaltungsaufgaben und Legitimation der Verwaltung, 2022, S. 219 (227).

[11] *Jestaedt* (Fn. 3), S. 190.

[12] *Kahl*, in: Kahl/Mager (Hrsg.), Verwaltungsaufgaben und Legitimation der Verwaltung, 2022, S. 329 (374).

[13] BVerfGE 154, 17 Rn. 101.

II. Klassisches Modell der Verwaltungslegitimation

Das klassische Modell der Verwaltungslegitimation[14] basiert auf Art. 20 Abs. 2 GG.[15] Das daraus entwickelte verfassungsrechtliche Konzept besteht aus vier aufeinander bezogenen Elementen; die Rede ist von einem „Quartett der Begriffe“: Legitimationssubjekt, Legitimationsobjekt, Legitimationsmodi, Legitimationsniveau.[16] Der Analyserahmen kann etwas feingliedriger strukturiert werden, wodurch das Verständnis für die Weiterentwicklung des klassischen Modells (III.) erleichtert wird.

1. Verfassungsrechtliche Prämisse: Volkssouveränität

a) Legitimationssubjekt: Staatsvolk

Legitimationssubjekt ist nach Art. 20 Abs. 2 S. 1 GG das „Volk“.[17] Gemeint ist das Staatsvolk.[18] Angeknüpft wird damit nicht an irgendeine (beliebige) Entität von Menschen, sondern an die Staatsbürgerschaft (Volk als Kollektiv der Staatsbürger).[19] Markiert ist mit dieser Feststellung im deutschen Bundesstaat die Perspektive des Gesamtstaates, genauer: des Bundes. Die (territorial) gegliederte Struktur des Staatswesens zwingt indes bereits auf Verfassungsebene (Art. 28 Abs. 1 GG) zur Anerkennung von „Teilvölkern“ („Landesvolk“, „Kommunalvolk“). Ein Legitimationssubjekt in Gestalt einer monolithischen Einheit gibt es

---

[14] Auf eine Darstellung der vor allem in den 1980er und 1990er Jahren intensiv geführten Diskussion um das monistische und das pluralistische Demokratieverständnis wird hier verzichtet. Eine Nachzeichnung der Debatte bietet *Hanebeck*, DÖV 2004, S. 901 ff.; Darstellung der (seinerzeitigen) Kritik an dem klassischen Modell nebst Antikritik bei *Grzeszick*, in: Dürig/Herzog/Scholz, GG (Loseblatt-Kommentar), Art. 20 II (Demokratie) Rn. 154 ff., 157 ff. – Der Disput hat sich weitgehend erledigt, nachdem sich das BVerfG seit 2002 der pluralistischen Lehre weitgehend angenähert hat (dazu unten III.); *Groß*, Jura 2016, S. 1026 (1034).

[15] Art. 20 Abs. 2 GG lautet: „Alle Staatsgewalt geht vom Volke aus. Sie wird vom Volke in Wahlen und Abstimmungen und durch besondere Organe der Gesetzgebung, der vollziehenden Gewalt und der Rechtsprechung ausgeübt.“

[16] *Schmidt-Aßmann*, FS Battis (Fn. 5), S. 95; *Trute*, in: Voßkuhle/Eifert/Möllers (Hrsg.), Grundlagen des Verwaltungsrechts, Bd. I, 3. Aufl. 2022, § 9 Rn. 4.

[17] Damit sind andere Herrschaftsformen ausgegrenzt; *Böckenförde*, in: Isensee/Kirchhof (Hrsg.), Handbuch des Staatsrechts, Bd. II, 3. Aufl. 2004, § 24 Rn. 10.

[18] BVerfGE 83, 37 (50) zum Ausländerwahlrecht in Schleswig-Holstein (vor Schaffung des Art. 28 Abs. 1 S. 3 GG); BVerfGE 83, 60 (81) zu Wahlen zu den Bezirksversammlungen in Hamburg.

[19] *Emde*, Die demokratische Legitimation der funktionalen Selbstverwaltung, 1991, S. 322 ff.; *Jestaedt*, Demokratieprinzip und Kondominialverwaltung, 1993, S. 205 ff.; *Grzeszick* (Fn. 14), Rn. 81.

verfassungsrechtlich nicht.[20] Zugespitzt formuliert: Einer jeden Gebietskörperschaft ist „ihr Volk" zugeordnet.

Weitere „Teilvölker" jenseits der Gebietskörperschaften (Bund, Länder, Gemeinden und Gemeindeverbände) kennt das Grundgesetz nicht. Sie können folglich von einer am positiven Recht ausgerichteten Rechtsdogmatik nicht anerkannt werden. Das betrifft insbesondere die Selbstverwaltungsträger (Körperschaften) im Bereich der funktionalen Selbstverwaltung (III. 3. a); eine Art „Verbandsvolk" (im Sinne einer „Betroffenenverwaltung") existiert nicht.[21] Diese Einsicht dispensiert nicht von der Notwendigkeit einer Legitimationsquelle; diese ist jedoch nicht das „Volk" (in Gestalt eines „Teilvolkes"), sondern sie muss anders beschaffen sein.

b) Legitimationsobjekt: Staatsgewalt

Legitimationsobjekt ist gemäß Art. 20 Abs. 2 S. 1 GG die „Staatsgewalt". Seit jeher spricht das Bundesverfassungsgericht davon, dass nach dem grundgesetzlichen Demokratieprinzip (jedenfalls) „alles amtliche Handeln mit Entscheidungscharakter" (gleich ob unmittelbar außenwirksam oder nicht) der demokratischen Legitimation bedürfe.[22] Diese These ist zu eng. Da Art. 20 Abs. 2 S. 1 GG „alle" Staatsgewalt erfasst, kann das Legitimationsobjekt nicht auf staatliches Handeln mit Entscheidungscharakter reduziert werden, vielmehr ist – mit Blick auf die Exekutive – jegliches Verwaltungshandeln legitimationsbedürftig.[23]

Bei amtlichen Maßnahmen mit einem „besonders geringen Entscheidungsgehalt" will das Bundesverfassungsgericht „geringere Anforderungen an die Legitimation" stellen.[24] Eine solche Überlegung kann sich allenfalls auf das Legitimationsniveau (II. 3.) beziehen, nicht auf das Legitimationsobjekt. Denn einen „Bagatellvorbehalt" kennt das Grundgesetz nicht.[25]

---

[20] *Dreier/Kuch* (Fn. 2), Rn. 35.

[21] *Jestaedt*, in: Kluth (Hrsg.), Jahrbuch des Kammerrechts 2003, 1. Aufl. 2004, S. 9 (12); *Dreier* (Fn. 7), Rn. 129; a.A. *Ehlers*, in: FS für Ekkehart Stein, 2002, S. 125 (132 f.); *Pieroth*, EuGRZ 2006, S. 330 (332); *Kahl* (Fn. 12), S. 363 mit Fn. 213. – *Schmidt-Aßmann*, FS Battis (Fn. 5), S. 95 sieht in den verschiedenen Konzepten (Teilvolk versus autonome Legitimation) lediglich „Konstruktionsunterschiede".

[22] BVerfGE 77, 1 (40); 83, 60 (73); 93, 37 (68); 107, 59 (87); 130, 76 (123); 147, 50 Rn. 218.

[23] *Pieroth* (Fn. 21), S. 331; *Honer/Rudloff* (Fn. 5), S. 462; *Ehlers* (Fn. 21), S. 137 f.; *Dreier/Kuch* (Fn. 2), Rn. 34; *Trute* (Fn. 16), Rn. 6.

[24] So BVerfGE 83, 60 (74) unter Bezugnahme auf BVerfGE 47, 253 (274 f.).

[25] *Schmidt-Aßmann* (Fn. 2), S. 367; *Grzeszick* (Fn. 14), Rn. 94; *Trute* (Fn. 16), Rn. 27.

c) Legitimationszusammenhang: Zurechnungsverhältnis zwischen Volk und staatlicher Herrschaft

Ausgeübt wird die Staatsgewalt – jenseits von Wahlen (Art. 38 und Art. 28 Abs. 1 S. 2 GG) und (praktisch wenig bedeutsamen) Abstimmungen (Art. 29, 118, 118a GG) – durch „besondere Organe", unter anderem der vollziehenden Gewalt (Art. 20 Abs. 2 S. 2 GG). Soll die Volkssouveränität (Art. 20 Abs. 2 S. 1 GG) in der repräsentativen Demokratie gesichert sein, braucht es einen Zusammenhang zwischen dem Wahlrecht und der administrativen Ausübung von Staatsgewalt, weil nur dann die Herrschaftsausübung auf die Staatsbürger zurückzuführen ist.[26] Die vom Volk „ausgehende" Staatsgewalt erreicht der regulativen Idee nach durch den Wahlakt nicht nur das Parlament, sondern wird zudem den „besonderen Organen" der vollziehenden Gewalt vermittelt. Zur Bewerkstelligung der Vermittlungsleistung ist ein spezifischer Zusammenhang zwischen der Wahl (des Parlaments) und den die Staatsgewalt ausübenden Exekutivorganen gefordert.[27] Damit sind im Rahmen unserer Themenstellung die Formen (Mechanismen, Modi) zur Herstellung des Legitimationszusammenhangs zwischen Legitimationssubjekt und real agierenden Exekutivorganen angesprochen.

2. Legitimationsformen: Mechanismen zur Vermittlung demokratischer Legitimation

Zu den normativen Anforderungen an den Zurechnungszusammenhang zwischen Volk und Organen der Exekutive hat sich im klassischen Modell eine Trias von Komponenten herausgebildet, die gemeinhin als „Legitimationsformen" bezeichnet werden. Dazu mögen hier einige kurze Hinweise genügen.[28]

a) Funktionell-institutionelle Legitimation

Die funktionell-institutionelle Legitimation garantiert ein Minimum an demokratischer Legitimation, indem sie im Rahmen der Gewaltenteilung (Funktionentrennung) die Eigenständigkeit der Verwaltung[29] ausweist. Zum Ausdruck ge-

---

[26] BVerfGE 83, 37 (50 f.); 93, 37 (66); 130, 76 (123); 137, 185 Rn. 131; 139, 194 Rn. 106; 142, 123 Rn. 128; 151, 202 Rn. 117.

[27] *Pieroth* (Fn. 21), S. 332, 333.

[28] Klar konturiert dazu der „spiritus rector" *Böckenförde* (Fn. 17), Rn. 14 ff.; zur „Konstruktion der Demokratie als Staatsform" anschaulich *ders.*, in: FS für Kurt Eichenberger, 1982, S. 301 (313 ff.); instruktiv ferner *Jestaedt* (Fn. 19), S. 265 ff.

[29] Dazu *Hoffmann-Riem/Pilniok*, in: Voßkuhle/Eifert/Möllers (Hrsg.), Grundlagen des Verwaltungsrechts, Bd. I, 3. Aufl. 2022, § 12 Rn. 27 ff.; aus Praktikersicht instruktiv *Schönenbroicher*, NWVBl. 2020, S. 101 ff.

langt ein notwendiges, aber keineswegs hinreichendes Element demokratischer Legitimation der administrativen Amtstätigkeit. Immerhin wird auf die spezifischen Funktionsweisen der öffentlichen Verwaltung aufmerksam gemacht, wodurch die Eigenrationalität des hierarchischen Verwaltungsmodells bewusst bleiben und so die Sensibilität für alternative Konzepte befördert werden kann.[30]

b) Organisatorisch-personelle Legitimation

Die organisatorisch-personelle Legitimation knüpft an das Amt im administrativen Herrschaftsgefüge[31] an und fordert die auf den einzelnen Amtswalter bezogene Legitimation ein: Die Bestellung der Amtsträger muss sich auf das Staatsvolk zurückführen lassen, was zu einem mehrstufigen Vermittlungsvorgang führt.[32] Das Bundesverfassungsgericht spricht einer Verwaltungsentscheidung in personeller Hinsicht die demokratische Legitimation zu, wenn sich die Bestellung des Amtswalters, der die Entscheidung trifft, durch eine ununterbrochene Legitimationskette auf das Staatsvolk zurückführen lässt.[33] Danach ist ein Amtsträger nicht nur dann uneingeschränkt personell legitimiert, falls er sein Amt im Wege einer Wahl durch das Volk oder das Parlament erhalten hat, sondern ebenso, wenn er durch einen seinerseits personell legitimierten Amtsträger oder mit dessen Zustimmung in das Amt gelangt ist.[34] Andere denkbare Legitimationsmodelle (z.B. Akzeptanz, Partizipation, Mitentscheidung Betroffener, Output-Legitimation) sind damit verfassungsrechtlich ausgeschlossen.[35]

Die Bedeutung der organisatorisch-personellen Legitimation im Gesamtgefüge der Legitimationsformen darf sicherlich nicht überschätzt werden,[36] aber zu einer Geringschätzung oder gar Diskreditierung der Metapher von der „Legitimationskette" besteht kein Anlass. Das zeigt sich nicht nur bei der Beleihung (III. 3. c), sondern auch im bürokratischen Modell der hierarchischen Verwaltung, wenn nicht amtlich bestellten Funktionsträgern (Mit-)Entscheidungsbefugnisse übertragen werden sollen. Ein Beispiel aus neuerer Zeit bietet das in Deutschland bestehende grundsätzliche Verbot des Fracking-Verfahrens zur Gewinnung von Erdgas oder Erdöl (§ 13a Abs. 1 S. 1 Nr. 1 WHG). Nach Vorstellun-

---

30 *Dreier/Kuch* (Fn. 2), Rn. 37: Kluft zwischen dem hierarchischen Modell und alternativen Ansätzen kann verringert werden.

31 Zum „Amt" als zentrale demokratische Kategorie *Böckenförde*, in: Isensee/Kirchhof (Hrsg.), Handbuch des Staatsrechts, Bd. III, 3. Aufl. 2005, § 34 Rn. 30.

32 Vgl. – stellvertretend – dazu *Dreier* (Fn. 7), Rn. 111: Parlamentswahl, Kanzlerwahl, Auswahl der Regierungsmitglieder, Ernennung der Beamten durch zuständige Ministerien.

33 Vgl. etwa zuletzt BVerfGE 139, 194 Rn. 106; 146, 1 Rn. 87; 147, 50 Rn. 198.

34 BVerfGE 107, 59 (88); 135, 155 Rn. 157; 136, 194 Rn. 168.

35 *Schmidt-Aßmann* (Fn. 2), S. 371 ff.; *Grzeszick* (Fn. 14), Rn. 157 ff.

36 Vgl. zur Kritik nur etwa *Trute* (Fn. 16), Rn. 45.

gen der Bundesregierung sollten von der zuständigen Behörde Ausnahmen zugelassen werden können, wenn eine (mit externen Fachleuten besetzte) unabhängige Expertenkommission (§ 13a Abs. 6 WHG) die Unbedenklichkeit eines Vorhabens attestierte.[37] Die Mitentscheidungsbefugnis des Gremiums wurde als unvereinbar mit dem Demokratieprinzip erachtet,[38] die vorgesehene Entscheidungsberechtigung der Kommission wurde gestrichen,[39] dem Expertengremium kommt nurmehr eine beratende Funktion zu.[40]

Das Beispiel steht für das generelle Problem der Ministerialbürokratie, in komplexen Handlungsfeldern mit Wissensdefiziten konfrontiert zu sein und nur unter Heranziehung externen Sachverstands verantwortlich entscheiden zu können.[41] Gleichsam als Gegenentwurf zu dem „Fracking“-Beispiel steht unter Legitimationsgesichtspunkten die Standortsuche für die Endlagerung hochradioaktiver Abfälle. Das Standortauswahlverfahren „soll in einem partizipativen, wissenschaftsbasierten, transparenten, selbsthinterfragenden und lernenden Verfahren“ vonstattengehen (so § 1 Abs. 2 S. 1 StandAG). Das klingt beinahe nach „Basisdemokratie“ in einer kontrovers erörterten hochpolitischen Angelegenheit.[42] Indessen: Das Bundesamt für die Sicherheit der nationalen Entsorgung (§ 4 StandAG) hat die Verfahrensherrschaft inne (§§ 6 ff. StandAG); dem pluralistisch zusammengesetzten Nationalen Begleitgremium, das Unabhängigkeit genießt und wissenschaftlichem Arbeiten verpflichtet ist, kommt lediglich eine beratende Funktion zu (§ 8 StandAG);[43] die Standortentscheidung wird auf Grund eines Vorschlags der Bundesregierung, der an Bundestag und Bundesrat gerichtet ist (§ 20 Abs. 1 StandAG), durch Bundesgesetz getroffen (§ 20 Abs. 2 StandAG). Die demokratische Legitimation der Ausübung von Staatsgewalt bei der Suche und Auswahl eines Standortes für ein Endlager für hochradioaktive Abfälle ist in jedweder Weise gesichert.

---

37 § 13a Abs. 7 WHG-RegE, BT-Drs. 18/4713 S. 11 (mit Begründung S. 26).

38 *Boehme-Neßler*, NVwZ 2015, S. 1249 (1251 ff.) mit der Ableitung eines Parlamentsvorbehalts für Fracking-Entscheidungen aus Art. 20a GG und der Schlussfolgerung, dass die Letztentscheidung dem Parlament obliege.

39 Beschlussempfehlung und Bericht des BT-Umweltausschusses, BT-Drs. 18/8916 S. 21.

40 Vgl. zu dem Vorgang *Breuer/Gärditz*, Öffentliches und privates Wasserrecht, 4. Aufl. 2017, Rn. 674; *Czychowski/Reinhardt*, WHG, 13. Aufl. 2023, § 13a Rn. 72.

41 Instruktiv dazu unter dem Vorzeichen der gewaltenspezifischen Legitimationsordnung *Trute* (Fn. 16), Rn. 32 ff.

42 Rechtsvergleichend (Endlagersuche in Deutschland und in der Schweiz) *Peters*, DÖV 2015, S. 629 ff.

43 Dazu *Smeddinck*, VerwArch 112 (2021), S. 490 (495 f.): Ermöglichung von Vertrauen in die Verfahrensdurchführung als Aufgabe des Nationalen Begleitgremiums.

c) Sachlich-inhaltliche Legitimation

Die sachlich-inhaltliche Legitimation umfasst die Gesetzesbindung der Verwaltung und die parlamentarische Verantwortlichkeit der Regierung.[44] Das Bundesverfassungsgericht spricht davon, diese Legitimationsform werde durch die Gesetzesbindung und die Bindung der Amtsträger an Aufträge und Weisungen der Regierung vermittelt.[45] In diesem Zusammenhang können Aufsicht, Kontrolle, Weisung, Abberufung von Amtswaltern als „begleitende Instrumente" der Regierungsverantwortlichkeit bezeichnet werden.[46] Dem Haushaltsrecht wird eine wenigstens mittelbare Direktivkraft zugemessen.[47]

Die Gesetzesbindung realisiert die Gesetzmäßigkeit der Verwaltung (Art. 20 Abs. 3 GG) und ist rechtsstaatlich geprägt. Die parlamentarische Verantwortlichkeit der Regierung ist facettenreich. Im Kern geht es um die Sachverantwortung der Regierung bzw. des jeweiligen Ressortministers gegenüber Volk und Parlament.[48] Für die Verantwortungszuweisung ist verfassungsrechtlich entscheidend, dass die Verwaltungsspitze auf das Verhalten nachgeordneter Stellen Einfluss nehmen kann.[49] Mangelt es wegen gesetzlich nicht vorgesehener Aufsichtsstrukturen an der Kontrollierbarkeit einer Verwaltungsstelle, fehlt deren sachlich-inhaltliche Legitimation.[50]

Die Zuordnung von Verantwortlichkeit setzt Klarheit der Kompetenzen voraus. Das Bundesverfassungsgericht weist die hinreichend klare Festlegung von Verwaltungszuständigkeiten als eine Forderung des Demokratieprinzips aus; der Bürger müsse wissen können, wen er wofür – auch durch Vergabe oder Entzug seiner Wählerstimme – verantwortlich machen könne.[51] Ein anderer Aspekt der Thematik zeigt sich im Parlamentsinformationsrecht. Das Auskunftsrecht des Parlaments und seiner Mitglieder (Art. 38 Abs. 1 S. 2 i. V. m. Art. 20 Abs. 2 S. 2 GG) gegenüber der Regierung setzt deren Zuständigkeit voraus. Diese Einhegung setzt sich in der Verwaltungshierarchie nach unten fort: Der Verantwortungsbereich der Regierung ist verknüpft mit den Kompetenzen nachgeordneter Stel-

---

[44] *Böckenförde* (Fn. 17), Rn. 21; *Jarass*, in: Jarass/Pieroth, GG, 17. Aufl. 2022, Art. 20 Rn. 10.

[45] BVerfGE 130, 76 (124); 137, 185 Rn. 131; 139, 194 Rn. 107; 146, 1 Rn. 87; 147, 50 Rn. 198.

[46] *Trute* (Fn. 16), Rn. 10.

[47] *Schmidt-Aßmann* (Fn. 1), 2/85; *Dreier/Kuch* (Fn. 2), Rn. 39.

[48] BVerfGE 93, 37 (67 f.); 107, 59 (88).

[49] *Ehlers* (Fn. 21), S. 135.

[50] Angenommen wird dies für die beim Bundesministerium für Ernährung und Landwirtschaft angesiedelte Deutsche Lebensmittelbuch-Kommission von *Rixen*, DVBl. 2014, S. 949 (956): keine sachlich-inhaltliche Legitimation.

[51] BVerfGE 119, 331 (366); dazu *Kersten*, in: FS für Hans-Jürgen Papier, 2013, S. 103 (115).

len.[52] Diese Ausprägung der sachlich-inhaltlichen Legitimation ist auch Element der Rechtsstaatsgebots.

3. Struktursicherung: hinreichendes Legitimationsniveau

Die skizzierten Mechanismen zur Vermittlung demokratischer Legitimation manifestieren verfassungsrechtlich kein starres Schema. Zur Gewährleistung der Volkssouveränität in der repräsentativen Demokratie ist die Wirksamkeit des Gesamtgefüges maßgebend.[53] Das Volk muss im Ergebnis einen effektiven Einfluss auf die Ausübung der Staatsgewalt durch die in Art. 20 Abs. 2 S. 2 GG genannten Organe haben.[54] Demokratische Legitimation wird nicht als formales Konstrukt verstanden, sondern als eine real wirksame Verantwortungsbeziehung zwischen Repräsentierten und Repräsentanten beschrieben.[55] Das Bundesverfassungsgericht bekräftigt: Entscheidend sei nicht die Form der demokratischen Legitimation staatlichen Handelns, sondern deren Effektivität; notwendig sei ein bestimmtes Legitimationsniveau.[56]

Doch welches Niveau ist gemeint? Die Rede ist vom Erfordernis eines „hinreichenden" Niveaus zur Gewährleistung demokratischer Legitimation.[57] Einigkeit besteht insoweit, als ein Legitimationsmaximum verfassungsrechtlich nicht gefordert ist.[58] Das erforderliche Legitimationsniveau wird abhängig gemacht von der Art der zu legitimierenden Entscheidungstätigkeit; je intensiver die in Betracht kommende Entscheidung Grundrechte berühre, desto höher müsse das Legitimationsniveau sein.[59] Derartige relationale Aussagen bleiben ohne fassbare materielle Substanz. Gibt es aber keinen festen Maßstab, wird am Ende im Wege der Dezision darüber befunden, ob das Zusammenwirken der Legitimationsformen zu einem (noch) hinreichenden Legitimationsniveau führt oder ob das nicht der Fall ist. Werden dem Gesetzgeber eine Entscheidungsprärogative

---

52 BVerfGE 139, 104 Rn. 110ff.: Verantwortlichkeit der Bundesregierung für den Einsatz der Bundespolizei zur Unterstützung von Polizeien mehrerer Länder; BVerfGE 146, 1 Rn. 90: Verantwortlichkeit der Bundesregierung zum Einsatz von V-Leuten des Bundesamts für Verfassungsschutz im Zusammenhang mit einem Attentat beim Münchner Oktoberfest; BVerfGE 147, 50 Rn. 215ff.: Verantwortlichkeit der Bundesregierung in Angelegenheiten der Deutschen Bahn AG (dazu auch unten III. 3. d).

53 *Schmidt-Aßmann* (Fn. 1), 2/94.

54 BVerfGE 139, 194 Rn. 106; 146, 1 Rn. 87; 147, 50 Rn. 197.

55 *Dreier/Kuch* (Fn. 2), Rn. 56.

56 BVerfGE 83, 60 (72); 93, 37 (66f.); 107, 59 (87); 135, 155 Rn. 157; 136, 194 Rn. 168; 146, 164 Rn. 113.

57 BVerfGE 135, 155 Rn. 157.

58 Vgl. etwa *Schmidt-Aßmann* (Fn. 1), 2/99.

59 BVerfGE 93, 37 (73); 130, 76 (124); 135, 155 Rn. 157; 136, 194 Rn. 168; 146, 164 Rn. 13.

und Gestaltungsoptionen zugestanden, entscheidet in der Regel er über das Legitimationsniveau, andernfalls nimmt im Konfliktfall das Bundesverfassungsgericht die Dezision vor.

4. Ministerialverwaltung als Grundmodell

Wenn nach deutscher Tradition die hierarchische Struktur die „normale Organisation der öffentlichen Verwaltung" ist,[60] kann die hierarchisch-bürokratisch geformte Ministerialverwaltung als „Grundmodell" zur demokratischen Legitimation der vollziehenden Gewalt bezeichnet werden.[61] Ist die dem Parlament verantwortliche Regierung als administrative Spitze in der arbeitsteilig organisierten Verwaltung mit Weisungs- und Kontrollrechten gegenüber nachgeordneten Stellen ausgestattet, kann jeder Hoheitsakt in einem rechtsnormativen Sinne auf den demokratischen Volkswillen zurückgeführt werden.[62] Die Ministerialverwaltung erscheint als Idealtypus von demokratischer Verwaltung; Abweichungen von diesem Modell werden rechtfertigungsbedürftig.[63]

Das Bundesverfassungsgericht propagiert dieses Legitimationskonzept als verbindlich nicht nur für die unmittelbare Staatsverwaltung auf Bundesebene und auf Landesebene, sondern auch für die kommunale Selbstverwaltung. Speziell das Erfordernis personeller demokratischer Legitimation (Legitimationskette) treffe die Kommunen wegen des sachlich-gegenständlich nicht weiter eingegrenzten, umfassenden Aufgabenkreises der Selbstverwaltung der Gemeinden.[64] Die verfassungsgerichtlichen Anforderungen an die Verwaltungslegitimation in den Gebietskörperschaften liegen damit fest.[65]

Von dem Grundmodell weichen „ministerialfreie Räume" ab, da die betreffenden Verwaltungseinheiten[66] keiner oder nur einer eingeschränkten Fachaufsicht

---

[60] So *Groß* (Fn. 14), S. 1028.

[61] *Dreier* (Fn. 7), Rn. 121; *Grzeszick* (Fn. 14), Rn. 143; ausführlich *Jestaedt* (Fn. 19), S. 302 ff.

[62] *Dreier*, Hierarchische Verwaltung im demokratischen Staat, 1991, S. 137. – Vgl. auch Fn. 194.

[63] *Trute* (Fn. 16), Rn. 13.

[64] BVerfGE 107, 59 (88) mit ergänzendem Hinweis darauf, dass Art. 28 Abs. 1 S. 2 GG in diesem Zusammenhang die Einheitlichkeit der demokratischen Legitimation durch das Volk im Staatsaufbau sicherstelle (und nicht etwa die „mitgliedschaftlich-partizipatorische" Komponente zusätzlich stärken wolle).

[65] Die „Gleichbehandlung" von unmittelbarer Staatsverwaltung und gemeindlicher Selbstverwaltung fortführend z. B. BVerfGE 135, 155 Rn. 158; 136, 194 Rn. 169; 146, 164 Rn. 114.

[66] *Dreier* (Fn. 7), Rn. 123 verweist vornehmlich auf Fachausschüsse und andere Kollegialorgane und nennt konkret den Datenschutzbeauftragten, die Bundesprüfstelle für jugendgefährdende Schriften, Vergabekammern beim Bundeskartellamt, den Bundespersonalausschuss, Prüfungsausschüsse nach landesrechtlichen Prüfungsordnungen, Richterwahlausschüsse.

übergeordneter Stellen unterliegen. Überzeugende Konzepte zur Rechtfertigung dieser begründungsbedürftigen Ausnahme fehlen bislang.[67] Das Bundesverfassungsgericht akzeptiert die Einrichtung weisungsunabhängiger Behörden „nur in begrenzten Ausnahmefällen", verzichtet dabei jedoch nicht auf jegliche Verantwortlichkeit der Regierung, weil andernfalls „unkontrollierte und niemandem verantwortliche Stellen Einfluss auf die Staatsverwaltung gewönnen"; indessen will das Gericht die Zulässigkeit „ministerialfreier Räume" nur „mit Blick auf den konkreten Fall beurteilen".[68] Im Schrifttum wird für eine hinnehmbare Abweichung vom Grundmodell verlangt, dass ein in der Verfassungsstruktur anzuerkennender Grund vorliegt, die Gesamtleitung der Politik unter der Kontrolle des Parlaments gewahrt bleibt und diese gesetzlich vorgesehen ist.[69] Die Problematik stellt sich aktuell auf Grund unionsrechtlicher Einwirkungen auf das innerstaatliche Recht; in diesem Zusammenhang folgt die Legitimation politischer Unabhängigkeit nationaler Behörden eigenen Gesetzmäßigkeiten[70] (IV.).

III. Flexibilisierung und Modifizierung der Anforderungen an die Verwaltungslegitimation

1. Defizite des klassischen Modells

Das klassische Modell der Verwaltungslegitimation hat auf den ersten Blick eine fundierte grundgesetzliche Absicherung und erscheint schlüssig in seiner Ausformung. Bei genauer Analyse der verfassungsrechtlichen Rahmenbedingungen erweist sich das auf die Ministerialverwaltung ausgerichtete Konzept jedoch – unabhängig von den hier nicht weiter verfolgten pluralistischen Modellen[71] – als defizitär. Zum Beleg mögen drei Hinweise genügen:

- Stillschweigend vorausgesetzt werden für die Bundesrepublik Deutschland unitarische Strukturen, was jedoch nicht der Fall ist; schon die Binnengliederung des Staatswesens in Gebietskörperschaften (Bund, Länder, Gemeinden und Gemeindeverbände) führt zu einer Pluralität der Legitimationssubjekte.[72]

[67] Eine Parallele zu Art. 97 Abs. 1 GG (dazu *Honer/Rudloff* (Fn. 5), S. 465) kann nicht gezogen werden; zur anders gelagerten richterlichen Legitimation *Tschentscher*, Demokratische Legitimation der dritten Gewalt, 2006, S. 189 ff.

[68] So (seine Rechtsprechung zusammenfassend) BVerfGE 151, 202 Rn. 133.

[69] Literaturstimmen zusammenfassend *Trute* (Fn. 16), Rn. 37; anders *Grzeszick* (Fn. 14), Rn. 204.

[70] *Ludwigs*, NVwZ 2015, S. 1327 (1330).

[71] Vgl. dazu Nachweise oben Fn. 14.

[72] *Hanebeck* (Fn. 14), S. 907; *Pieroth* (Fn. 21), S. 332.

- Eng damit verknüpft sind bundesstaatlich bedingte „Brechungen" in den Verwaltungsstrukturen; die Verwaltungsspitze des Bundes (Bundesregierung, Bundesministerien) verfügt mit Ausnahme der Sonderkonstellation des Art. 85 Abs. 4 GG nicht über Kontroll- und Weisungsrechte gegenüber den Behörden der Länder (unter Einschluss der Kommunen), obwohl diese für die Ausführung der Bundesgesetze grundsätzlich zuständig sind[73] (Art. 83, 84 GG).
- Die bundeseigene Verwaltung besteht nicht nur aus der Ministerialverwaltung, sondern auch aus bundesunmittelbaren Körperschaften und Anstalten des Öffentlichen Rechts (Art. 86, 87 Abs. 2 S. 1 und Abs. 3 S. 1, 130 Abs. 3 GG); es liegt nahe, dass sich für diese aus der unmittelbaren Bundesverwaltung ausgegliederten Verwaltungsträger spezifische Legitimationsfragen stellen.

Zwischenfazit: Schon nach tradiertem Verständnis zu den Ableitungen aus Art. 20 Abs. 2 GG erweist sich das klassische Legitimationsmodell als unterkomplex.[74]

2. *Verfassungsgerichtliche Fortentwicklung des klassischen Modells*

Die entscheidenden Impulse für die Modifizierung des klassischen Modells zur demokratischen Legitimation der Verwaltung hat das Bundesverfassungsgericht gesetzt. Die Entwicklung seiner Rechtsprechung wird gemeinhin in drei Phasen eingeteilt: (1) Frühphase mit wenig stringenter Judikatur, (2) stringentes monistisches Modell mit den Entscheidungen zum kommunalen Ausländerwahlrecht (1990), (3) Anreicherung sowie Hybridisierung und Aufweichung des monistischen Modells durch Entscheidungen zur funktionalen Selbstverwaltung (seit 2002).[75] Rechtssystematisch lassen sich zwei neue Diskurse beobachten: Neuerungen zur Absicherung der Legitimation verselbstständigter Verwaltungseinheiten und Verarbeitung unionsrechtlicher Einwirkungen auf das überkommene Legitimationskonzept.[76]

[73] *Trute* (Fn. 16), Rn. 36: Die Weisungskette ist von vornherein föderal unterbrochen und wird durch eine landeseigene Kette ersetzt, die von seinem Teilvolk des Art. 20 Abs. 2 GG ausgeht; ferner *Groß*, Die Verwaltung 47 (2014), S. 197 (201 f.): keine effektive parlamentarische Kontrolle einer Landesbehörde im Regelfall des Art. 84 GG durch den Bundestag möglich.

[74] *Mager*, in: Kahl/Mager (Hrsg.), Verwaltungsaufgaben und Legitimation der Verwaltung, 2022, S. 9 (32), allerdings in Bezug auf den europäischen Verwaltungsverbund.

[75] *Jestaedt* (Fn. 3), S. 191 ff.; ähnlich *Hanebeck* (Fn. 14), S. 904 ff.; anderer Zuschnitt der drei Phasen bei *Kersten* (Fn. 51), S. 111 ff.: (1) rigides monistisches Modell, (2) Flexibilisierung des Modells anhand der funktionalen Selbstverwaltung, (3) normative Öffnung auf Grund unionsrechtlicher Einwirkungen.

[76] *Jestaedt* (Fn. 3), S. 191.

Ausgangspunkt für die Innovationen ist die Maßgeblichkeit des Gesamtgefüges der Legitimationsformen für die Bestimmung des hinreichenden Legitimationsniveaus[77] (II. 3.). In einem solchen flexiblen Modell haben die verschiedenen Formen der Legitimation nicht je für sich Bedeutung, sondern nur in ihrem Zusammenwirken.[78] Daraus resultiert das Potential zum gegenseitigen Ausgleich, sogar zur Substitution: Stehen organisatorisch-personelle Legitimation und sachlich-inhaltliche Legitimation in einem wechselbezüglichen Verhältnis zueinander, kann eine verminderte Legitimation in dem einen Mechanismus durch eine verstärkte Legitimation über den anderen Mechanismus ausgeglichen werden, sofern insgesamt ein bestimmtes Legitimationsniveau erreicht wird.[79]

Skizziert ist damit ein flexibel einsetzbares Strukturmodell. Zu welchen inhaltlichen Modifizierungen des klassischen Legitimationskonzepts es genutzt werden kann, ist an einzelnen Sachbereichen aufzuzeigen.

3. Ausgewählte Sachbereiche

Die partielle Entkoppelung des Legitimationskonzepts vom klassischen Modell wirft zwei Fragen auf: die Frage nach dem Legitimationssubjekt und – da es in der Regel um eine Aufweichung der Legitimationsanforderungen geht[80] – die Frage nach der Rechtfertigung für die Absenkung des an sich geforderten Legitimationsniveaus.[81] Der Hinweis darauf, dass Art. 20 Abs. 2 GG keine abschließende Regelung treffe,[82] ist zutreffend, gibt aber noch keine Antwort auf die Fragen. Dazu muss konstatiert werden, dass das Entwicklungspotential des Demokratieprinzips endlich ist;[83] drohende Legitimationsdefizite können letztlich nur durch rechtsstaatlich begründete Kompensationsleistungen abgewehrt werden.

---

77 Selbst *Böckenförde* (Fn. 17), Rn. 23 betont, es gehe nicht um einen Legitimationsfetischismus, sondern um den Bestand und Erhalt eines strukturellen Rahmens für die Legitimation; die miteinander verzahnten Legitimationsfaktoren könnten sich zwar nicht vollständig ersetzen, aber teilweise substituieren, sofern das hinreichende Legitimationsniveau nicht in Frage gestellt werde; ferner *Jestaedt* (Fn. 19), S. 281 ff.

78 BVerfGE 135, 155 Rn. 157; 136, 194 Rn. 168; 146, 164 Rn. 113.

79 BVerfGE 130, 76 (124); *Jestaedt* (Fn. 21), S. 13; *Schmidt-Aßmann* (Fn. 1), 2/98; *Dreier* (Fn. 7), Rn. 113; *Grzeszick* (Fn. 14), Rn. 148 ff.; *Kahl* (Fn. 12), S. 366.

80 *Emde* (Fn. 19), S. 49 ff.; *Jestaedt* (Fn. 19), S. 381 ff., 404 ff.

81 *Jestaedt* (Fn. 3), S. 192 f.

82 *Ehlers* (Fn. 21), S. 140 f.

83 Selbst wenn Trägern funktionaler Selbstverwaltung ein „Teilvolk" zugeschrieben wird (genauer: ein „Teilvolk" fingiert wird), versagt diese Konstruktion z. B. bei Anstalten, Beliehenen und öffentlichen Unternehmen in Privatrechtsform.

a) Funktionale Selbstverwaltung

Der funktionalen Selbstverwaltung kommt in Deutschland eine große Bedeutung zu. Zahlreiche Verwaltungsaufgaben werden im Wege der sog. mittelbaren Staatsverwaltung – jenseits der kommunalen Gebietskörperschaften – durch eigenständige Rechtsträger (überwiegend Personalkörperschaften) wahrgenommen: wirtschaftliche Selbstverwaltung durch berufsständische Kammern der freien Berufe (z.B. Ärztekammer, Rechtsanwaltskammer, Notarkammer, Handwerkskammer, Industrie- und Handelskammer), soziale Selbstverwaltung durch sektorspezifische Einrichtungen (Rentenversicherungsträger, Krankenkassen, Bundesagentur für Arbeit, Unfallversicherungsträger etc.), kulturelle Selbstverwaltung durch dem Landesrecht zugeordnete Organisationen (z.B. Universitäten, öffentlich-rechtliche Rundfunkanstalten), Verwaltung von Realien wie Grund und Boden durch Realkörperschaften (z.B. Wasserverbände, Jagdgenossenschaften, Fischereigenossenschaften).[84] Die Kontrolle dieser Selbstverwaltungsträger erfolgt durch die Rechtsaufsicht staatlicher Behörden.

Funktionale Selbstverwaltung aktiviert den spezifischen Sachverstand der Betroffenen sowie ihre Interessen.[85] Das Grundgesetz verwendet den Begriff „funktionale Selbstverwaltung" nicht. Ein „Teilvolk" wie bei den kommunalen Gebietskörperschaften gibt es nicht.[86] Die verfassungsrechtlich valide Gewinnung eines Legitimationssubjekts wird zum Problem. Mangels konkreter Anknüpfungspunkte im Verfassungstext bleibt der Hinweis darauf, dass bei Entstehung des Grundgesetzes vorhandene und historisch gewachsene Organisationsformen der funktionalen Selbstverwaltung zur Kenntnis genommen und ihre grundsätzliche Vereinbarkeit mit der Verfassung anerkannt worden ist.[87] Auf dieser – schmalen – Basis sieht das Bundesverfassungsgericht in der funktionalen Selbstverwaltung eine Ergänzung und Verstärkung des demokratischen Prinzips; der Gesetzgeber dürfe ein wirksames Mitspracherecht der Betroffenen schaffen und verwaltungsexternen Sachverstand aktivieren sowie einen sachgerechten Interessenausgleich erleichtern und so dazu beitragen, dass die von ihm beschlossenen Zwecke und Ziele effektiver erreicht werden.[88] Etabliert ist damit

---

[84] Einzelheiten zu Erscheinungsformen der funktionalen Selbstverwaltung (nebst Typologie) bei *Kluth*, in: Kahl/Ludwigs (Hrsg.), Handbuch des Verwaltungsrechts, Bd. III, 2022, § 65 Rn. 22ff.

[85] *Wißmann*, in: Voßkuhle/Eifert/Möllers (Hrsg.), Grundlagen des Verwaltungsrechts, Bd. I, 3. Aufl. 2022, § 14 Rn. 63.

[86] Vgl. Nachweise oben Fn. 21 (auch zur a.A.).

[87] Vgl. dazu – stellvertretend – *Grzeszick* (Fn. 14), Rn. 186f.

[88] BVerfGE 107, 59 (92); krit. *Jestaedt* (Fn. 3), S. 17ff.; *ders.*, JuS 2004, S. 649ff. – Die „im demokratischen Prinzip wurzelnden Grundsätze der Selbstverwaltung und der Autonomie" hervorhebend BVerfGE 135, 155 Rn. 158; 136, 194 Rn. 169; 146, 164 Rn. 114.

eine Art „Betroffenenverwaltung“,[89] kombiniert mit einer gewissen Output-Legitimation.[90] Da das Demokratieprinzip wegen der Egalität der Mitwirkenden Distanz gegenüber Sonderinteressen verlangt,[91] müssen entsprechende Vorkehrungen gesetzlich getroffen werden.[92]

Im Ergebnis entstehen im Bereich der funktionalen Selbstverwaltung hybride Gebilde, deren Legitimation unter Berufung auf Art. 20 Abs. 2 GG zur Fiktion gerät, so dass im Interesse der „Firmenwahrheit und Firmenklarheit“ von einer autonomen Legitimation gesprochen werden sollte.[93] Anerkannt wird die Legitimation vom Bundesverfassungsgericht z. B. für Wasser- und Bodenverbände[94] sowie für Industrie- und Handelskammern[95], dagegen ist die Errichtung einer Ländernotarkasse wegen unzulänglicher organisatorischer Vorgaben im Gesetz (fehlende Regelung zur Zusammensetzung des satzungsgebenden Organs etc.) für verfassungswidrig erklärt worden.[96] Im Bereich der sozialen Selbstverwaltung steht die Legitimation des – gesundheitspolitisch mächtigen – Gemeinsamen Bundesausschusses[97] in Frage; das Bundesverfassungsgericht äußert „gewichtige Zweifel“ an der Legitimation des Gremiums,[98] hat aber noch keine abschließende Entscheidung getroffen.

Als Merkposten sei notiert, dass die autonome Legitimation der funktionalen Selbstverwaltung auch im Binnenbereich der Verwaltungsträger im Vergleich mit Gebietskörperschaften zu Lockerungen demokratischer Standards führt: Gilt bei der Besetzung von Parlamentsausschüssen und von Ausschüssen kommunaler Vertretungskörperschaften das Gebot der Spiegelbildlichkeit, um das Prinzip der Repräsentation im Parlamentsrecht zu wahren[99] und auch im Kommunal-

---

89 *Groß* (Fn. 14), S. 1033.

90 *Trute* (Fn. 16), Rn. 50 plädiert für eine ergänzende Berücksichtigung der Output-Legitimation, allerdings nicht in dem schlichten Sinne des Abstellens auf faktische Ergebnisse politischen Handelns (Akzeptanz, Bewährung), sondern in einem anspruchsvollen Konzept mit der Entwicklung von Entscheidungszusammenhängen zur Erreichung einer bestimmten Qualität von Entscheidungen.

91 *Schmidt-Aßmann* (Fn. 2), S. 336; *Dreier/Kuch* (Fn. 2), Rn. 27, 28, 51.

92 BVerfGE 107, 59 (93); 111, 191 (217).

93 *Schmidt-Aßmann* (Fn. 1), 2/81 und 2/91; *Dreier* (Fn. 7), Rn. 129; *Trute* (Fn. 16), Rn. 5, 26, 54, 55.

94 BVerfGE 107, 59 (95 ff.).

95 BVerfGE 146, 164 Rn. 116 ff.

96 BVerfGE 111, 191 (218 ff.).

97 Einrichtung der Kassenärztlichen Bundesvereinigungen sowie der Deutschen Krankenhausgesellschaft und des Spitzenverbandes Bund der Krankenkassen (§ 91 Abs. 1 S. 1 SGB V).

98 BVerfG-K, NVwZ-RR 2017, S. 121 Tz. 24; zuvor bereits BVerfGE 140, 229 Rn. 22.

99 BVerfGE 112, 118 (133) und 140, 115 Rn. 93 (m. w. Nachw.): Jeder Ausschuss muss ein verkleinertes Abbild des Plenums sein und in seiner Zusammensetzung die Zusammensetzung des Plenums widerspiegeln.

recht zu beachten[100], so wird dieser Standard demokratischer Repräsentation von der Rechtsprechung bei der funktionalen Selbstverwaltung für nicht bindend erklärt; der Gesetzgeber verfüge über einen weiten Spielraum für abweichende Regelungen bezüglich der Repräsentation von Berufsgruppen und/oder Interessengruppen.[101]

b) Rechtsfähige Anstalten

Weitere Lockerungen der Legitimationsanforderungen hat das Bundesverfassungsgericht am Beispiel der Anstalten des Bundes formuliert. Konkret geht es um die Filmförderungsanstalt[102] und um den Deutschen Weinfonds, beides rechtsfähige Anstalten des Öffentlichen Rechts (§ 1 Abs. 1 S. 2 FFG, § 37 WeinG). Diese selbstständigen Einrichtungen üben hoheitliche Befugnisse aus, indem ihnen das Recht zur Erhebung von Sonderabgaben (nebst nachfolgender Verteilung der erzielten Einnahmen) eingeräumt ist (§§ 146 ff. FFG, §§ 43 ff. WeinG). Seiner Beurteilung der verfassungsrechtlichen Legitimation jener Anstalten stellt das Bundesverfassungsgericht die – nicht näher begründete – These voraus, auch außerhalb der funktionalen Selbstverwaltung könnten „im Interesse sachgerechter, effektiver Aufgabenwahrnehmung begrenzte Abweichungen von der Regelanforderung uneingeschränkter personeller Legitimation zulässig sein".[103] Damit ist die Grundlage gelegt für eine weitere Modifizierung des klassischen Legitimationsmodells.

Zur Filmförderungsanstalt stellt das Bundesverfassungsgericht fest, die Entscheidungsträger seien nicht in vollem Umfang demokratisch legitimiert,[104] bei einer Gesamtbetrachtung sei jedoch das notwendige Maß an demokratischer Legitimation gewahrt, weil zur sachlich-inhaltlichen Legitimation durch gesetzliche Vorgaben – sonstige Defizite ausgleichend – hinreichende rechtliche Bindungen des Verwaltungshandelns normiert seien.[105] Die „Gesamtbetrachtung" mündet in eine Wertungsfrage, die auch anders beantwortet werden kann.[106]

---

[100] BVerwGE 90, 104 (113); 119, 305 (307 f.); NVwZ 2010, S. 834 (835 f.).

[101] BVerwGE 161, 323 Rn. 27, am Beispiel einer Wahl zum Beirat einer Wirtschaftsprüferkammer mit anschließenden Wahlen des Vorstands der Kammer und des Haushaltsausschusses des Beirats unter Außerachtlassung der Spiegelbildlichkeit der Interessengruppen.

[102] Ausführlich dazu *Neumann*, Das Recht der Filmförderung in Deutschland, 2016, S. 424 ff.

[103] BVerfGE 135, 155 Rn. 158 und 136, 194 Rn. 169; bekräftigt durch BVerfGE 146, 164 Rn. 114.

[104] Grund: Nach § 8 FFG 2004 waren acht von elf Mitgliedern der Vergabekommission, der wichtige Förderentscheidungen obliegen, von nichtstaatlichen Verbänden oder Vereinigungen benannt worden; Fortsetzung des Defizits bei Unterkommissionen.

[105] BVerfGE 135, 155 Rn. 163 ff.

[106] *Kahl* (Fn. 12), S. 369 Fn. 246: Wegen der Kumulation eines teilweisen Ausfalls der personellen Legitimation mit einer sehr dünnen sachlich-inhaltlichen Legitimation und dem Feh-

Beim Deutschen Weinfonds bezeichnet das Bundesverfassungsgericht Einschränkungen der personellen demokratischen Legitimation von Mitgliedern des Vorstands und des Aufsichtsrats[107] als „unschädliche Abweichung" vom typischen Amtsträgermodell; kompensatorisch wirkten die detaillierte gesetzliche Normierung der Abgabepflicht und die Unterstellung des Deutschen Weinfonds unter die Aufsicht des zuständigen Ministeriums.[108]

Rechtsfähige Anstalten werden im Unterschied zu Körperschaften nicht von Mitgliedern getragen, sie haben Nutzer.[109] Unter Legitimationsgesichtspunkten kann von „Teilvolk" im Sinne des Art. 20 Abs. 2 S. 1 GG nicht gesprochen werden. Umso bemerkenswerter erscheinen bestimmte Binnenstrukturen der Filmförderungsanstalt und des Deutschen Weinfonds: pluralistisch zusammengesetzte Gremien unter Einbeziehung externen Sachverstands,[110] Satzungsautonomie der Anstalt,[111] Konzentration der staatlichen Aufsicht auf eine Rechtsaufsicht,[112] Aufgabenwahrnehmung durch Beteiligung von Einrichtungen der Wirtschaft (Filmwirtschaft, Weinwirtschaft),[113] Ausrichtung der administrativen Anstaltstätigkeiten auf eine sachgerechte und effektive Aufgabenwahrnehmung.[114] Letzteres erinnert wiederum an die stillschweigende Anerkennung einer Output-Legitimation.[115] Das Bundesverfassungsgericht betont die Notwendigkeit institutioneller Vorkehrungen zur Abwehr einer gleichheitswidrigen Begünstigung von Sonderinteressen und einer effektiven parlamentarischen Kontrolle, kann insoweit aber weder bei der Filmförderungsanstalt noch beim Deutschen Weinfonds Defizite erkennen.[116]

---

len einer institutionell-funktionellen Legitimation sprächen die wesentlich besseren Gründe für die Annahme eines Verstoßes gegen Art. 20 Abs. 1 und Abs. 2 S. 1 GG.

107 Grund: eingeschränkte demokratische Legitimation der Mitglieder des Vorstands und des Aufsichtsrats wegen Mitwirkung von nichtstaatlichen Akteuren an den Wahl- und Bestellungsakten jener Gremienmitglieder.

108 BVerfGE 136, 194 Rn. 174.

109 *Burgi*, in: Ehlers/Pünder (Hrsg.), Allgemeines Verwaltungsrecht, 16. Aufl. 2022, § 8 Rn. 13.

110 § 6 FFG zum Verwaltungsrat und § 12 FFG zum Präsidium, § 39 WeinG zum Aufsichtsrat und § 40 WeinG zum Verwaltungsrat.

111 § 32 FFG, § 41 WeinG.

112 § 38 FFG, § 42 WeinG.

113 § 1 Abs. 3 FFG, § 37 Abs. 2 WeinG.

114 § 2 und § 3 Abs. 1 und 2 FFG, § 37 Abs. 1 WeinG.

115 *Groß* (Fn. 14), S. 1033 konstatiert, dass vom BVerfG keine verfassungsrechtliche Rechtfertigung zur Akzentverschiebung im Anstaltsrecht gegenüber der Legitimation der funktionalen Selbstverwaltung gegeben werde, vielmehr werde die „Natur der zu treffenden Entscheidungen" für eine ausreichende Rechtfertigung erachtet (Beurteilung kreativ-künstlerischer Qualitäten bei der Filmförderung sowie Förderung der Weinwirtschaft mit Mitteln aus der Sonderabgabe).

116 BVerfGE 135, 155 Rn. 171; 136, 194 Rn. 175 ff.

c) Beleihung Privater

Bei der Beleihung Privater – also der Übertragung öffentlich-rechtlicher Befugnisse auf Privatrechtssubjekte zur Wahrnehmung von Verwaltungsaufgaben – wird der private Sachverstand für eine sachgerechte Aufgabenerfüllung genutzt, zugleich bewirkt die Beleihung eine Entlastung des Staates.[117] Für den Beleihungsakt gilt der institutionelle Gesetzesvorbehalt.[118] Der Beliehene ist der Verwaltung nicht eingegliedert, aber angegliedert;[119] er ist eine Verwaltungsbehörde im funktionalen Sinne (§ 1 Abs. 4 VwVfG).[120] Damit wird der Beliehene wie eine nachgeordnete Behörde in der Verwaltungshierarchie behandelt. Dennoch können Fragen zur demokratischen Legitimation auftreten, die auf denkbaren Konflikten zwischen der dem Beliehenen abverlangten Gemeinwohlbindung und sonstigen Interessenbindungen beruhen.[121]

Zur Gewährleistung verfassungsrechtlicher Legitimation postuliert die Rechtsprechung die gesetzliche Statuierung und die effektive Durchsetzung mehrerer Vorkehrungen: Sicherstellung, dass die Bestellung der verantwortlichen Funktionsträger den Anforderungen an die Vermittlung personeller demokratischer Legitimation genügt,[122] effektive Nutzung der Fachaufsicht,[123] Beobachtungspflicht des Parlaments (als Ausprägung parlamentarischer Kontrolle) aus Gründen der staatlichen Gewährleistungsverantwortung, damit „die Beleihung Privater nicht zu einer Flucht aus der staatlichen Verantwortung für die Wahrnehmung hoheitlicher Aufgaben" führt.[124] Nach diesen Maßgaben hat das Bundesverfassungsgericht im Bereich des Strafvollzugs die Übertragung von Aufgaben des Maßregelvollzugs (Sicherungsmaßnahmen in der Psychiatrie) auf eine beliehene privatrechtlich organisierte Kapitalgesellschaft (GmbH) – mittelbar (über eine Holding) getragen von einem Landeswohlfahrtsverband – für vereinbar mit dem Demokratieprinzip erklärt.[125]

---

[117] Näher dazu *Porta*, DVBl. 2022, S. 1014 ff.; *Seegmüller*, DVBl. 2022, S. 1057 ff.; ferner (Beleihung zur exekutiven Normsetzung) *Axer*, DVBl. 2023, S. 174 ff.

[118] BVerwGE 98, 280 (298); 137, 377 Rn. 24.

[119] *Dreier* (Fn. 62), S. 249.

[120] *Schoch*, in: Schoch/Schneider (Hrsg.), VwVfG (Loseblatt-Kommentar), § 1 Rn. 161.

[121] *Trute* (Fn. 16), Rn. 92.

[122] BremStGH, NVwZ 2003, S. 81 (83) unter Hinweis auf die Einschaltung von Tochtergesellschaften zur Erledigung der übertragenen hoheitlichen Aufgaben; vgl. dazu auch *Trute* (Fn. 16), Rn. 92.

[123] BVerfGE 130, 76 (126 f.); BremStGH, NVwZ 2003, S. 81 (84).

[124] So BVerfGE 130, 76 (123).

[125] BVerfGE 130, 76 (124 ff.); dazu Anm. *Waldhoff*, JZ 2012, S. 683; *Schladebach/Schönrock*, NVwZ 2012, S. 1011; *Wiegand*, DVBl. 2012, S. 1134.

d) Verwaltung in Privatrechtsform

Die Verwaltung in Privatrechtsform ist – unabhängig von dem vorstehend skizzierten Fall der Beleihung – ein in der Bundesrepublik Deutschland weit verbreitetes Phänomen. Dabei geht es um die Nutzung privatrechtlicher Organisationsformen (und Handlungsformen) seitens der öffentlichen Hand zur Erledigung von Verwaltungsaufgaben. Eingesetzt werden öffentliche Unternehmen in Gestalt der Eigengesellschaft oder des gemischt-wirtschaftlichen Unternehmens oder des gemischt-öffentlichen Unternehmens.[126] Die Grundrechtsbindung der privatrechtsförmig handelnden Verwaltung steht außer Frage.[127] Das Handeln staatlich beherrschter Unternehmen ist Ausübung von Staatsgewalt und bedarf daher der demokratischen Legitimation.[128]

Aus dem Erfordernis demokratischer Legitimation resultiert die Pflicht des Staates, sich hinreichende Einwirkungsrechte auf das öffentliche Unternehmen vorzubehalten.[129] Diese Rechte können organisatorisch-personell geprägt sein (mittels staatlicher Bestellung der Mitglieder in den Unternehmensorganen) oder eine starke sachlich-inhaltliche Komponente aufweisen (z. B. durch eine strikte Bindung an Gesetze); im Ergebnis ist das hinreichende Legitimationsniveau entscheidend.[130] Wählt der Staat die Aktiengesellschaft als Unternehmensform, kann es zu Steuerungs- und Kontrollverlusten und damit zu Legitimationsdefiziten kommen, weil der Aufsichtsrat im Rahmen seiner Aufgabenwahrnehmung (§ 111 AktG) dem Interesse des Unternehmens verpflichtet ist und ohne Bindung an (staatliche) Weisungen agiert.[131] Lassen sich Privatrecht und Öffentliches Recht hinsichtlich der staatlichen Einwirkungspflicht nicht harmonisieren, kann nicht etwa unter Hinweis auf „die eigenständigen Bewegungsgesetze des Wirtschaftsbereichs" eine defizitäre sachlich-inhaltliche Legitimation hingenommen werden.[132] Vielmehr muss der Staat, da er auf die Inanspruchnahme privatrechtlicher Organisationsformen nicht angewiesen ist, von der Wahl der Aktiengesellschaft absehen.[133] Im Kommunalrecht ist dies den Gemeinden gesetzlich aufer-

---

126 Zu Möglichkeiten und Varianten demokratischer Legitimation *Dreier* (Fn. 7), Rn. 132 ff.

127 BVerfG-K, NVwZ 2016, S. 1553 (m. Anm. *Becker*) = NJW 2016, S. 3153 (m. Anm. *Kottmann*) = DVBl. 2016, S. 1597 (m. Anm. *Penz*) Tz. 26 ff.; dazu *Wollenschläger*, NVwZ 2016, S. 1535; ausführlich zur Thematik *Ehlers*, in: Kahl/Ludwigs (Hrsg.), Handbuch des Verwaltungsrechts, Bd. III, 2022, § 69 Rn. 8 ff., 30 ff.

128 BVerfGE 147, 50 Rn. 219; VerfGH Berlin, NVwZ 2000, S. 794 (795) m. Bespr. *von Bechtolsheim/Abend*, LKV 2000, S. 337 und *Wolfers*, NVwZ 2000, S. 765 sowie *Schmehl*, JuS 2001, S. 233, ferner *Hecker*, VerwArch 92 (2001), S. 261.

129 *Dreier* (Fn. 62), S. 258 f.; *Dreier/Kuch* (Fn. 2), Rn. 67; *Trute* (Fn. 16), Rn. 28, 76.

130 BVerfGE 147, 50 Rn. 222.

131 Vgl. – stellvertretend – BGHZ 169, 98 (106).

132 So aber *Schmidt-Aßmann* (Fn. 2), S. 386; ähnlich *ders.* (Fn. 1) 5/52; *Trute* (Fn. 16), Rn. 78.

133 *Ehlers*, Jura 1997, S. 180 (186); *Dreier* (Fn. 7), Rn. 133.

legt.[134] Nichts anderes gilt kraft Verfassungsrechts für den Staat. Er muss diejenige Rechtsform für die Aufgabenwahrnehmung wählen, die die erforderlichen Einwirkungsmöglichkeiten gewährleistet.[135]

e) Mehr-Länder-Einrichtungen

Im Kompetenzbereich der deutschen Länder werden Verwaltungsaufgaben mit bundesweitem Zuschnitt von den Ländern mitunter gemeinsam durch Mehr-Länder-Einrichtungen wahrgenommen. Bekannte Beispiele sind die Studienplatzvergabe sowie der Rundfunk und der Jugendmedienschutz.[136] Der Verwaltungsverbund der Länder wirft unter verfassungsrechtlichen Vorzeichen überwiegend bundesstaatliche Fragen auf (z. B. zur überregionalen bzw. bundesweiten Geltung der Entscheidung einer Landesbehörde).[137] Eng damit verknüpft sind Fragen zur Wahrung des Demokratieprinzips. Bedeutsamstes Beispiel der Auseinandersetzungen ist das Glücksspielrecht.

In dem am 1. Juli 2021 in Kraft getretenen Glücksspielstaatsvertrag der Länder (GlüStV 2021) ist für die Wahrnehmung der wichtigsten Aufgaben der Glücksspielaufsicht (§ 9 GlüStV 2021) ein ländereinheitliches Verfahren vorgesehen (§ 9a GlüStV 2021). Als Erlaubnis- und Kontrollbehörde für länderübergreifende Glücksspielangebote (insbesondere bei Internet-Angeboten) wird die „Gemeinsame Glücksspielbehörde der Länder“[138] tätig (§ 27e Abs. 1 GlüStV 2021). Ihr ist die Zuständigkeit für alle wesentlichen Entscheidungen mit Wirkung für alle Länder zugewiesen (§ 27f GlüStV 2021). Hauptorgan der Gemeinsamen Glücksspielbehörde ist der Verwaltungsrat, in den jedes Land einen Vertreter entsendet (§ 27h Abs. 1 GlüStV 2021).[139] Der Verwaltungsrat erlässt in wesentlichen Angelegenheiten für den Vorstand der Anstalt (§ 27i GlüStV 2021)

---

134 Vgl. etwa § 103 Abs. 1 S. 1 Nr. 3, Abs. 2 GemO BW; Art. 92 Abs. 1 S. 1 Nr. 2, S. 3 BayGO; § 137 Abs. 1 Nr. 6 NdsKomVG; § 108 Abs. 1 S. 1 Nr. 6 GO NRW; § 96 Abs. 1 Nr. 2 SächsGemO.

135 BVerfGE 147, 50 Rn. 225 (am Beispiel der Deutschen Bahn AG, bei der der Bund Alleineigentümer ist). – *Grzeszick* (Fn. 14), Rn. 230 meint, das staatliche Letztentscheidungsrecht sei nicht stets gefordert, vielmehr könne das erforderliche Legitimationsniveau von der Bedeutung einer Maßnahme abhängig gemacht werden.

136 Vgl. Überblick bei *Schoch*, IFG, 3. Aufl. 2024, § 1 Rn. 99.

137 Näher dazu *Schoch*, in: FS für Martin Morlok, 2019, S. 605 (607 ff.).

138 Nach § 27a GlüStV 2021 ist die „Gemeinsame Glücksspielbehörde der Länder“ als rechtsfähige Anstalt des Öffentlichen Rechts organisiert mit Sitz in Sachsen-Anhalt; die Anstalt gilt als Einrichtung des Sitzlandes, und das Recht des Sitzlandes ist anwendbar, soweit sich aus dem Staatsvertrag nichts anderes ergibt.

139 Vertreter können nur Amtschefs oder Staatssekretäre sein (§ 27h Abs. 1 S. 2 und 3 GlüStV 2021); nach der Begründung zum Staatsvertrag soll dadurch „eine möglichst unmittelbare demokratische Legitimation erreicht werden“, BayLT-Drs. 18/11128 S. 151.

bindende Entscheidungsrichtlinien (§ 27h Abs. 4 S. 1 GlüStV 2021).[140] In anderen Angelegenheiten kann der Verwaltungsrat ebenfalls Entscheidungsrichtlinien und Weisungen im Einzelfall beschließen (§ 27h Abs. 4 S. 2 GlüStV 2021).

Fragen zum Demokratieprinzip ergeben sich daraus, dass der Verwaltungsrat seine Entscheidungen grundsätzlich nicht einstimmig fassen muss,[141] sondern mit einer Mehrheit von zwei Dritteln seiner Mitglieder treffen kann (§ 27h Abs. 6 S. 2 GlüStV 2021). Danach sind Entscheidungen möglich, denen Vertreter einzelner Länder z. B. auf Grund einer ministeriellen Weisung widersprechen, so dass gegenüber den dortigen Landesparlamenten keine vollständige Verantwortung übernommen werden kann.[142] Zu der Vorgängerregelung im alten Glücksspielstaatsvertrag (§ 9a Abs. 8 GlüStV 2012) war in der Rechtsprechung mangels hinreichender demokratischer Legitimation des damaligen Glücksspielkollegiums Verfassungswidrigkeit angenommen worden.[143] Die herrschende Auffassung widersprach und erklärte, dass ein Land überstimmt werden könne, sei verfassungsrechtlich hinnehmbar, da es nur um den administrativen Vollzug eines engmaschigen staatsvertraglichen Regelwerks gehe (ohne behördlichen Gestaltungsspielraum), bei dem keine Entscheidungen von erheblichem politischem Gewicht zu treffen seien.[144] Damit wird zur Geltung des Demokratieprinzips ein Bagatellvorbehalt postuliert.[145]

Die Begründung zum GlüStV 2021 setzt sich mit der Problematik ausführlich auseinander. Die Anforderungen an die demokratische Legitimation eines Verwaltungsgremiums werden lege artis herausgearbeitet und sorgfältig dargelegt; im Ergebnis wird auf die herrschende Auffassung zum früheren Recht verwiesen, Praktikabilitätserwägungen zum administrativen Vollzug bleiben indessen nicht unerwähnt.[146]

---

140 Nach BayLT-Drs. 18/11128 S. 152 sind wesentliche Angelegenheiten „insbesondere solche, die eine Vielzahl von Verwaltungsverfahren oder grundlegende Fragen bei der Ausübung der Zuständigkeiten der Gemeinsamen Glücksspielbehörde der Länder betreffen".

141 Ausnahmen: Beschlüsse über die Satzung der Anstalt und über den Wirtschaftsplan bedürfen der Einstimmigkeit (§ 27h Abs. 6 S. 1 GlüStV 2021).

142 BayVerfGH, BeckRS 2015, 52905 Rn. 153: Schmälerung des demokratischen Legitimationszusammenhangs.

143 HessVGH, NVwZ 2016, S. 171 Tz. 44 ff.: Defizit an organisatorisch-personeller demokratischer Legitimation, da das Grundgesetz ein Staatsvolk der Gesamtheit oder Mehrheit der Länder nicht kenne; Mangel an sachlich-inhaltlicher Legitimation wegen fehlender Einbindung des Glücksspielkollegiums in ein System von Kontrolle und Aufsicht. – Nachweise zu gleichsinnigen Stimmen in der Literatur bei *Krüper*, Die Verwaltung 54 (2021), S. 37 (66 Fn. 146).

144 BayVerfGH, BeckRS 2015, 52905 Rn. 156; bekräftigend BayVerfGH, BeckRS 2016, 111411 Rn. 60 ff.; ferner OVG Hamburg, BeckRS 2017, 120686 Rn. 116 ff. – Nachweise zu gleichsinnigen Stimmen aus der Literatur bei *Krüper* (Fn. 143), S. 67 Fn. 148.

145 Zur Unzulässigkeit oben Text zu Fn. 25.

146 BayLT-Drs. 18/11128 S. 147 f. und S. 152; zustimmend *Pagenkopf*, NJW 2021, S. 2152 (2156).

IV. Einwirkungen des EU-Rechts

Das Thema der Verwaltungslegitimation kann in Deutschland nicht allein mit Blick auf das nationale Recht erörtert werden. Als Mitglied der Europäischen Union (EU) ist die Bundesrepublik Deutschland dem Unionsrecht verpflichtet. Dieses supranationale Recht wirkt in vielfältiger Weise auf das innerstaatliche Recht ein und betrifft auch das Verwaltungsorganisationsrecht. Aus der komplexen Gesamtthematik soll hier – in eher kursorischen Ausführungen – wenigstens der Aspekt der demokratischen Legitimation unabhängiger Verwaltungsbehörden angesprochen werden.

1. Grundmodell unabhängiger Verwaltungsbehörden

Die Schaffung (weisungs)unabhängiger Verwaltungsbehörden gilt als „Megatrend" des europäischen Verwaltungsrechts.[147] Für die Eigenverwaltung der EU findet sich dazu ein Anknüpfungspunkt im Primärrecht,[148] worauf hier jedoch nicht einzugehen ist.[149] Unabhängige nationale Verwaltungsbehörden sind nach Vorgaben des Sekundärrechts einzurichten:[150] für die Netzwirtschaften (Telekommunikation, Elektrizitätsbinnenmarkt, Erdgasbinnenmarkt), für das Kartellrecht,[151] für die Finanzmarktaufsicht, für die Datenschutzaufsicht und für die Staatsanwaltschaft – bereichsspezifisch – bei der Ausstellung eines Europäischen Haftbefehls. In einigen Fällen hat der Europäische Gerichtshof (EuGH) die Unabhängigkeit der Behördenorganisation vor politischer Einflussnahme gegen den Widerstand der Bundesrepublik Deutschland durchgesetzt: 2010 zur Datenschutzaufsicht,[152] 2019 zur Staatsanwaltschaft beim Europäischen Haftbefehl,[153] 2021 zur Bundesnetzagentur als Regulierungsbehörde im Energiesektor (Elektrizität, Erdgas).[154]

---

[147] *Kahl*, NVwZ 2011, S. 449 (450); *ders.* (Fn. 12), S. 381.

[148] Art. 298 Abs. 1 AEUV: „Zur Ausübung ihrer Aufgaben stützen sich die Organe, Einrichtungen und sonstigen Stellen der Union auf eine offene, effiziente und unabhängige europäische Verwaltung."

[149] Dazu *Groß*, Die Legitimation der polyzentralen EU-Verwaltung, 2015, S. 56 ff.

[150] Zusammenstellung dazu bei *Ruthig*, in: Kahl/Ludwigs (Hrsg.), Handbuch des Verwaltungsrechts, Bd. I, 2021, § 22 Rn. 20; *Kahl*, ebd., § 30 Rn. 22.

[151] Speziell dazu *Ludwigs*, in: Bien/Käseberg/Klumpe/Körber/Ost (Hrsg.), Die 10. GWB-Novelle, 2021, Kapitel 2 Rn. 11 ff.

[152] EuGH, C-518/07, ECLI: EU: C:2010:125 Rn. 38 ff.; dazu Anmerkung *Roßnagel*, EuZW 2010, S. 299 ff. und *Petri*, MMR 2010, S. 355 ff. sowie *Spiecker*, JZ 2010, S. 787 ff.; ferner Besprechung *Bull*, EuZW 2010, S. 488 ff.

[153] EuGH, C-508/18 und C-82/19, ECLI:EU:C:2019:456 Rn. 74 ff.; dazu Besprechung von *Gärditz*, GSZ 2019, S. 133 ff. und *Kluth*, NVwZ 2019, S. 1175 ff.

[154] EuGH, C-718/18, ECLI: EU:C:2021:662 Rn. 108 ff.; dazu Anmerkung *Scholtka*, EuZW 2021, S. 900 ff. und *Hoppe/Laboch-Semku*, NVwZ 2021, S. 1441 ff.

Das unionsrechtliche Grundmodell unabhängiger Verwaltungsbehörden ist durch eine vollständige Unabhängigkeit gegenüber politischer Einflussnahme gekennzeichnet: keine ministeriellen Weisungen und keine Steuerung der Aufgabenwahrnehmung durch spezifische legislative Vorgaben, vielmehr Entscheidungsautonomie der Behörde.[155] In seiner Entscheidung zur rechtlichen Stellung der Bundesnetzagentur bei der Regulierung im Energiemarkt (Elektrizität, Erdgas) betont der EuGH, „Unabhängigkeit" bedeute, dass die Regulierungsbehörde völlig frei handeln könne und dabei vor jeglicher Weisung und Einflussnahme von außen geschützt sei sowie ihre Entscheidungen selbstständig und allein auf der Grundlage des öffentlichen Interesses treffe; die Unabhängigkeit sei notwendig, um unparteiische und nicht diskriminierende Entscheidungen zu gewährleisten, was auch gegenüber dem nationalen Gesetzgeber zu gelten habe.[156]

2. Grundfragen demokratischer Legitimation

In dem skizzierten Modell kommt ein deutliches Misstrauen gegenüber politischen Einflussnahmen auf die behördliche Entscheidungsfindung zum Ausdruck.[157] Dem Einwand, dass gerade das Politische Wesenselement der Demokratie sei,[158] wird mit dem Hinweis auf die Notwendigkeit einer effektiven und sachgerechten Aufgabenwahrnehmung begegnet.[159] Dem wiederum kann entgegengehalten werden, dass gerade die Abkoppelung nationaler Verwaltungsbehörden der unmittelbaren Staatsverwaltung von Regierung und Parlament Fragen zur demokratischen Legitimation administrativer Entscheidungen aufwirft.[160] Die Vermutung liegt nicht fern, dass mit der Einrichtung völlig unabhängiger Verwaltungsbehörden einer (entpolitisierten) „Expertokratie" das Wort geredet wird.[161] Träfe dies zu, wäre die demokratische Legitimation zweifelhaft.[162]

Weichenstellende Bedeutung kommt im vorliegenden Zusammenhang der Antwort auf die Frage zu, ob die konkreten Anforderungen an die demokratische Legitimation unabhängiger Verwaltungsbehörden dem nationalen Verfassungsrecht oder dem EU-Recht oder beiden Rechtsordnungen (zum Teil) zu entnehmen sind. Die Demokratie gehört zu den rechtlichen Fundamenten der Europäi-

---

[155] *Ruthig* (Fn. 150), Rn. 21.

[156] EuGH, C-718, ECLI:EU:C:2021:662 Rn. 108, 109, 112, 130.

[157] *Groß* (Fn. 73), S. 208; *Di Fabio*, EnWZ 2022, S. 291 (293).

[158] *Mayen*, in: FS für Klaus-Peter Dolde, 2014, S. 39 (57).

[159] *Groß* (Fn. 73), S. 217; zu diesem „Grundgedanken" auch *Ruffert*, in: Ehlers/Fehling/Pünder (Hrsg.), Besonderes Verwaltungsrecht, Bd. 1, 4. Aufl. 2019, § 22 Rn. 27.

[160] *Ruffert* (Fn. 159), Rn. 30; *Kahl* (Fn. 150), Rn. 23.

[161] *Mayen* (Fn. 158), S. 57; *Ludwigs*, in: Kahl/Ludwigs (Hrsg.), Handbuch des Verwaltungsrechts, Bd. II, 2022, § 44 Rn. 38.

[162] *Münkler*, Expertokratie, 2020, S. 17, 25, 37 ff., 188 f., 297 ff., 319 ff., 465 ff.

schen Union (Art. 2 EUV), ihre Arbeitsweise beruht auf der repräsentativen Demokratie (Art. 10 bis 12 EUV). Das Bundesverfassungsgericht verlautbart, dass das Grundgesetz einen Gleichlauf von verfassungsrechtlichen und unionsrechtlichen Anforderungen an die demokratische Legitimation und Kontrolle amtlichen Handelns nicht fordere, postuliert dann aber (in seinem Urteil zur Bankenunion) ein Mindestmaß an demokratischer Legitimation und Kontrolle im Sinne von Art. 20 Abs. 1 und 2 GG in Bezug auf die Europäisierung der nationalen Verwaltungsorganisation und bei der Errichtung von unabhängigen Stellen der Europäischen Union.[163] Überzeugend ist die Maßstäblichkeit grundgesetzlicher Standards für das EU-Recht kaum, zumal die Verfassungsidentität nicht in Frage steht.[164]

Die Sorge des Bundesverfassungsgerichts gilt dem Entstehen „ministerialfreier Räume" durch die Übertragung von Aufgaben und Befugnissen auf unabhängige Institutionen, womit eine Absenkung des demokratischen Legitimationsniveaus der von diesen getroffenen Maßnahmen einhergehe.[165] Indessen trifft die Prämisse des Bundesverfassungsgerichts nicht zu. Unionsrechtlich geforderte weisungsfreie nationale Verwaltungsbehörden werden zwar aus der innerstaatlichen Verwaltungshierarchie herausgelöst und der inhaltlichen Steuerung durch nationale Gesetze weitgehend entzogen, sie werden jedoch in einen europäischen Verwaltungsverbund integriert und unterliegen dort den Direktiven der EU-Kommission (und gegebenenfalls weiterer EU-Stellen) sowie der Steuerung durch EU-Sekundärrecht.[166] Verbunden damit ist eine stärkere Kohärenz des Verwaltungshandelns im EU-Binnenmarkt.[167] Ausgetauscht wird die übergeordnete Hierarchie: Unabhängigkeit besteht gegenüber übergeordneten nationalen Verwaltungsstellen[168] und dem zur „Feinsteuerung" neigenden nationalen Gesetzgeber, an die Stelle der nationalen Regierung tritt die EU-Kommission, die das

---

[163] BVerfGE 151, 202 Rn. 125, 127.

[164] *Schöndorf-Haubold* (Fn. 10), S. 233 f.; *Trute* (Fn. 16), Rn. 102a; vgl. zur Kritik am BVerfG auch *Jestaedt* (Fn. 3), S. 185 f. und S. 195.

[165] BVerfGE 151, 202 Rn. 132 und Rn. 133.

[166] Näher dazu *Mayen* (Fn. 158), S. 42 ff. zum Telekommunikationsrecht (unter Einbeziehung des GEREK neben der EU-Kommission), S. 48 ff. zum Energieregulierungsrecht (mit Einbindung der zuständigen EU-Agentur), S. 50 ff. zum Datenschutz (auch zum EU-Datenschutzausschuss); speziell zum Telekommunikationsrecht *Durner*, VVDStRL 70 (2011), S. 398 (405 ff.); speziell zum Datenschutzausschuss *Schöndorf-Haubold* (Fn. 10), S. 242 f.; ferner *Kröger*, Unabhängigkeitsregime im europäischen Verwaltungsverbund, 2020, S. 176 ff. zum Telekommunikationsverwaltungsverbund und S. 182 ff. zum Datenschutzverwaltungsverbund.

[167] *Groß* (Fn. 73, S. 208; *Kröger* (Fn. 166), S. 105.

[168] EuGH, C-718/18, ECLI:EU:C:2021:662 Rn. 110 betont, allgemeine politische Leitlinien der Regierung seien zulässig, es dürfe kein Zusammenhang mit den Regulierungsaufgaben und -befugnissen bestehen.

europäisch definierte Gemeinwohl im Verwaltungsverbund durchsetzt.[169] Nimmt aber die – mitunter sehr politisch agierende – EU-Kommission in dem Verwaltungsverbund eine Schlüsselstellung ein, kann von „Expertokratie" allenfalls bedingt gesprochen werden.[170]

3. Konturen eines unionsrechtlichen Legitimationsmodells

Vor dem skizzierten Hintergrund liegt es nahe, die unionsrechtlich veranlasste Unabhängigkeit nationaler Verwaltungsbehörden primär nach den Rationalitäten des EU-Rechts einem Konzept demokratischer Legitimation zuzuordnen.[171] Grundlage hierfür kann Art. 10 EUV sein, der Ausweis eines dualen Legitimationsmodells ist (Zusammenwirken unionaler und nationaler Organe) und dennoch einen gewissen Gleichlauf mit dem nationalen (deutschen) Legitimationskonzept erkennen lässt (Vermittlung von Verwaltungslegitimation durch das Parlament).[172]

a) Eckpunkte der EuGH-Rechtsprechung

Schwierigkeiten bereitet die praktische Handhabbarkeit des unionalen Demokratiemodells, da der EuGH ein Gesamtkonzept zu Art. 2 und Art. 10 bis 12 EUV bislang nicht entwickelt hat.[173] Immerhin hat der Gerichtshof in Bezug auf die Legitimation unabhängiger nationaler Verwaltungsbehörden in seinen die Bundesrepublik Deutschland betreffenden Entscheidungen zur Datenschutzaufsicht und zur Bundesnetzagentur Essentialia eines Legitimationskonzepts formuliert:[174] (1) Die repräsentative Demokratie der EU spiegelt sich im Gesetzgebungsver-

---

[169] *Durner* (Fn. 166), S. 412 konstatiert (zum TK-Recht), der Regulierungsverbund nähere sich qualitativ einer Auftragsverwaltung, die Stellung des nationalen Regulierers der einer nachgelagerten EU-Behörde an; inhaltliche Steuerung und demokratische Legitimation solle in diesem Verbund vor allem die EU-Kommission vermitteln.

[170] *Groß* (Fn. 73), S. 218.

[171] *Di Fabio* (Fn. 157), S. 295: Demokratieprinzip im europäischen Mehrebenensystem mit eigener Legitimationswirkung durch die EU-Organe, insbesondere des Europäischen Parlaments, bei sachlich-inhaltlicher Legitimation der Regulierungsverwaltung mittels EU-Sekundärrechts (unter Austausch des Legitimationssubjekts „Bundesgesetzgeber" durch den „europäischen Gesetzgeber", wie dies auch im föderalen System alltäglich sei); a. A. *Kreuter-Kirchhof*, NVwZ 2021, S. 589 (590 ff.), die auf der Maßgeblichkeit deutschen Verfassungsrechts beharrt.

[172] *Dreier/Kuch* (Fn. 2), Rn. 72 und Rn. 73; ferner *Trute* (Fn. 16), Rn. 102a mit Hinweis auf Art. 10 Abs. 3 und Art. 11 EUV als dritte Säule der Legitimation (Beteiligung der Unionsbürger).

[173] *Jestaedt* (Fn. 3), S. 196 f.; *Schöndorf-Haubold* (Fn. 10), S. 237 Fn. 65; *Kahl* (Fn. 12), S. 370 ff.

[174] EuGH, C-518/07, ECLI:EU:C:2010:125 Rn. 41 ff.; EuGH, C-718/18, ECLI:EU:C:2021:662 Rn. 124 ff.

fahren zum Erlass des einschlägigen Sekundärrechts wider; (2) außerhalb des klassischen hierarchischen Verwaltungsaufbaus angesiedelte unabhängige Stellen sind an das Gesetz gebunden und der Kontrolle durch die zuständigen Gerichte unterworfen; (3) parlamentarische und regierungsamtliche Einflussmöglichkeiten nach nationalem Recht sind weiterhin gegeben (etwa bei der Bestellung des Leitungspersonals der Einrichtung oder mittels parlamentarischer Kontrolle der Behörden z. B. durch Rechenschaftsberichte der Einrichtungen); (4) effektiver gerichtlicher Rechtsschutz ist sekundärrechtlich verbrieft[175] und primärrechtlich gewährleistet (Art. 47 GRCh).

Das alles sind wichtige Bausteine, die die demokratische Legitimation unabhängiger Verwaltungsbehörden stützen.[176] Die substantiellen Probleme, auf die hier nur hingewiesen werden kann, liegen indessen tiefer; sie betreffen vor allem die eindeutige Zurechenbarkeit von Verwaltungshandeln und die damit verbundene Verantwortungsklarheit[177] sowie die praktische Wirksamkeit der Legitimations- und Kontrollmechanismen.[178] Besonders deutlich wird dies beim gerichtlichen Rechtsschutz: Aktuell wird gefordert, in dem unionsrechtlichen Legitimationskonzept dürfe es im Interesse einer effektiven gerichtlichen Kontrolle keinen weiten behördlichen Beurteilungsspielraum geben;[179] dieses Postulat stößt sich an der vor über einem Jahrzehnt durchgesetzten Anerkennung eines administrativen Beurteilungsspielraums sowie eines sog. Regulierungsermessens der Regulierungsverwaltung,[180] was vom Bundesgerichtshof im Energierecht jüngst zu Gunsten der Bundesnetzagentur noch einmal bekräftigt worden ist.[181]

b) Anpassungsfähigkeit des BVerfG-Modells

Nimmt man zum Schluss noch einmal die Sichtweise des Bundesverfassungsgerichts ein, so bestehen nach den Bekundungen des Gerichts im Urteil zur Bankenunion nach deutschem Verfassungsrecht keine durchgreifenden Bedenken

---

[175] Vgl. – exemplarisch – Art. 37 Abs. 17 RL 2009/72/EG (Elektrizitätsbinnenmarkt) und Art. 41 Abs. 17 RL 2009/73/EG (Erdgasbinnenmarkt).

[176] Skeptisch *Scholtka* (Fn. 154), S. 901.

[177] *Schöndorf-Haubold* (Fn. 10), S. 220; *Trute* (Fn. 16), Rn. 102a.

[178] *Kahl* (Fn. 12), S. 382 f.

[179] *Di Fabio* (Fn. 157), S. 296 f.: wegen ausgedünnter gesetzgeberischer Determinierung Notwendigkeit einer Stärkung gerichtlicher Kontrolle von Verwaltungsentscheidungen.

[180] Näher dazu *Schoch*, in: Hoffmann-Riem/Schmidt-Aßmann/Voßkuhle (Hrsg.), Grundlagen des Verwaltungsrechts, Bd. III, 2. Aufl. 2013, § 50 Rn. 291 ff.

[181] BGH, BeckRS 2021, 42681 Rn. 16 ff. (zur Regulierung der Nutzungsentgelte für die leitungsgebundene Versorgung der Allgemeinheit mit Elektrizität und Gas): Beurteilungsspielraum der Bundesnetzagentur auch für tatsächliche Fragen (Rn. 16), eingeschränkte gerichtliche Kontrolle gerade wegen der unabhängigen Stellung der Regulierungsbehörde (Rn. 18).

gegenüber unionsrechtlich geforderten unabhängigen Verwaltungsbehörden.[182] Das Gericht öffnet Art. 20 Abs. 1 und 2 GG für begrenzte Modifikationen der demokratischen Legitimationsvermittlung, durch die Einflussknicke kompensiert werden könnten.[183] Für die (nicht unbegrenzt zulässige) Absenkung des demokratischen Legitimationsniveaus verlangt das Bundesverfassungsgericht eine sachliche Rechtfertigung und gibt anhand der Unabhängigkeit der Europäischen Zentralbank (EZB) sogleich ein Beispiel: Eine unabhängige Zentralbank sichere den Geldwert eher als Hoheitsorgane, da diese in ihren Handlungsmöglichkeiten bezüglich Geldmenge und Geldwert auf die Zustimmung politischer Kräfte angewiesen seien.[184]

Nach diesem Argumentationsmuster kann die Unabhängigkeit von Aufsichtsbehörden im Datenschutz auf die effektive Gewährleistung des Rechts auf informationelle Selbstbestimmung und die wirksame Sicherung des freien Datenverkehrs gestützt werden,[185] die Unabhängigkeit der Regulierungsbehörde bei der Telekommunikation gründet auf der Verwirklichung (Liberalisierung) des Binnenmarktes.[186] Zum Binnenmarkt für Elektrizität und Erdgas hatte der Europäische Rat die EU-Kommission sogar ausdrücklich aufgefordert, Legislativvorschläge für unabhängige nationale Regulierungsbehörden auszuarbeiten, damit der Elektrizitätsbinnenmarkt und der Erdgasbinnenmarkt – angesichts negativer Erfahrungen in der Vergangenheit – ordnungsgemäß funktionieren könne.[187]

Derartige Legitimationsgründe entsprechen den Erwägungen des Bundesverfassungsgerichts zur Akzeptanz rein innerstaatlich eingerichteter Verwaltungseinheiten außerhalb der unmittelbaren Staatsverwaltung.[188] Besonders augenfällig ist dies bei den rechtsfähigen und mit Autonomie ausgestatteten Anstalten (Filmförderungsanstalt, Deutscher Weinfonds): Rechtfertigung der Abweichung vom klassischen Modell demokratischer Legitimation wegen sachgerechter und effektiver Aufgabenwahrnehmung.[189]

---

[182] BVerfGE 151, 202 Rn. 138 bemerkt, die Errichtung unabhängiger Agenturen begegne keinen grundsätzlichen Einwänden, bleibe aber aus Sicht des Demokratiegebotes prekär.

[183] BVerfGE 151, 202 Rn. 130 verweist auf eine effektive gerichtliche Kontrolle und auf parlamentarische Kontrollrechte.

[184] BVerfGE 151, 202 Rn. 134.

[185] *Kröger* (Fn. 166), S. 139 ff.

[186] Erwägungsgrund (13) der RL 2009/140/EG; ferner *Kröger* (Fn. 166) S. 137.

[187] Erwägungsgrund (33) der RL 2009/72/EG (Elektrizitätsbinnenmarkt) und Erwägungsgrund (29) der RL 2009/73/EG (Erdgasbinnenmarkt).

[188] *Hoppe/Laboch-Semku* (Fn. 154), S. 1442 am Beispiel der funktionalen Selbstverwaltung.

[189] Vgl. dazu oben Text zu Fn. 103.

V. Schlussbemerkung

In einer Bilanz zum klassischen deutschen Modell der Verwaltungslegitimation ist diesem Zukunftsfähigkeit attestiert worden, weil es sich als hinreichend wandlungs- und anpassungsfähig erwiesen habe, um mit der Evolution der Verwaltung in puncto demokratische Legitimation Schritt halten zu können.[190] Trifft dies zu, kann an dem Modell („aufgeklärter" Monismus) festgehalten werden.[191] Nach einer anderen Lesart hat die vom Bundesverfassungsgericht propagierte „Gesamtbetrachtung"[192] dem ehemals stringenten Konzept „die Zähne gezogen"; ihm werde „zwar noch wortreich Tribut gezollt, klare Kontur und kritisches Potential eignen ihm aber nicht mehr".[193] In der Sache hat sich herausgestellt, dass die streng an Art. 20 Abs. 2 GG ausgerichtete Konzeption angesichts einer sehr ausdifferenzierten Verwaltungsorganisation strukturell an Grenzen stößt.[194] Damit notwendigerweise verbundene Legitimationsdefizite können allenfalls durch den (ergänzenden) Einsatz rechtsstaatlicher Mechanismen kompensiert werden. Die Legitimation der Verwaltung beruht im Ergebnis auf Demokratie *und* Rechtsstaat.

---

[190] *Dreier/Kuch* (Fn. 2), Rn. 68.

[191] *Kahl* (Fn. 12), S. 386.

[192] Exemplarisch insoweit (zur Bankenunion) BVerfGE 151, 202 Rn. 292: In einer Gesamtschau Ausgleich der mit der Unabhängigkeit der BaFin verbundenen Einflussknicke durch legitimationssichernde Vorkehrungen.

[193] So *Jestaedt* (Fn. 3), S. 194; krit. auch *Kahl*, in: Voßkuhle/Eifert/Möllers (Hrsg.), Grundlagen des Verwaltungsrechts, Bd. II, 3. Aufl. 2022, § 45 Rn. 72 und Rn. 220.

[194] *Groß* (Fn. 73), S. 218 weist darauf hin, dass schon die Annahme, das ministerielle Weisungsrecht garantiere im klassischen Modell die demokratische Legitimation des Verwaltungshandelns, empirisch auf schwachen Füßen stehe. – Zur normativen Perspektive Text zu Fn. 62.

Teil III

Exekutive Normsetzung in der parlamentarischen Demokratie

Eine rechtsvergleichende Perspektive

Hermann Pünder

I. Exekutive Normsetzung in der Gewaltenteilung

Eigentlich dürfte es in einer parlamentarischen Demokratie eine exekutive Normsetzung gar nicht geben. Denn nach dem Grundsatz der Gewaltenteilung hat nicht die Exekutive, sondern das Parlament die Aufgabe, Normen zu setzen.[1] Bekanntermaßen geht dieses Konzept auf die Zeit zurück, in der man sich gegen den Absolutismus wandte. Damals hatten die Fürsten alle Macht. Sie erließen Gesetze, führten sie aus und waren auch noch für die Rechtsprechung zuständig. Dies kritisierten diejenigen, die für eine „Aufklärung" eintraten. Allein die durch Wahlen legitimierte Volksvertretung sollte Gesetze erlassen. Die Macht der Fürsten sollte sich auf exekutive Funktionen beschränken.

Wenn es dem Monarchen möglich ist, Gesetze zu erlassen, werde es keine Freiheit geben, betonte *Charles de Montesquieu* (1689 – 1755) 1748 zum „Geist der Gesetze". „*Si le monarque prenoit part à la législation par la faculté de statuer, il n'y auroit plus de liberté*".[2] Dass die Gesetzgebungsbefugnis, die das Volk seiner Vertretung anvertraut hat, nicht auf andere Stellen delegiert werden darf, hatte *John Locke* (1632 – 1704) bereits 1680 in seinen „*Treaties of Govern-*

---

[1] Der Begriff „Normen" wird hier – worauf später kurz einzugehen ist – auf abstrakt-generelle Regelungen im Außenverhältnis beschränkt. Dazu gehören nach deutschem Verständnis „Gesetze im formellen Sinne" und – als Gesetze im materiellen Sinne – Rechtsverordnungen und (die hier nicht behandelten) Satzungen von Selbstverwaltungskörperschaften. Rechtstheoretisch sind auch Verwaltungsvorschriften (abstrakt-generelle Regelungen im Binnenverhältnis des Staates) Normen. Manche fassen den Begriff noch weiter und zählen auch verbindliche Einzelfallentscheidungen im Außen- und Binnenverhältnis dazu. Vgl. zur Terminologie *Ehlers/Pünder*, in: Ehlers/Pünder (Hrsg.), Allgemeines Verwaltungsrecht, 16. Aufl. 2022, § 2 Rn. 7f., 36ff., 49, 54, 56. Zusammenfassend zu den Arten der exekutiven Normsetzung in Deutschland *Möstl*, in: Ehlers/Pünder (Hrsg.), Allgemeines Verwaltungsrecht, 16. Aufl. 2022, § 19 Rn. 9ff.

[2] *Montesquieu*, De l'esprit des lois, 1748, Buch XI, Kap. VI. Aus heutiger Sicht gegen einen Rückgriff auf „*Montesquieu's holy trinity*" *Ackerman*, in: Rose-Ackerman/Lindseth/Emerson (Hrsg.), Comparative Administrative Law, 2. Aufl. 2017, S. 38ff. („*Good-bye, Montesquieu*").

ment", auf den Rechtsgrundsatz „*delegatus non potest delegare*" zurückgreifend, hervorgehoben. „*The Legislative cannot transfer the Power of Making Laws to any other hands. For being but a delegated Power for the People, they who have it, cannot pass it over to others*". Das Volk habe seine Vertretung bloß ermächtigt, „*to make Laws, not to make Legislators*".[3]

Inzwischen ist zwar auch die exekutive Gewalt demokratisch legitimiert. In parlamentarischen Demokratien wird die Regierung von den Volksvertretungen gewählt. In präsidentiellen Systemen verfügt die Exekutive sogar über eine unmittelbar auf das Volk zurückgehende demokratische Legitimation.[4] Trotzdem: Ohne eine Gewaltenteilung kann eine Demokratie nach wie vor nicht gelingen. Mit Scham müssen wir Deutschen an die Zeit des Nationalsozialismus denken. Denn am Anfang der Schreckensherrschaft stand das „Ermächtigungsgesetz", mit dem der Reichstag seine Normsetzungsbefugnisse auf die Reichsregierung unter *Adolf Hitler* übertrug.[5]

Allerdings gilt auch für Demokratien, die im Grundsatz von einer Gewaltenteilung ausgehen: Die Legislative ist alleine nicht in der Lage, auf die Probleme einer hochindustrialisierten, pluralen und einem ständigen Wandel unterliegenden Gesellschaft durch Gesetze zu reagieren.[6] Der Normierungsbedarf des Gemeinwesens und die Normsetzungskapazität der Volksvertretung klaffen auseinander. Ohne eine exekutive Normsetzung kann es nicht gehen. Die Verteilung der Aufgaben muss nicht nur den Erfordernissen der demokratischen Legitimation und der Rechtsstaatlichkeit genügen, sondern auch gewährleisten, dass die Normsetzung sachgerecht und wirtschaftlich ist.[7]

Wie verschiedene Rechtsordnungen auf die Notwendigkeit reagieren, die überkommene Gewaltenteilung zu modifizieren, soll im Folgenden vergleichend gezeigt werden. Im Vordergrund stehen der Erlass von „Rechtsverordnungen" in

---

[3] *Locke*, Two Treaties of Government, 1690, Zweite Abhandlung, Kap. XI, § 141. Zum Einfluss von *Locke* und *Montesquieu* auf das US-amerikanische Rechtsverständnis aus neuerer Zeit *Hood*, BYU Journal of Public Law 30 (2015), S. 123 ff.

[4] Zu den – für den folgenden Vergleich nicht unmittelbar bedeutsamen (vgl. auch *Nolte*, AöR 118 (1993), S. 378, 403, 410 f.) – Unterschieden zwischen parlamentarischen und präsidentiellen Systemen *Ackerman* (Fn. 2), S. 41 ff. Ausführlich *ders.*, Harvard Law Review 113 (2000), S. 633 ff. Vergleichend im Hinblick auf die USA, Frankreich, das Vereinigte Königreich und Deutschland *Rose-Ackerman*, Democracy and Executive Power, 2021, S. 34 ff.

[5] „Gesetz zur Behebung der Not von Volk und Reich" vom 23.3.1933 (RGBl. I, S. 141).

[6] Vgl. – mit Hinweisen zur US-amerikanischen und britischen Diskussion – *Pünder*, International & Comparative Law Quarterly 58 (2009), S. 353 ff. Zum deutschen Recht *Saurer*, Die Funktionen der Rechtsverordnung, 2004, S. 202 ff. (Entlastung des Parlaments als „Primärfunktion" der Rechtsverordnung). Ebenso *Wolff*, in: Kahl/Ludwigs (Hrsg.), Handbuch des Verwaltungsrechts, Bd. 5, 2023, § 153 Rn. 22 ff.

[7] Näher *Pünder*, Exekutive Normsetzung in den Vereinigten Staaten und der Bundesrepublik Deutschland, 1995, S. 13 ff.

Deutschland, das *rulemaking* in den Vereinigten Staaten[8] und die exekutive Nutzung von *statutory instruments* in Großbritannien.[9] Auf andere europäische Rechtsordnungen wird *en passant* eingegangen. Vor allem muss beiläufig auf Frankreich geblickt werden, das (mit England und Deutschland) zu den besonders prägenden Verwaltungsrechtsordnungen in Europa gehört.[10]

Bei alledem wird die Normsetzung durch (regionale oder funktionale) Selbstverwaltungskörperschaften nicht behandelt.[11] Jedenfalls bei uns stellen sich bei „Satzungen" wegen der unmittelbaren demokratischen Legitimation des Normgebers durch das „Teilvolk" der Selbstverwaltungsmitglieder („Demokratie von unten") andere Fragen.[12] Außerdem wird auf „Verwaltungsvorschriften" nicht eingegangen, die grundsätzlich bloß verwaltungsintern wirken.[13] Sie gehören in Deutschland zu dem Bereich der exekutiven Normsetzung, welcher der Exekutive nicht kraft gesetzlicher Delegation (wie bei Rechtsverordnungen) oder kraft gesetzlich verliehener Autonomie (wie bei Satzungen), sondern kraft eigenen Rechts originär zusteht.[14]

---

[8] Ausführlich *Pünder* (Fn. 7); kürzer *ders.*, ZG 1998, S. 242 ff. Allgemein zur Bedeutung des vergleichenden Blicks auf die USA *Schmidt-Aßmann*, ZaöRV 78 (2018), S. 807 (815): „Besondere komparatistische Aufmerksamkeit verdient (…) das Verwaltungsrecht der USA, schon weil es das erste von Anfang an demokratisch konzipierte Verwaltungsrecht ist".

[9] Für einen Vergleich der delegierten Rechtssetzung in den USA, Großbritannien und Deutschland im Hinblick auf die demokratische Legitimation der untergesetzlichen Normen siehe *Pünder* (Fn. 6), S. 353 ff.

[10] Zur Bildung von „Rechtskreisen" in der Verwaltungsrechtskomparatistik (die Bedeutung relativierend) *Pünder*, in: Kahl/Ludwigs (Hrsg.), Handbuch des Verwaltungsrechts, Bd. 4, 2022, § 116 Rn. 6.

[11] Allgemein zur „Automomie und Selbstverwaltung als gemeineuropäisches Konzept" *Melis/Meniconi*, in: von Bogdandy/Cassese/Huber (Hrsg.), Ius Publicum Europaeum, Bd. 5, 2014, § 88. Vgl. auch *Huber*, in: von Bogdandy/Cassese/Huber (Hrsg.), Ius Publicum Europaeum, Bd. 5, 2014, § 73 Rn. 66 ff.; *Marcou*, in: von Bogdandy/Cassese/Huber (Hrsg.), Ius Publicum Europaeum, Bd. 5, 2014, § 92 Rn. 56. Zusammenfassend *Pünder*, Die Verwaltung 48 (2015), S. 405 (422 f.).

[12] In Deutschland hat dies zur Folge, dass das Ausmaß der gesetzlichen Programmierung geringeren Anforderungen unterliegt. Vgl. nur *Ehlers/Pünder* (Fn. 1), § 2 Rn. 55; *Möstl* (Fn. 1), § 20 Rn. 19 ff.

[13] Vgl. hierzu und zur ausnahmsweise gegebenen mittelbaren oder sogar unmittelbaren Außenwirkung *Ehlers/Pünder* (Fn. 1), § 2 Rn. 56 ff.; *Möstl* (Fn. 1), § 20 Rn. 35 ff.

[14] *Ehlers/Pünder* (Fn. 1), § 2 Rn. 57.

II. Begrenzungen der exekutiven Normsetzung im Vergleich

1. Anforderungen an die Ermächtigung zur Normsetzung

Drei Wege zur Begrenzung der exekutiven Normsetzung lassen sich unterscheiden. Nahe liegt zunächst die Vorgabe, die exekutive Normsetzung an eine gesetzliche Ermächtigung zu binden und an die Ermächtigungsnorm strenge Anforderungen zu stellen.

a) Rechtslage in Deutschland

Diesen Weg hat *Deutschland* unter dem Grundgesetz beschritten. Unsere Verfassung verlangt, dass das Parlament die „wesentlichen" Entscheidungen selbst trifft.[15] Das Gesetz gilt als das „zentrale Bauelement demokratischer Verfassungsstruktur"[16]. Zwar darf das Parlament die Exekutive durch Gesetz zum Erlass von Rechtsverordnungen ermächtigen (Art. 80 Abs. 1 S. 1 GG). Wenn die Volksvertretung dies tut, muss sie der Exekutive aber in der Ermächtigungsnorm „Inhalt, Zweck und Ausmaß" der Normsetzung vorgeben (Art. 80 Abs. 1 S. 2 GG).[17] Auf diese Weise soll gewährleistet werden, dass das vom Volk gewählte Parlament die politische Verantwortung für alle, auch die exekutiven Normen trägt und sie so – und durch das aufwändige, auf Öffentlichkeit der Entscheidungsfindung, Interessenausgleich und Beteiligung politischer Minderheiten ausgerichtete Gesetzgebungsverfahren[18] – demokratisch legitimiert.[19] Dass diese Vorgaben im Rahmen der Bekämpfung der Corona-Pandemie nicht immer eingehalten wurden, sei hier nur am Rande erwähnt. Dies hat in der Rechtswissenschaft viel Kritik hervorgerufen.[20]

---

[15] Rechtsvergleichend *Nolte* (Fn. 4), S. 397 ff., 404 ff.; *Pünder* (Fn. 7), S. 53 ff.; *ders.* (Fn. 6), S. 357 ff.; *ders.*, ICON – International Journal of Constitutional Law 11 (2013), S. 940 (947); *Rose-Ackerman* (Fn. 4), S. 54 ff. Allgemein zur „Wesentlichkeitstheorie" *Ehlers/Pünder* (Fn. 1), § 2 Rn. 42 ff.

[16] *Böckenförde*, Gesetz und gesetzgebende Gewalt, 2. Aufl. 1981, S. 381.

[17] Vgl. etwa *Cremer*, AöR 112 (1997), S. 248 ff.; *Saurer* (Fn. 6), S. 268 ff.; *Staupe*, Parlamentsvorbehalt und Delegationsbefugnis, 1986. Zudem *Ehlers/Pünder* (Fn. 1), § 2 Rn. 51; *Möstl* (Fn. 1), § 20 Rn. 2 ff.; *Wolff* (Fn. 6), § 153 Rn. 48 ff. (jeweils m. w. N.).

[18] Zur Bedeutung des Gesetzgebungsverfahrens in der repräsentativen Demokratie *Pünder*, VVDStRL 72 (2013), S. 191 (207 f.). Vgl. auch etwa BVerfGE 157, 30 (173 Rn. 262).

[19] *Pünder* (Fn. 7), S. 54 ff.

[20] Vgl. dazu etwa *Klafki*, NVwZ 2020, S. 1718 ff.; *Volkmann*, NJW 2020, S. 3153 ff. Ausführlich zur Diskussion *Kersten/Rixen*, Der Verfassungsstaat in der Corona-Krise, 2. Aufl. 2021, S. 76 ff. Zusammenfassend *Möstl* (Fn. 1), § 20 Rn. 9. Immerhin wurde mit § 28a IfSG später eine detaillierte Ermächtigung geschaffen. Zur Entwicklung in den USA *Wake*, New York University Journal of Law & Liberty 15 (2022), S. 751 ff.

Andererseits hat die Krise auch gezeigt, wie wichtig das Regelungsinstrument der Rechtsverordnung ist.[21]

Darüber hinaus müssen nach deutschem Recht im Grundsatz alle normsetzenden Stellen der Exekutive zumindest mittelbar einem Parlament politisch verantwortlich sein.[22] Nach dem Grundgesetz dürfen Normsetzungsbefugnisse vom Bundestag nur auf die Bundesregierung, auf Bundesminister oder auf Landesregierungen delegiert werden (Art. 80 Abs. 1 S. 1 GG).[23] Andere Stellen der Exekutive dürfen nur dann normsetzend tätig werden, wenn der Gesetzgeber den Regierungen die Delegation der auf sie delegierten Normsetzungsbefugnisse ausdrücklich erlaubt (Art. 80 Abs. 1 S. 4 GG). Auf diese Weise können eventuelle Zweitdelegatare vom Bundestag zumindest indirekt über die Erstdelegatare kontrolliert werden. Dass das europäische Recht weisungsfreie Regulierungsbehörden verlangt, lässt sich mit unserem Demokratieverständnis nur schwer vereinbaren.[24]

b) Rechtslage in anderen Ländern

Ganz anders als in Deutschland ist die Lage in *Frankreich*.[25] Hier kann die Regierung in allen Bereichen, die nicht ausdrücklich der Legislative zugewiesen

---

[21] Zur Unsicherheit im Hinblick auf die Handlungsform (Verordnung oder Verwaltungsakt i. S. e. „Allgemeinverfügung") *Marquardsen*, in: Kahl/Ludwigs (Hrsg.), Handbuch des Verwaltungsrechts, Bd. 5, 2023, § 158 Rn. 41 ff. Allgemein zur Bedeutung der exekutiven Normsetzung im Rechtsvergleich *Pünder* (Fn. 7), S. 15 ff.

[22] *Pünder* (Fn. 7), S. 80 ff., 103 ff. Rechtsvergleichend auch *Rose-Ackerman* (Fn. 4), S. 96 ff.

[23] *Möstl* (Fn. 1), § 20 Rn. 10. Die Landesverfassungen enthalten diese Einschränkungen nicht, sodass in den Ländern auch untere Verwaltungsträger und (wie vor allem auch in den USA) selbständige Verwaltungsträger zum Erlass von Rechtsverordnungen ermächtigt werden dürfen. Vgl. *Ehlers/Pünder* (Fn. 1), § 2 Rn. 52.

[24] Kritisch etwa *Gärditz*, AöR 135 (2010), S. 251 ff. („europäisches Regulierungsverwaltungsrecht auf Abwegen"); *Huber* (Fn. 11), § 73 Rn. 213 („Züge eines autoritären Regimes"); *Kahl*, in: von Bogdandy/Cassese/Huber (Hrsg.), Ius Publicum Europaeum, Bd. 5, 2014, § 74 Rn. 44. Dagegen z. B. *Ruffert*, in: Ehlers/Fehling/Pünder (Hrsg.), Besonderes Verwaltungsrecht, Bd. 1, 4. Aufl. 2019, § 21 Rn. 30 f. Weniger kritisch auch *Möllers*, in: von Bogdandy/Cassese/Huber (Hrsg.), Ius Publicum Europaeum, Bd. 5, 2014, § 93 Rn. 52 ff. Im Hinblick auf die Europäische Bankenunion ist das Bundesverfassungsgericht davon ausgegangen, dass sich die Absenkung des demokratischen Legitimationsniveaus durch judikative oder legislative Kontrollrechte kompensieren lässt (BVerfGE 151, 202 [290 ff. Rn. 127 ff.]). Zum deutschen Konzept einer „Legitimationskette" auf Englisch *Jestaedt*, in: Pünder/Waldhoff (Hrsg.), Debates in German Public Law, 2014, S. 181 ff.; *Pünder*, in: Pünder/Waldhoff (Hrsg.), Debates in German Public Law, 2014, S. 230 (247 f.).

[25] Art. 34, 37 der Französischen Verfassung. Näher etwa *Gonod*, in: von Bogdandy/Cassese/Huber (Hrsg.), Ius Publicum Europaeum, Bd. 5, 2014, § 75 Rn. 82 ff. Aus einer ausländischen Perspektive *Huber* (Fn. 11), § 73 Rn. 52 ff.; *Lindseth*, Yale Law Journal 13 (2003/2004), S. 1341 (1404 ff.); *Saurer* (Fn. 6), S. 51 f.; *Schwartz*, Administrative Law and the Common Law World, 1954, S. 89 ff.

sind, gesetzesunabhängige Verordnungen („*règlements autonomes*“) erlassen. Auf den Erlass von Durchführungsverordnungen („*règlements d'exécution des lois*“) ist die Exekutive nicht beschränkt. Autonome Normsetzungbefugnisse kennen auch *Spanien*[26], *Portugal*[27] und *Ungarn*[28]. In den anderen hier vergleichend betrachteten Rechtsordnungen hat die Regierung vom Gesetzgeber unabhängige „originäre“ Normsetzungsbefugnisse allenfalls in Notsituationen.[29] Für den – hier allein interessierenden – Regelfall gilt: Ohne eine ausdrückliche gesetzgeberische Ermächtigung darf die Exekutive nicht normsetzend tägig werden.[30] So sieht man das etwa in *Griechenland*[31], *Italien*[32], *Österreich*[33] und *Polen*[34] sowie – worauf gleich näher eingegangen wird – in *Großbritannien* und in den *USA*.

Was die inhaltlichen Vorgaben für die parlamentarische Delegation von Normsetzungsbefugnissen angeht, gibt es Unterschiede. In manchen Ländern gilt wie bei uns der Vorbehalt des Gesetzes mit der Verpflichtung des Parlaments, alle „wesentlichen“ Entscheidungen zu treffen. Auch die *Europäische Union* verlangt für Normsetzungsdelegationen, dass „Ziel, Inhalt, Geltungsbereich und Dauer der Befugnisübertragung“ in der Ermächtigung festgelegt werden (Art. 290 Abs. 1 UAbs. 2 S. 1 AEUV). Dass „wesentliche Aspekte eines Bereichs“ dem Gesetzgebungsakt vorbehalten sind und insoweit eine Befugnisübertragung ausgeschlossen ist, wird ausdrücklich hervorgehoben.[35]

Andere Rechtsordnungen sind großzügiger. Dies gilt vor allem für *Großbritannien*. Hier wird die exekutive Normsetzung von der unbeschränkten „parlamentarischen Souveränität“ geprägt.[36] Das britische Parlament wird nicht ge-

---

26 *Mir Puigpelat*, in: von Bogdandy/Cassese/Huber (Hrsg.), Ius Publicum Europaeum, Bd. 5, 2014, § 84 Rn. 69 ff.; *Saurer* (Fn. 6), S. 52 f.

27 *Pereira da Silva/Salgado de Matos*, in: von Bogdandy/Cassese/Huber (Hrsg.), Ius Publicum Europaeum, Bd. 5, 2014, § 81 Rn. 121 ff.

28 *Szente*, in: von Bogdandy/Cassese/Huber (Hrsg.), Ius Publicum Europaeum, Bd. 5, 2014, § 85 Rn. 102.

29 Vgl. *Möllers* (Fn. 24), § 93 Rn. 40.

30 Rechtsvergleichend im Überblick *Pünder* (Fn. 11), S. 413 f.

31 *Efstratiou*, in: von Bogdandy/Cassese/Huber (Hrsg.), Ius Publicum Europaeum, Bd. 5, 2014, § 76 Rn. 52, 61 f.

32 *de Pretis*, in: von Bogdandy/Cassese/Huber (Hrsg.), Ius Publicum Europaeum, Bd. 5, 2014, § 78 Rn. 101 ff.; *Saurer* (Fn. 6), S. 53 f.

33 *Holoubek*, in: von Bogdandy/Cassese/Huber (Hrsg.), Ius Publicum Europaeum, Bd. 5, 2014, § 79 Rn. 12 ff., 72.

34 *Biernat/Dabek*, in: von Bogdandy/Cassese/Huber (Hrsg.), Ius Publicum Europaeum, Bd. 5, 2014, § 80 Rn. 18 ff.; *Saurer* (Fn. 6), S. 54 f.

35 Näher zum „*specifity and essentiality requirement*“ im Hinblick auf Art. 290 AEUV *Chamon*, Maastricht Journal of European and Comparative Law 2018, S. 231 ff. Zum sog. Tertiärrecht der Europäischen Union im Überblick *Ehlers/Pünder* (Fn. 1), § 5 Rn. 8 (m. w. N.).

36 Vgl. *Baldwin*, Rules and Government, 1995, S. 60 ff.; *Craig*, Administrative Law, 8. Aufl.

zwungen, die „wesentlichen Entscheidungen" selbst zu treffen. Anders als in Deutschland heute ist die Delegationsbefugnis unbeschränkt. Selbst einer bloßen „*skeleton legislation*" ohne jegliche parlamentarische Vorgaben steht – wie bei uns noch während des Kaiserreichs und der Weimarer Republik[37] – nichts entgegen.

Hinzu kommt, dass Normsetzungsbefugnisse in Großbritannien nicht nur – wie in Deutschland unter dem Grundgesetz – auf die parlamentarisch kontrollierte Regierung übertragen werden dürfen. Auch unabhängige exekutive Stellen dürfen „*statutory instruments*" nutzen. Dass es in Großbritannien, dem Mutterland des Parlamentarismus, machtvolle Verwaltungseinheiten gibt, die weder dem Parlament noch der Regierung verantwortlich sind, mag erstaunen, hat aber eine lange Tradition.[38] Unabhängige Behörden haben allerdings auch in anderen Ländern Verbreitung gefunden.[39] Dies gilt vor allem für *Frankreich* (*autorités administratives indépendantes*)[40] und *Italien* (*autorità amministrative indipendenti*[41]), aber auch für *Griechenland*[42], *Österreich*[43], *Polen*[44] und *Spanien*[45]. Dabei wurde die Entwicklung vielfach durch das bereits erwähnte Konzept der Europäischen Union angestoßen, wonach vor allem die Regulierungsverwaltung in

2016, S. 370; *Ganz*, in: Leyland/Woods (Hrsg.), Administrative Law Facing the Future, 1997, S. 63 f. („*Delegated Legislation: A Necessary Evil or a Constitutional Outrage?*"); *Hayhurst/Wallington*, Public Law 1988, S. 547; *McHarg*, Public Law 2006, S. 539 ff. Vergleichend *Pünder* (Fn. 6), S. 360.

[37] Vgl. *Jellinek*, Gesetz und Verordnung, 1887, S. 382 f.; *C. Schmitt*, ZaöR 6 (1936), S. 252 ff. Ausführlich *Uhle*, Parlament und Rechtsverordnung, 1999, S. 15 ff., 19 ff., 46 ff. Aus heutiger Perspektive zu den divergierenden Auffassungen der Staatsrechtslehre während der Weimarer Republik im Hinblick auf die notwendige Regelungsdichte der gesetzlichen Ermächtigung *Nolte* (Fn. 4), S. 395 f.; *Pünder* (Fn. 7), S. 54 ff.; *Saurer* (Fn. 6), S. 32 ff. Aus ausländischer Perspektive *Lindseth* (Fn. 25), S. 1357 ff. Aus heutiger Zeit zum „Verordnungsrecht der Krone" *Saurer* (Fn. 6), S. 32 ff.

[38] Vgl. *Craig*, in: von Bogdandy/Cassese/Huber (Hrsg.), Ius Publicum Europaeum, Bd. 5, 2014, § 77 Rn. 10 ff.; *Loughlin*, in: von Bogdandy/Cassese/Huber (Hrsg.), Ius Publicum Europaeum, Bd. 3, 2010, § 44 Rn. 73 f.; *Rose-Ackerman* (Fn. 4), S. 94 ff.; *Schuppert*, in: von Bogdandy/Cassese/Huber (Hrsg.), Ius Publicum Europaeum, Bd. 4, 2011, § 70 Rn. 31 ff.

[39] Vgl. auch *Ziller*, in: von Bogdandy/Cassese/Huber (Hrsg.), Ius Publicum Europaeum, Bd. 5, 2014, § 87 Rn. 45. Zusammenfassend *Pünder* (Fn. 11), S. 408 f.

[40] *Custos*, in: Rose-Ackerman/Lindseth (Hrsg.), Comparative Administrative Law, 2010, S. 277 ff.; *Gonod* (Fn. 25), § 75 Rn. 114 f. Vergleichend *Halberstam*, in: Rose-Ackerman/Lindseth/Emerson (Hrsg.), Comparative Administrative Law, 2. Aufl. 2017, S. 139 (145, 151 ff.); *Rose-Ackerman* (Fn. 4), S. 100 ff.

[41] *de Pretis* (Fn. 32), § 78 Rn. 35 f.

[42] *Efstratiou* (Fn. 31), § 76 Rn. 15.

[43] *Holoubek* (Fn. 33), § 79 Rn. 24 ff.

[44] *Biernat/Dabek* (Fn. 34), § 80 Rn. 68 ff.

[45] *Mir Puigpelat* (Fn. 26), § 84 Rn. 29 ff., 119.

den Bereichen Energie, Post und elektronische Kommunikation auf eine unabhängige Behörde – bei uns ist dies die Bundesnetzagentur – zu übertragen ist.[46]

Besonders interessant ist die Entwicklung in den *Vereinigten Staaten*.[47] Ursprünglich musste der Kongress nach der sog. *Non Delegation Doctrine* die „*important choices of social policy*" selbst treffen und der Exekutive, sofern ihr Normsetzungsbefugnisse zustehen sollten, „*standards*" bzw. ein „*intelligible principle*" für das „*rulemaking*" vorgeben. Die Rechtsprechung des *Supreme Court* geht bis auf das Jahr 1825 zurück.[48] Die Parallele zur deutschen Rechtslage ist nicht überraschend. Denn Deutschland war bei der Schaffung des Grundgesetzes von der Zustimmung der amerikanischen Besatzungsbehörden abhängig.[49] In den USA wurden die aus der *Non Delegation Doctrine* folgenden Begrenzungen damals allerdings schon nicht mehr gerichtlich durchgesetzt. Den Anfang machte der *Supreme Court* während der Zeit des „*New Deal*" der 1930er Jahre (also noch vor Schaffung des deutschen Grundgesetzes!). Als Präsident *Franklin D. Roosevelt* (1882 – 1945) drohte, sich im Gericht durch Aufstockung der Richterstellen eine ihm genehme Mehrheit zu verschaffen,[50] kapitulierte das oberste amerikanische Gericht.[51] Seitdem kann der Kongress Normsetzungs-

---

[46] Vgl. *Pünder* (Fn. 11), S. 409 f. Ausführlich vergleichend *Marcou* (Fn. 11), § 92 Rn. 38 ff.

[47] *Pünder* (Fn. 7), S. 39 ff., 96 ff., 246 ff.; *ders.* (Fn. 6), S. 358 ff.; *ders.* (Fn. 8), S. 244 ff. Rechtsvergleichend auch *Kischel*, Administrative Law Review 46 (1994), S. 213 ff.; *Möllers*, Gewaltengliederung, 2005, S. 182 ff.; *Nolte* (Fn. 4), S. 380 ff.; *Plebuch/Pielhoff*, Der Staat 61 (2022), S. 167 (191 ff.); *Saurer* (Fn. 6), S. 55 f.

[48] Wayman v. Southard (1825) 23 U.S., 1 ff.; Field v. Clark (1892) 143 U.S., 649 ff.; Consolidated Coal Co. v. Illinois (1902) 185 U.S., 203 ff.; Grimaud v. U.S. (1911) 220 U.S., 506 ff.; J.W. Hampton Co. v. U.S. (1928) 276 U.S., 394 ff.; U.S. v. Chicago M.St.P. & P.R.Co. (1931) 282 U.S., 311 ff.; Panama Refining Co. v. Ryan (1934) 293 U.S., 388 ff.; A.L.A. Schechter Poultry Co. v. U.S. (1935) 295 U.S., 495 ff. Zu den historischen Grundlagen und zur Entwicklung etwa *Hood* (Fn. 3), S. 123 ff.; *Kritikos*, Missouri Law Review 82 (2017), S. 441 ff.; *Lawson*, Virginia Law Review 88 (2002), S. 327 ff. („*Delegation and Original Meaning*"); *Nolte* (Fn. 4), S. 381 ff.

[49] Vgl. *Lindseth* (Fn. 25), S. 1357 ff., 1392 ff.; *Mößle*, Inhalt, Zweck und Ausmaß – Zur Verfassungsgeschichte der Verordnungsermächtigung, 1990, S. 39 ff.; *Nolte* (Fn. 4), S. 396 f.; *Wolff*, AöR 78 (1952/53), S. 194 (197).

[50] Zum „*Court Packing Plan*" im Hinblick auf die *Non Delegation Doctrine Schoenbrod*, Michigan Law Review 83 (1985), S. 1223 (1225).

[51] Vgl. etwa Yakus v. United States (1944), 321 U.S., 414 ff.; Lichter v. United States (1948), 334 U.S., 742 ff.; später etwa American Trucking Ass. v. Atchison (1967), 387 U.S., 397 ff.; NAACP v. Federal Power Commission (1976), 425 U.S., 662 ff.; Industrial Union Departement AFL-CIO v. American Petroleum Institut (1980), 448 U.S., 607 ff.; Mistretta v. United States (1989), 488 U.S., 361 ff.; Touby v. United States (1991), 111 S. Ct. 1752 ff. Aus neuerer Zeit Whitman v. American Trucking Associations, Inc (2001), 531 US., 457 ff.; Herman Gundy v. United States (2019), 588 U.S., S. 1 ff. Aus deutscher Perspektive *Brugger*, Einführung in das öffentliche Recht der USA, 2. Aufl. 2001, 210 ff.; *Jarass*, Die Verwaltung 9 (1976), S. 94 (100 ff.); *Lepsius*, Verwaltungsrecht unter dem Common Law, 1997, S. 184 ff.; *Nolte* (Fn. 4),

befugnisse unbeschränkt auf die Exekutive delegieren. Wie in Großbritannien genügt die unbestimmte Vorgabe, irgendwie im „*public interest*" zu entscheiden. In der Literatur wird von „*Here's the problem. Deal with it*"-Ermächtigungen gesprochen.[52] Die *Non Delegation Doctrine* gilt (jedenfalls auf Bundesebene[53]) schon seit langem – wie es der *Chief Justice Marshall* ausdrückte – als „*moribund*"[54]. Ob es dabei bleibt, ist derzeit nicht abzusehen.[55]

Unterschiede zu Deutschland ergeben sich auch im Hinblick auf die Adressaten der Normsetzungsbefugnisse.[56] Die amerikanische Rechtskultur wird seit jeher von einem „*distrust of politics*" und einem – allerdings nicht unumstrittenen – Vertrauen in administrative „*expert managers*" geprägt.[57] Typischerweise werden „*independent regulatory commissions*" zur Normsetzung ermächtigt, die – anders als die „*executive branch agencies*" – weder dem Präsidenten noch dem Kongress politisch verantwortlich sind.[58] Der *Supreme Court* hat sich dem

---

S. 384 ff.; *Pünder* (Fn. 7), S. 40 ff.; *ders.* (Fn. 8), S. 243 ff.; *ders.* (Fn. 6), S. 372 ff.; *Plebuch/Pielhoff* (Fn. 47), S. 193; *Schmidt-Aßmann*, Das Verwaltungsrecht der Vereinigten Staaten von Amerika, 2021, S. 80 ff., 177 ff., 353 ff.

52 So bereits *Davis,* Administrative Law Treatise, 2. Aufl. 1978, S. 27. Ähnlich *Ely*, Democracy and Distrust, 1980, S. 132 („*Find the problems in this area and solve them*") sowie der *US Court of Appeal 5th Circuit*, Central Forwarding, Inc. v. Interstate Commerce Commission (1983) 698 F. 2d, 1266, 1283 („*Go forth and do good*").

53 Zur Rechtslage auf der Ebene der Staaten etwa *Kritikos* (Fn. 48), S. 458 ff. (zur strengen Anwendung der *Non Delegation Doctrine* in Florida). Siehe auch *Pünder* (Fn. 6), S. 359 m. Fn. 42.

54 *Marshall*, in: Federal Power Commission v. New England Power Co. (1974), 415 U.S., 352 f. Aus neuerer Zeit etwa *Kritikos* (Fn. 48), S. 442 („*dead letter*", „*toothless non-delegation test*"), 454 ff. („*no limits*"); *Lawson* (Fn. 48), S. 327 ff.; *Wake* (Fn. 20), S. 752 („*impotent non-delegation doctrine*").

55 Vgl. unten in und bei Fn. 96 ff.

56 *Pünder* (Fn. 7) S. 70 ff. und (zum amerikanischen „Modell des exekutiven Sachverstandes") S. 223 ff.; *ders.* (Fn. 8), S. 244 f. Rechtsvergleichend auch *Halberstam* (Fn. 40), S. 139 ff.; *Plebuch/Pielhoff* (Fn. 47) S. 181 ff.; *Möllers* (Fn. 47), S. 125 ff.; *ders.* (Fn. 24), § 93 Rn. 52 ff.; *Rose-Ackerman* (Fn. 4), S. 90 ff.; *Shapiro*, in: Rose-Ackerman/Lindseth/Emerson (Hrsg.), Comparative Administrative Law, 2. Aufl. 2017, S. 234 ff. Zur historischen Entwicklung *Breger/Edles*, Independent Agencies in the United States, 2015, S. 19 ff.; *Lepsius* (Fn. 51), S. 68 ff.

57 *Aranson/Gellhorn/Robinson*, Cornell Law Review 68 (1982), S. 1 (25) („*antidemocratic distrust of political government*"). Aus der Rechtsprechung Commodity Futures Trading Comm'n v. Schor (1986), 478 U.S. 833 („*Broad regulatory powers […] were most appropriately vested in an agency […] relatively immune form the ‚political winds that sweep Washington*'"; Synar v. U.S. (DC Cir., 1986), 626 Supp. 1374, 1398 („*insulation from the democratic process*" als Garantie dafür, dass sich die exekutive Normsetzung frei von „*political considerations*" bloß an „*objective considerations and the public interest*" orientiert). Die Wurzeln dieser Einstellung liegen tief. Siehe bereits *Wilson*, Political Science Quarterly 2 (1887), S. 197 ff. in seiner „*Study of Administration*".

58 Aus dem amerikanischen Schrifttum in jüngerer Zeit etwa *Barkow*, Texas Law Review 89

nicht entgegengestellt.[59] Allerdings ist auch insofern unklar, ob sich daran in Zukunft unter dem mittlerweile von einer Mehrheit republikanischer Mitglieder dominierten *Supreme Court*[60] etwas ändert.[61]

2. Parlamentarische Mitentscheidungsrechte

Ein zweiter Weg zur Begrenzung der exekutiven Normsetzung besteht in den Möglichkeiten der Volksvertretung, auf die Ausübung der delegierten Normsetzungsbefugnisse Einfluss zu nehmen.

a) Rechtslage in Deutschland

Hiervon wird in *Deutschland* – auf einer Tradition fußend, die bis in die Zeit des Kaiserreichs zurückgeht[62] – rege Gebrauch gemacht.[63] Drei Formen der Mitwirkung des Bundestags kommen in Betracht. Es gibt Rechtsverordnungen, die vor Erlass der Zustimmung des Parlaments bedürfen, und Rechtsverordnungen, die vom Bundestag nach Erlass aufgehoben werden können oder deren Aufhebung verlangt werden kann. Von solchen Zustimmungs- und Aufhebungsverordnungen zu unterscheiden sind die bloßen Kenntnisverordnungen, bei denen dem Bundestag lediglich die Gelegenheit zu einer teilweise befristeten Stellungnahme gegeben wird. Hier liegt keine Mitentscheidung vor. Verfassungsrechtlich ist aber auch gegen eine parlamentarische Mitentscheidung nichts einzuwenden.[64] Nach deutschem Verständnis greift der Gesetzgeber, wenn er sich Mitentscheidungsbefugnisse vorbehält, nicht in den dem Parlament verschlossenen Kernbe-

(2010), S. 15 ff.; *Buzbee/Eastman/Kerner/Mascott/Sykes*, Regent University Law Review, 2019, S. 63 ff.

59 Grundlegend Humphrey's Executor v. U.S. (1935) 295 U.S., 602 ff.; Wiener v. U.S. (1958) 57 U.S., 349 ff.

60 Von republikanischen Präsidenten wurden ernannt: *Chief Justice John Roberts* und *Samuel Alito* (George W. Bush), *Clarence Thomas* (George H.W. Bush) sowie *Neil Gorsuch*, *Brett Kavanaugh* und *Amy Coney Barrett* (Donald Trump).

61 Vgl. unten in und bei Fn. 93 ff.

62 *Jellinek* (Fn. 37), S. 99 ff., 366 ff.; *Reich-Erkelenz*, Das Verordnungsrecht des Monarchen im deutschen konstitutionellen Staat, 1966. Aus heutiger Perspektive *Uhle* (Fn. 37), S. 20 ff., 33 ff., 50 ff.

63 Vgl. nur *Möstl* (Fn. 1), § 20 Rn. 13 f. Ausführlich *Uhle* (Fn. 37), S. 103 ff., 199 ff. Im Vergleich zu den USA *Möllers* (Fn. 47), S. 201 ff.; *Pünder* (Fn. 7), S. 155 ff., 212 ff., 246 ff.; *ders.* (Fn. 6), S. 364 f. Zur Beteiligung der Landtage beim Verordnungserlass auf Landesebene (im Kontext der Corona-Pandemie) *Wollenschläger*, BayVBl. 2021, S. 541 ff.

64 Vgl. *Schmidt*, Die Beteiligung des Bundesrates beim Erlass von Rechtsverordnungen, 2002; *Saurer* (Fn. 6), S. 371 ff.; *Seiler*, ZG 2001, S. 50 (63 ff.); *Uhle* (Fn. 37), S. 297 ff., 481 ff.; *Wolff* (Fn. 6), § 153 Rn. 66. A.A. *Kotulla/Rolfsen*, NVwZ 2010, S. 943 ff. (verfassungswidrig); *Möllers* (Fn. 47), S. 206.

reich der Exekutive ein, weil die Normsetzungsbefugnis nach der Kompetenzordnung des Grundgesetzes nicht zum originären Funktionsbereich der Exekutive gehört.

b) Rechtslage in anderen Ländern

In *Großbritannien* ist die Rechtslage ähnlich wie in Deutschland.[65] Das Parlament kann festlegen, dass die exekutive Norm seiner Zustimmung bedarf. Von diesem „*affirmative resolution procedure*", das den deutschen Zustimmungsverordnungen entspricht, ist das „*negative resolution procedure*" zu unterscheiden. In diesem Fall muss die Regierung 40 Tage lang mit der Veröffentlichung seiner Norm warten. Wenn ein „*prayer for annulment*" im Parlament Erfolg hat, kann die exekutive Norm nicht in Kraft treten. In Deutschland würden wir von einer Aufhebungsverordnung sprechen.

Ganz anders ist die Situation in den *Vereinigten Staaten*.[66] Eigentlich könnte man angesichts der inhaltlich unbeschränkten Delegationsbefugnis und der Unabhängigkeit vieler normsetzenden Behörden meinen, dass der Kongress gerade dort festlegen können müsste, dass exekutive Normen vor Erlass seiner Zustimmung bedürfen. In der Tat hat das amerikanische Recht die Möglichkeit eines solchen „*legislative veto*" gesehen. Der Kongress machte davon ausgiebig Gebrauch, bis der *Supreme Court* – zum Leidwesen vieler Kommentatoren[67] – dieses Instrument für verfassungswidrig erklärte.[68] Der Gerichtshof argumentierte formalistisch, dass das „*legislative veto*" gegen den Gewaltenteilungsgrundsatz verstoße. Die delegierte Normsetzung sei allein eine Aufgabe der Exekutive. Die

---

[65] *Campbell*, Public Law 1987, S. 328 ff.; *Craig* (Fn. 36), S. 374 ff.; *Hayhurst/Wallington* (Fn. 36), S. 547 ff.; *Phillips/Jackson/Leopold*, Constitutional and Administrative Law, 8. Aufl. 2001, S. 672 ff.; *Wade/Forsyth*, Administrative Law, 11. Aufl. 2014, S. 898 ff. Rechtsvergleichend *Beatson*, Cornell International Law Journal 12 (1979), S. 199 ff.; *Kersell*, Parliamentary Supervision of Delegated Legislation – The United Kingdom, Australia, New Zealand and Canada, 1960; *Lindseth* (Fn. 25), S. 1352; *Schwartz/Wade*, Legal Control of Government – Administrative Law in Britain and the United States, 1972, S. 90 f.; *Pünder* (Fn. 6), S. 365 f.; *Rose-Ackerman* (Fn. 4), S. 7, 49 f.

[66] *Pünder* (Fn. 7), S. 150 ff.; *ders.* (Fn. 8), S. 248; *ders.* (Fn. 6), S. 366 f. Rechtsvergleichend auch *Möllers* (Fn. 47), S. 201 ff.; *Nolte* (Fn. 4), S. 390 ff.

[67] Vgl. unten in und bei Fn. 103 f.

[68] Immigration and Naturalization Service v. Chadha (1983) 462 U.S., 919 ff. (mit einer „*dissenting opinion*" von *Justice White* (967 ff.).; U.S. Senate v. Federal Trade Commission (1983), 463 U.S., 1216 ff. Dazu etwa *Strauss*, Duke Law Journal 1983, S. 789 ff. („*Was there a Baby in the Bathwater? A Comment on the Supreme Court's Legislative Veto Decision*"). Aus heutiger Zeit zum *legislative veto* auf Bundesebene und in den Staaten *Falkoff*, Loyola University Law Review 47 (2016), S. 1055 (1076 ff.); *Stiglitz*, Cornell Law Review 99 (2014), S. 1133 ff.; *ders.*, Journal of Legal Studies 48 (2019), S. 45 ff.

Legislative könne die delegierte Normsetzungsgewalt nur durch ein förmliches Gesetzgebungsverfahren, an dem beide Kammern („*bicameralism*") und der Präsident („*veto or approval*") beteiligt sind, wieder an sich ziehen. Es dürfe keine Mitentscheidung des Gesetzgebers unterhalb der Gesetzesebene geben.[69]

3. Beteiligung der Öffentlichkeit

Eine dritte Möglichkeit zur Begrenzung der exekutiven Normsetzungsbefugnis besteht in der Einbeziehung der Öffentlichkeit in die Ausübung der exekutiven Normsetzungsbefugnis.

a) Rechtslage in Deutschland

In *Deutschland* liegt es grundsätzlich allerdings im Ermessen der Exekutive, ob und inwieweit sie die betroffene Öffentlichkeit in die Entwicklung der exekutiven Norm einbezieht.[70] Sie muss ihre Normsetzungsentscheidung im Regelfall noch nicht einmal begründen.[71] Zwar finden sich gesetzliche Ermächtigungen, welche die „Anhörung der beteiligten Kreise" verlangen.[72] Das Bundesverfassungsgericht hat aber entschieden, dass es im Allgemeinen keine verfassungsrechtliche Pflicht zur Öffentlichkeitsbeteiligung gibt.[73] Anderes gilt nur für den Erlass von konkret-individuellen Verwaltungsakten. Hier verlangt das Gesetz stets eine Anhörung (§ 28 VwVfG) und auch eine Begründung (§ 36 VwVfG). Aber auch insoweit wird die Öffentlichkeitsbeteiligung in Deutschland traditionell bloß rechtsstaatlich begründet.[74] „Grundrechtsschutz durch Verfahren" ist das Motto[75], nicht „Legitimation durch Verfahren".[76]

---

[69] Allgemein zum formalistischen, gegen „Gewaltenverschränkungen" gerichteten Gewaltenteilungsverständnis in den USA *Plebuch/Pielhoff* (Fn. 47), S. 170 f.

[70] BVerfGE 42, 191 (205). Rechtsvergleichend *Pünder* (Fn. 7), S. 140 ff.; *ders.* (Fn. 6), S. 371 f.; *ders.* (Fn. 15), S. 946 ff.; *Rose-Ackerman* (Fn. 4), S. 53 ff., 221 ff.

[71] Ausführlich zur Diskussion *Kischel*, Die Begründung, 2003, S. 304 ff. (eine Pflicht eher ablehnend).

[72] *Saurer* (Fn. 6), S. 365 ff.; *Trips*, Das Verfahren der exekutiven Rechtsetzung, 2006, S. 158 ff.

[73] BVerfGE 42, 191 (205). Allgemein zur „dienenden Funktion" des Verwaltungsverfahrens in Deutschland (den Topos in rechtsvergleichender Perspektive relativierend) *Pünder* (Fn. 10), § 116 Rn. 4 f., 49 f.; *ders.* (Fn. 24), S. 239 ff. (auf Englisch).

[74] *Staupe* (Fn. 17), S. 204 ff.

[75] Dazu *Pünder*, in: Ehlers/Pünder (Hrsg.), Allgemeines Verwaltungsrecht, 16. Aufl. 2022, § 13 Rn. 15 f.; *ders.* (Fn. 24), S. 246 f. (auf Englisch). Im Hinblick auf die exekutive Normsetzung im Vergleich zu den USA *Pünder* (Fn. 7), S. 269 ff. (zum US-amerikanischen „Modell der administrativ gewährleisteten Rechtsstaatlichkeit").

[76] Vgl. zur Rechtsprechung des Bundesverfassungsgerichts *Saurer* (Fn. 6), S. 395 ff. Kritisch *Pünder* (Fn. 75), § 13 Rn. 17 ff. (m. w. Nachw.). Zum US-amerikanischen „Modell der

b) Rechtslage in anderen Ländern

Das *britische Recht* gleicht im Wesentlichen dem deutschen. Auch in Großbritannien gibt es keine allgemeine Pflicht zur Öffentlichkeitsbeteiligung. Das Parlament kann dies vorsehen, muss es aber nicht.[77] Zwar gibt es – wie in Deutschland – informelle Konsultationen mit den Betroffenen. In rechtlicher Hinsicht hat die britische Rechtsprechung aber klargestellt, dass das „*Common Law*" – die „*natural justice*" – keine Anhörung verlangt, wenn die Exekutive normsetzend tätig wird.[78] Auch eine Pflicht zur Begründung gibt es traditionell nur bei Einzelfallentscheidungen, nicht bei „*legislative orders*".[79] Ähnliches gilt für die *französische Rechtsordnung*[80] sowie etwa auch für *Griechenland*[81] und *Italien*[82].

---

partizipatorischen Demokratie" im Hinblick auf die exekutive Normsetzung *Pünder* (Fn. 7), S. 257 ff.; *ders.* (Fn. 15), S. 947. Zu den USA im Gegensatz zu Deutschland auch *Rose-Ackerman* (Fn. 4), S. 74.

[77] Vgl. *Craig* (Fn. 38), § 77 Rn. 80 ff. (auch zur Beteiligung nach dem *Code of Practice on Written Consultations* von 2001, der freilich keine Gesetzeskraft hat); *Jergensen*, Public Law 1978, S. 290 ff.; *Schmidt-Aßmann/Krämer*, REDP/ERPL, Sonderheft 1993, S. 99 (124). Rechtsvergleichend *Donnelly*, in: Rose-Ackerman/Lindseth (Hrsg.), Comparative Administrative Law, 2. Aufl. 2019, S. 370 ff.; *Pünder* (Fn. 6), S. 373 ff.; *ders.* (Fn. 6), S. 372 ff.; *ders.* (Fn. 15), S. 955 f.; *ders.* (Fn. 75), § 13 Rn. 27 (hier auch m. Nachw. zu den *public inquiries* bei der Erstellung von Regionalplänen durch die *counties*, von – den deutschen Bauleitplänen entsprechenden – *local plans* durch die *districts* und bei der Entscheidung über Baugenehmigungen); *Rose-Ackerman* (Fn. 4), S. 51; *Rubinstein Reiss*, in: Rose-Ackerman/Lindseth/Emerson (Hrsg.), Comparative Administrative Law, 2. Aufl. 2017, S. 319 ff. (im Vergleich zu Frankreich und Schweden).

[78] Grundlegend Bates v. Lord Hailsham of St. Marylebone (1972) 1 WLR, S. 1373 (1378). Vgl. auch *Wade/Forsyth* (Fn. 65), S. 473, 746.

[79] Vgl. – auch zur neueren Entwicklung, die auf eine Begründungspflicht hinausläuft – *Craig*, in: Trute/Groß/Röhl/Möllers (Hrsg.), Allgemeines Verwaltungsrecht, 2008, S. 699 (715); *ders.* (Fn. 38), § 77 Rn. 45, 55; *Fehling*, VVDStRL 70 (2011), S. 278 (292 Fn. 44); *Fromont*, Droit administratif, 2006, S. 228 f.; *Kleve/Schirmer*, in: Schneider (Hrsg.), Verwaltungsrecht in Europa, Bd. 1, 2007, S. 35 (109 f.); *Pietzcker*, in: FS für Hartmut Maurer, 2001, S. 695 (700); *Riedel*, EuR, Beiheft 1/1995, S. 49 (58); *Thompson*, in: Seerden (Hrsg.), Comparative Administrative Law, 4. Aufl. 2018, S. 197 (257 f.).

[80] Zwar gehört das Anhörungsrecht zu den *droits des la défense*. Allerdings gilt dies traditionell nicht für die exekutive Normsetzung. Vgl. *Fehling* (Fn. 79), S. 290 Fn. 44; *Ladenburger*, Verfahrensfehlerfolgen im französischen und im deutschen Verwaltungsrecht, 1999, S. 29 ff.; *Richard/Kapsali*, in: Auby (Hrsg.), Droit Comparé, 2016, S. 315 ff.; *Pünder* (Fn. 6), S. 353. Für Hinweise zur (den britischen *public inquiries* und der deutschen Planfeststellung vergleichbaren) *enquête publique* (die – insbesondere bei Enteignungsverfahren, der Stadt- und Raumplanung sowie im Umweltschutzrecht – nicht nur die Informationsbasis der Verwaltung erweitern, sondern auch das Verfahren „demokratisieren" soll) *Marcou* (Fn. 11), § 92 Rn. 89 ff.; *Pünder* (Fn. 15), S. 957; *ders.* (Fn. 75), § 13 Rn. 30 (m. w. N.).

[81] *Efstratiou* (Fn. 31), § 76 Rn. 45 f.

[82] *D'Alberti*, in: Rose-Ackerman/Lindseth (Hrsg.), Comparative Administrative Law,

In anderen Ländern – etwa in *Spanien*[83] und *Portugal*[84] – sieht man dies nicht so. Vor allem ist die Rechtslage in den *USA* ganz anders.[85] Der amerikanische *Administrative Procedure Act* sieht für die exekutive Normsetzung in jedem Fall und zwingend die Beteiligung der gesamten interessierten Öffentlichkeit vor (§ 553 APA). Die Behörde muss einen Normvorschlag veröffentlichen und in der „*notice of proposed rulemaking*" mitteilen, auf welche Ermächtigungsnorm sie ihre Entscheidungsfindung stützt und wie sich Interessierte am Normsetzungsverfahren beteiligen können. Jedermann hat ein „*right to comment*". Häufig wird sogar ein offizielles „*hearing*" verlangt. Entscheidend ist, dass die Behörden die Eingaben in einem „*rulemaking record*" aktenkundig machen und sich mit ihnen in einer ausführlichen Begründung – dem „*statement of basis and purpose*" – auseinandersetzen müssen.[86] Streng wird von den Gerichten überprüft, ob die Behörden diese Verfahrensvorgaben für die Normsetzung eingehalten haben.[87]

---

2. Aufl. 2019, S. 102 (113); *della Cananea*, in: Auby (Hrsg.), Droit Comparé, 2016, S. 247 (256 ff., 259 f.); *Glaser*, Handlungsformenlehre, 2013, S. 160; *de Pretis* (Fn. 32), § 78 Rn. 92, 134 ff. (besonders kritisch, aber auch zu neueren Entwicklungen zu mehr Bürgerbeteiligung). Im Überblick vergleichend *Marcou* (Fn. 11), § 92 Rn. 97; *Möllers* (Fn. 24), § 93 Rn. 37 ff.

83 In Spanien ist schon von Verfassungs wegen eine Anhörung auch im Verfahren zum Erlass von Rechtsverordnungen vorgeschrieben. Vgl. *Montoro-Chiner*, in: Hill/Pitschas (Hrsg.), Europäisches Verwaltungsverfahrensrecht, 2004, S. 127 (133 f.); *Mir Puigpelat* (Fn. 26), § 84 Rn. 57; *Valesco Rico*, in: Auby (Hrsg.), Droit Comparé, 2016, S. 289 ff. Ausführlich *Müller*, Die Europäisierung der Verwaltungsverfahrensgesetze in Deutschland und Spanien, 2019, S. 188 ff., 194 ff. Zur Pflicht, exekutive Normen in einem „Rechtfertigungsbericht" zu begründen, *Mir Puigpelat* (Fn. 26), § 84 Rn. 59, 66, 77; *Montoro-Chiner*, in: Hill/Pitschas (Hrsg.), Europäisches Verwaltungsverfahrensrecht, 2004, S. 127 (136 f.).

84 In Portugal wird zwar eine Anhörung der Betroffenen verlangt, ein Verstoß gegen die gesetzliche Verpflichtung führt aber nicht zur Rechtswidrigkeit der verabschiedeten Verordnung. Vgl. *Pereira da Silva/Salgado de Matos* (Fn. 27), § 81 Rn. 155.

85 Ausführlich vergleichend *Pünder* (Fn. 7), S. 118 ff. und (zum amerikanischen „Modell der Einbeziehung nichtstaatlichen Sachverstandes") S. 234 ff. sowie (zum „Modell der partizipatorischen Demokratie") S. 246 ff. Zusammenfassend *ders.* (Fn. 6), S. 369 ff.; *ders.* (Fn. 75), § 13 Rn. 33 ff.; *ders.* (Fn. 15), S. 946 ff. Vgl. auch *Fehling*, Verwaltung zwischen Parteilichkeit und Gestaltungsaufgabe, 2001, S. 159 ff., 329 ff.; *Möllers* (Fn. 47), S. 191 ff.; *ders.* (Fn. 24), § 93 Rn. 46 f. (zur „Bürgerdeliberation" in der exekutiven Normsetzung); *Schmidt-Aßmann* (Fn. 51), S. 165 ff.; *Rose-Ackerman*, in: dies./Lindseth/Emerson (Hrsg.), Comparative Administrative Law, 2. Aufl. 2019, S. 251 ff.; *dies.* (Fn. 4), S. 168 ff.; *Wolfram*, Prozeduralisierung des Verwaltungsrechts, 2005, S. 102 ff. Aus britischer Sicht *Craig* (Fn. 36), S. 384 ff.; *Garner*, Public Law 1964, S. 105 (122 ff.); *Wade/Forsyth* (Fn. 65), S. 897.

86 Siehe etwa Motor Vehicle Manufacturers Association v. State Farm Mutual Automobile Insurance Co. (1983), 463 U.S., 29 ff.; *Mashaw*, in: Rose-Ackerman/Lindseth/Emerson (Hrsg.), Comparative Administrative Law, 2. Aufl. 2019, S. 268 (277 ff.). Rechtsvergleichend *Pünder* (Fn. 8), S. 250 f.; *Schmidt-Aßmann* (Fn. 51), S. 80 ff., 177 ff., 353 ff. Ausführlich *Pünder* (Fn. 7), S. 39 ff., 174 ff., 192 ff., 301.

87 Rechtsvergleichend *Donnelly* (Fn. 77), S. 370 ff.; *Pünder* (Fn. 7), S. 132 ff., 270 f.; *ders.*

III. Rechtsvergleichende Bewertung

1. Pflicht der Volksvertretung, die wesentlichen Entscheidungen zu treffen

Was lässt sich aus dem Rechtsvergleich lernen? Zunächst zur Frage, inwieweit die Delegation von Normsetzungsbefugnissen parlamentarisch beschränkt sein sollte. Die Entwicklung des amerikanischen Rechts und die Rechtslage in Großbritannien könnten dafür sprechen, dass wir in Deutschland auf unsere strengen Vorgaben für die parlamentarische Delegation von Normsetzungsbefugnissen verzichten sollten.[88]

Ein genauerer Blick in die anderen Rechtsordnungen zeigt allerdings: Insofern ist Vorsicht angebracht.[89] In den USA und in Großbritannien gibt es seit jeher viel Kritik an der unbeschränkten exekutiven Normsetzung. In Amerika ist vielfach von einer „*crisis of legitimacy*" und einem „*legiscide*" die Rede,[90] in England wird vor einem „*New Despotism*" gewarnt.[91] Zunehmend wird gefordert, dass der Gesetzgeber die wesentlichen Entscheidungen selbst treffen muss. Die Legislative müsse gezwungen werden, die „*hard cases*" zu entscheiden.[92]

(Fn. 8), S. 250 f.; *Rose-Ackerman* (Fn. 4), S. 187 ff.; *Shapiro*, University of Chicago Legal Forum 1992, 179 (181 ff.). Kritisch allerdings *Bendor/Yadin*, Southern California Interdisciplinary Law Journal 28 (2019), S. 357 (379 ff.: „*Insufficient Review of Agency Rulemaking*").

[88] Vgl. etwa *Magiera*, Der Staat 12 (1974), S. 1 (22); *Nolte* (Fn. 4), S. 409 ff. Weitere Nachweise bei *Saurer* (Fn. 6), S. 461 ff. Zur Diskussion um ein angeblich bereits bestehendes originäres Normsetzungsrecht der Exekutive *Möstl* (Fn. 1), § 19 Rn. 7 ff.; *Uhle* (Fn. 37), S. 153 ff.

[89] *Pünder* (Fn. 7), S. 249 ff.; *ders.* (Fn. 6), S. 361 ff.

[90] *Lowi*, The American University Law Review 36 (1987), 295 ff. Siehe auch die *concurring opinion* von *Rehnquist* im Fall Industrial Union Department v. American Petroleum Institute, 448 U.S. (1980), 607 (686 f.), und die *dissenting opinion* von *Rehnquist* u. *Burger* im Fall American Textile Manufacturers Institute v. Donovan, 452 U.S. (1981), 490 (547 f.). Vgl. sonst z. B. *Aranson/Gellhorn/Robinson* (Fn. 57), S. 1 ff.; *Bendor/Yadin* (Fn. 87), S. 357 ff.; *Freedman*, Crises and Legitimacy, 1978, S. 6 f.; *Hood* (Fn. 3), S. 123 ff. („*Resurrecting the Non-delegation Doctrine*"); *Jaffe*, Harvard Law Review 86 (1973), S. 1183 ff.; *Kritikos* (Fn. 48), S. 441 ff. („*Resuscitating the Non-delegation Doctrine*"); *Lawson* (Fn. 48), S. 327 ff.; *Lowi*, The End of Liberalism, 2. Aufl. 1979, S. 92 ff.; *McGowan*, Columbia Law Review 1977, S. 1119 ff.; *Mayton*, Duke Law Journal 1986, S. 948 (962 f.); *Redish*, The Constitution as Political Structure, 1995, S. 135 ff.; *Sarvis*, Pierce Law Review 4 (2006), S. 317 ff.; *Schoenbrod* (Fn. 50), S. 1223 ff. („*The Delegation Doctrine – Could the Court give it Substance?*"); *ders.*, Power Without Responsibility: How Congress Abuses the People Through Delegations, 1993; *Wake* (Fn. 20), S. 751 ff. („*Taking Non-Delegation Seriously*"). – Positiv allerdings etwa *Mashaw*, The Journal of Law, Economics & Organization 1 (1985), S. 81 ff. („*Prodelegation: Why Administrators Should Make Political Decisions*"); *Pierce*, American University Law Review 36 (1987), S. 391 ff.

[91] So bereits *Hewart*, New Despotism, 1929. Die Kritik relativierend *Kerseil* (Fn. 65), S. 2. Für Nachweise zur zeitgenössischen Kritik an den weitgehenden Normsetzungsdelegationen *Pünder* (Fn. 6), S. 362 f.

[92] Zur neueren Diskussion *Plebuch/Pielhoff* (Fn. 47), S. 191 ff.

Besonders scharfe Kritik ziehen die unbeschränkten Normsetzungsbefugnisse der unabhängigen Regulierungsbehörden in den Vereinigten Staaten auf sich. Von einer „kopflosen vierten Gewalt" – „*a headless forth branch*" – wird in den USA gesprochen. Solche „Fürstentümer" – „*principalities of power*" – dürfe es in einer Demokratie nicht geben.[93] Inzwischen hat sich die Kritik auch in der Rechtsprechung niedergeschlagen. Es kann sein, dass sich die „*unitary executive theory*", welche die Unabhängigkeit der Regulierungsbehörden vom Präsidenten mit Verweis auf den Gewaltenteilungsgrundsatz verfassungsrechtlich angreift, im *Supreme Court* mit der neuen Mehrheit der konservativen Mitglieder[94] auf die Dauer durchsetzt.[95] Es gibt auch Bemühungen, die „moribunde" *Non Delegation Doctrine* wiederzubeleben.[96] Allerdings ist die Macht der unabhängigen Regulierungskommissionen stark im amerikanischen „*administrative state*" verwurzelt.[97] Zudem ist zweifelhaft, ob der Kongress überhaupt willens (und wegen der Schwierigkeiten einer Kompromissbildung überhaupt in der Lage) ist, den Regulierungsbehörden nennenswerte Standards für die Normsetzung vorzugeben, wenn der *Supreme Court* dies verlangt.[98]

Nach alledem sollte für uns nach wie vor grundsätzlich gelten, dass die gewählte Volksvertretung nicht ohne Not aus der Verpflichtung entlassen wird, über das Wesentliche selbst zu entscheiden.[99] Und sichergestellt werden sollte im Grundsatz auch, dass die normsetzende Exekutive dem Parlament gegenüber verantwortlich ist.[100]

---

93 Vgl. zur Kritik bereits die Beiträge auf dem Symposium mit dem Thema „*The Uneasy Constitutional Status of the Administrative Agencies*" in: American University Law Review 36 (1987). Positiv allerdings *Rose-Ackerman* (Fn. 4), S. 86 ff. („*Why Independent Agencies Should Be Independent*"), 252 ff.

94 Siehe oben Fn. 60.

95 Vgl. *Plebuch/Pielhoff* (Fn. 47), S. 184 ff., 189 („Über den Häuptern zahlreicher *independent agencies* schwebt […] das Damoklesschwert der Verfassungswidrigkeit"). Aus der amerikanischen Diskussion um die „*Unitary Executive*" *Sunstein/Vermeule*, The Supreme Court Review 2020, S. 83 ff.

96 In diese Richtung zielt die „*major question doctrine*", die für wichtige exekutive Normsetzungsentscheidungen eine klare gesetzgeberische Ermächtigung („*clear congressional authorization*") verlangt. Grundlegend ist die *Supreme Court*-Entscheidung West Virginia v. Environmental Protection Agency 597 U.S. _ (2022). Aus der Literatur etwa *Sunstein*, Administrative Law Review 73 (2021), S. 475 ff.

97 Vgl. *Nolte* (Fn. 4), S. 392 f.; *Pünder* (Fn. 8), S. 247; *Plebuch/Pielhoff* (Fn. 47), S. 194.

98 *Plebuch/Pielhoff* (Fn. 47), S. 195. Vgl. auch bereits *Pünder* (Fn. 7), S. 250: Der Vergleich mit der deutschen Staatspraxis spricht dafür, dass „in den Vereinigten Staaten die *congressmen* eher nicht willens als in der Lage sind, die *hard cases* selbst zu entscheiden". Aus heutiger Sicht zum „Petrifikationsproblem" in den USA im Vergleich zur Lage in Deutschland *Pielhoff/Plebuch*, DVBl. 2023, S. 710 ff.

99 *Pünder* (Fn. 7), S. 240 ff., 249 ff.

100 *Pünder* (Fn. 7), S. 237 ff.

2. Kompensation von Bestimmtheitsdefiziten

a) Parlamentarische Mitentscheidungsrechte

Allerdings muss auch die deutsche Rechtsordnung das Dilemma anerkennen, dass es dem Gesetzgeber bei besonders komplexen Regelungsproblemen nicht gelingen kann, die wesentlichen Normsetzungsentscheidungen selbst zu treffen. Alles andere wäre – wie es in der deutschen Diskussion heißt – Parlamentsrufmord und eine Selbsttäuschung.[101] Insofern ergibt sich bei uns – wie in den USA und in Großbritannien – ein Bedürfnis, Bestimmtheitsdefizite in der gesetzlichen Ermächtigung zur exekutiven Normsetzung zu kompensieren.[102]

In dieser Hinsicht ist die Beteiligung der Legislative an der Ausübung der exekutiven Normsetzungsbefugnisse angebracht, wie sie das deutsche und das britische Recht kennen. Immerhin ist die Volksvertretung unmittelbar demokratisch legitimiert. Dass der amerikanische *Supreme Court* das „*legislative veto*" für verfassungswidrig erklärt hat, ist wenig überzeugend. Auch in den USA wird von vielen – freilich nicht von allen[103] – bedauert, dass dem Kongress „*the most effective means of legislative control over rulemaking*", das beste Mittel legislativen Kontrolle über die exekutive Normsetzung, aus der Hand geschlagen wurde.[104]

Vor diesem Hintergrund sollten wir in Deutschland daran festhalten, dass es in den Fällen, in denen eine hinreichend bestimmte gesetzliche Ermächtigung trotz aller Bemühungen nicht möglich ist, eine nachträgliche Parlamentsbeteiligung geben kann, die die Bestimmtheitsdefizite kompensiert.[105] Die exekutiven Normsetzung wird auf diese Weise zumindest ergänzend vom Parlament demokratisch legitimiert.[106] Allerdings kann in Deutschland die nachträgliche parlamentari-

[101] *Eichenberger*, VVDStRL 40 (1982), S. 7 (29 f.). Siehe auch *von Danwitz*, Die Gestaltungsfreiheit des Verordnungsgebers, 1989, S. 128 f.

[102] Vgl. – auch zu den Grenzen der Kompensation – *Pünder* (Fn. 8), S. 247 ff.

[103] Vgl. etwa *Scalia*, Regulation 3 (1979), S. 19 ff. („*The Legislative Veto – A False Remedy for System Overload*"); *Elliott,* The Supreme Court Review 83 (1983), S. 125 (150 f.). Zur Diskussion um den „*Regulations from the Executive in Need of Scrutiny Act*" (REINS-Act) etwa *Rose-Ackerman* (Fn. 4), S. 80 f.; *Siegel*, Administrative and Regulatory Law News 42 (2017), S. 9 („*constitutional but a bad idea*").

[104] *Schwartz*, Administrative Law, 3. Aufl. 1991, S. 217. Für eine zeitliche Begrenzung der Ermächtigungen *Adler/Walker*, Iowa Law Review 105 (2020), S. 1931 ff.

[105] *Pünder* (Fn. 7), S. 254 ff. Aus österreichischer Sicht *Novak*, VVDStRL 40 (1982), S. 40 (52).

[106] *Pünder* (Fn. 8), S. 249. Ähnlich *Rose-Ackerman* (Fn. 4), S. 249. Kritisch allerdings *von Danwitz* (Fn. 101), S. 112 ff.; *Möllers* (Fn. 47), S. 206 („kein Legitimationsgewinn"); *Saurer* (Fn. 6), S. 397 ff.; *Seiler* (Fn. 64), S. 63 ff.; *Staupe* (Fn. 17), S. 317 ff.; *Sommermann*, JZ 1997, S. 434 (438 ff.). Aus britischer Sicht *Beith*, Parliamentary Affairs 34 (1981), S. 165 ff. („*Prayers Unanswered: A Jaundiced View of the Parliamentary Scrutiny of Statutory Instruments*"); *Hay-*

sche Mitwirkung die inhaltlichen Bestimmtheitsvorgaben des Art. 80 Abs. 1 S. 2 GG nicht vollständig ersetzen.[107]

b) Beteiligung der Öffentlichkeit

Anregend ist allerdings die amerikanische Einsicht, dass die exekutive Normsetzung auch durch eine effektive und faire Einflussnahme der Öffentlichkeit auf die normsetzende Behörde demokratisch legitimiert werden kann.[108] Grundlage ist das – u. a. durch die „*public choice*"-Theorie untermauerte[109] – „*interest representation model*".[110] Die exekutive Entscheidungsfindung soll danach so gestaltet sein, dass sie der parlamentarischen ähnlich ist. *Ronald Dworkin* (1931 – 2013) betonte, dass politische Entscheidungen – wie im „Roulette" – in einem „fairen" Verfahren getroffen werden müssen, und erklärt: „*Fairness in politics* (…) *is now generally understood* (…) *to mean procedures that give all citizens more or less equal influence in the decisions that govern them*".[111] Fairness verlangt Verfahren, in denen alle mehr oder weniger die gleichen Chancen haben, die sie betreffenden Entscheidungen zu beeinflussen. Nach amerikanischen Regelungsvorstellungen hat die exekutive Norm dann eine der gesetzlichen Regelung ähnliche demokratische Legitimität, wenn die Öffentlichkeit auf die normsetzende Behörde in ähnlicher Weise Einfluss nehmen kann wie auf die Parlamentarier.[112] Von

---

hurst/Wallington (Fn. 36), S. 547 ff. Rechtsvergleichend *Beatson* (Fn. 65), S. 199 ff. („*Legislative Control of Administrative Rulemaking: Lessons from the British Experience*"); *Pünder* (Fn. 6), S. 376.

[107] Vgl. *Pünder* (Fn. 6), S. 368 f. Aus neuerer Zeit BVerfGE 157, 30 (173 ff. Rn. 261 ff.). Ausführlich *Uhle* (Fn. 37), S. 323 ff.

[108] *Pünder* (Fn. 7), S. 257 ff. (zum amerikanischen „Modell der partizipatorischen Demokratie"); *ders.* (Fn. 6), S. 374 ff. Ebenso nachdrücklich *Rose-Ackerman* (Fn. 4), S. 246 ff., 257 ff.

[109] *Pierce/Shapiro/Verkuil*, Administrative Law and Process, 6. Aufl. 2013, S. 18 ff. Nach dieser Theorie sind politische Entscheidungsprozesse durch Wettbewerbsstrukturen gekennzeichnet, die den marktwirtschaftlichen Entscheidungsabläufen ähneln. Vgl. *Black*, The Theory of Committees and Elections, 1958; *Buchanan/Tullock*, The Calculus of Consent, 1962; *Tullock*, Journal of Political Economy 67 (1959), S. 571 ff.; *Parsons*, Sociological Theory and Modern Society, 1967, S. 223 ff. – Für andere Begründungen *Colburn*, Suffolk University Law Review 37 (2004), S. 287 ff. („*Democratic Experimentalism: A Separation of Powers For Our Times?*"); *Sunstein*, Yale Law Journal 97 (1988), S. 1539 ff. („*republicanism*").

[110] *Bonfield*, State Administrative Rule Making, 1986, S. 15 f.; *Diver*, Harvard Law Review 95 (1981), S. 393 (423 f.); *Garland*, Harvard Law Review 98 (1985), S. 507 (510 ff.), 576 ff., 581 ff.; *Stewart*, Harvard Law Review 88 (1975), S. 1669 ff. Zusammenfassend *Pünder* (Fn. 6), S. 370 f.

[111] *Dworkin*, Law's Empire, 1986, S. 177 ff.

[112] Grundlegend A.L.A. Schechter Poultry Co. v. U.S. (1935) 295 U.S., 495 ff. Siehe auch *Bonfield* (Fn. 110), S. 151 ff.; *Davis*, Discretionary Justice, 1969, S. 219; *ders.*, University of Chicago Law Review 36 (1969), S. 713 ff. („*A New Approach to Delegation*"); *Fuchs*,

„*corridoring*“ statt „*lobbying*“ ist die Rede.[113] Die intensiv gestaltete und gerichtlich kontrollierte Mitwirkung der Öffentlichkeit an der exekutiven Normsetzung gilt in den USA als ein „Ersatz“ für den klassischen Prozess der Entscheidungsfindung, der darauf beruht, dass die Entscheidenden gewählt und dem Wähler politisch verantwortlich sind.[114]

Ob diese Überlegungen in Amerika „aus der Not geboren“ sind, nachdem der *Supreme Court* die *Non Delegation Doctrine* nicht mehr durchsetzt und das „*legislative veto*“ als verfassungswidrig ansieht, mag hier dahinstehen. Jedenfalls kann das amerikanische Demokratieverständnis, wonach der Prozess der politischen und rechtlichen Gestaltung mit der Verabschiedung des Normsetzungsbefugnisse delegierenden Gesetzes nicht sein Ende findet, sondern gerade erst beginnt und mit einer ausführlichen Begründung enden muss,[115] bei uns wie auch in anderen Ländern fruchtbar gemacht werden.[116]

Zu denken ist an Fälle, in denen die Normsetzung in außerordentlichem Maße politisch umstritten ist und die parlamentarische Legitimierung allein nicht hinreichende Akzeptanz verwirklicht.[117] In einer solchen Situation sollten sich die

---

Northwestern University Law Review 1977, S. 71 (83, 105); *Lowi* (Fn. 90); *Pierce/Shapiro/Verkuil* (Fn. 109), S. 24, 224; *Scalia*, Regulation 1 (1977), S. 38 ff. („*Two Wrongs Make a Right – The Judicalization of Standardless Rulemaking*“); *Stewart*, American University Law Review 36 (1987), S. 323 f.; *Sunstein*, Stanford Law Review 38 (1985), S. 29 (60–62).

[113] *Lowi* (Fn. 90), S. 295 ff. („Delegation of Powers to Administrative Agencies – Two Roads to Serfdom“).

[114] In rechtsvergleichender Perspektive – insbesondere im Gegensatz zum deutschen „*chain-of-legitimacy model*“ – *Rose-Ackerman* (Fn. 4), S. 8, 19 f. Für weitere Nachweise aus der US-amerikanischen Literatur und Rechtsprechung *Pünder* (Fn. 8), S. 251; *ders.* (Fn. 6), S. 370 f.

[115] Näher zum „Modell der repräsentativen Demokratie“ und zum „Modell der partizipatorischen Demokratie“ *Pünder* (Fn. 7), S. 246 ff.

[116] Vgl. – auch zu den Grenzen – *Pünder* (Fn. 7), S. 232 ff. (m. einem Normierungsvorschlag auf den S. 293 f.); *ders.* (Fn. 8), S. 242 ff. Das britische Recht einbeziehend *ders.* (Fn. 6), S. 353 ff. Zum amerikanischen Recht vergleichend auch etwa *Brickman/Jasanoff/Ilgen*, Controlling Chemicals: Politics of Regulation in Europe and the United States, 1985, S. 116 ff.; *Kischel* (Fn. 71), S. 328 ff.; *ders.* (Fn. 47), S. 213 ff.; *Möllers*, in: Trute/Groß/Röhl/Möllers (Hrsg.), Allgemeines Verwaltungsrecht, 2008, S. 489 (509); *ders.* (Fn. 24), § 93 Rn. 38; *Rose-Ackerman* (Fn. 85), S. 251 ff.; *dies.* (Fn. 4), S. 226; *Schmidt-Aßmann* (Fn. 8), S. 855 ff.; *ders.*, VerwArch 111 (2020), 1 (29 f.); *ders.* (Fn. 51), S. 170 ff.; *Wolfram* (Fn. 85), S. 102 ff.

[117] Vgl. *Pünder* (Fn. 8), S. 252 f.; *ders.* (Fn. 6), S. 374 ff. Aus britischer Sicht *Craig* (Fn. 36), S. 383 ff. Allgemein zur Bedeutung der Akzeptanz *Pünder* (Fn. 75), § 13 Rn. 17; *Schmidt-Aßmann*, Das allgemeine Verwaltungsrecht als Ordnungsidee, 2. Aufl. 2006, 2. Kap. Rn. 103 ff. Näher zur deutschen Diskussion um die kompensatorische Legitimation durch Verfahren im Bereich der exekutiven Normsetzung *Möstl* (Fn. 1), § 19 Rn. 17 ff., 20 ff., § 20 Rn. 5 (m. w. N.). Eher skeptisch *Möllers* (Fn. 47), S. 197 („keine zu befürwortende Option“); *Saurer* (Fn. 6), S. 385 ff.; *Trips* (Fn. 72), S. 155 ff.

normsetzenden Behörden – wie in den USA – als „Akteur im offenen politischen Prozess“[118] um die nötige Unterstützung für ihre Regelungsvorstellungen direkt aus der Öffentlichkeit, vor allem bei den betroffenen Gruppen, bemühen müssen. Auf diese Weise wird die für die Vermittlung demokratischer Legitimation oft unzureichende Kontrolle der Verwaltung durch das Parlament durch eine solche durch die Öffentlichkeit ergänzt und dem Umstand Rechnung getragen, dass es eine vom reinen Sachverstand getragene Normsetzung ohne politisch wertenden Gehalt nicht gibt.[119]

Eine auf diese Art am amerikanischen Modell der partizipatorischen Demokratie orientierte Gestaltung des Rechts der exekutiven Normsetzung würde zudem gewissen Nachteilen der repräsentativen Demokratie entgegenwirken. Zwar kann „Legitimation durch Verfahren“[120] die durch das Parlament vermittelte demokratische Legitimation nach hier vertretener Auffassung nur ergänzen, nicht aber ersetzen.[121] Mitwirkungsrechte im Verfahren der exekutiven Normsetzung eröffnen den Regierten aber über ihre Beteiligung an Wahlen hinaus zusätzliche Einflussnahmechancen. Der „gerade den informierten und interessierten Wähler frustrierende Zwang, seine differenzierende Reaktion auf eine Vielzahl politischer Alternativen in einer einzigen Stimmabgabe registrieren zu müssen“,[122] wird gemildert.[123] Ohnmachtsgefühle der Normunterworfenen und eine daraus resultierende „Politikverdrossenheit“ werden abgebaut.

Darüber hinaus kann eine umfassende Beteiligung und Diskussion den Informationsstand der Behörde verbreitern, zu kreativen Lösungen komplizierter Rechts- und Sachprobleme führen und damit die Schaffung sachgerechter Normen erleichtern.[124] „*Open government leads to better government*“, heißt es zu Recht.[125] Dass es in Deutschland im Grundsatz keine Pflicht gibt, exekutive Nor-

---

118 *Scharpf*, Die politischen Kosten des Rechtsstaates, 1970, S. 62.

119 *Pünder* (Fn. 7), S. 258 ff.

120 *Luhmann*, Legitimation durch Verfahren, 1969, S. 210 ff.

121 *Pünder* (Fn. 7), S. 266 ff.; *Pünder* (Fn. 8), S. 255; *ders.* (Fn. 75), § 13 Rn. 18. Ähnlich *Rose-Ackerman* (Fn. 4), S. 248 („*Public participation in executive policymaking needs to be taken seriously in all polities. The goal is to complement, not override, the role of political parties.*“).

122 *Scharpf* (Fn. 118), S. 65. Vgl. auch *Choper*, Judicial Review and the National Political Process, 1980, S. 13. Zu diesem Problem aus Sicht der *Public Choice* Theorie *Black* (Fn. 109), S. 61 ff., 156 ff., 178 ff.; *Tullock* (Fn. 109), S. 571 ff. („*The Problems of Majority Voting*“); *Parsons* (Fn. 109), S. 231 ff. Kritisch etwa *Mashaw*, Chicago-Kent Law Review 65 (1989), S. 123 ff.; *Posner*, Economic Analysis of Law, 3. Aufl. 1986, S. 496 ff.; *Pierce* (Fn. 90), S. 408 ff.

123 Ähnlich *Rose-Ackerman* (Fn. 4), S. 252.

124 Zum US-amerikanischen „Modell der Einbeziehung nichtstaatlichen Sachverstandes“ im Hinblick auf die exekutive Normsetzung *Pünder* (Fn. 7), S. 242 ff. Allgemein *Pünder* (Fn. 75), § 13 Rn. 14.

125 *Pünder*, NuR 2005, S. 71 ff.

men zu begründen, ist ein Missstand.[126] Begründungspflichten würden nicht nur dem Grundrechtsschutz durch Verfahren dienen, sondern auch die demokratische Legitimation der Regelungen stärken.[127] Immerhin sieht der deutsche Gesetzgeber gelegentlich Begründungspflichten vor.[128]

Nicht zu verkennen ist freilich, dass mit einer regulierten Öffentlichkeitsbeteiligung höhere „Transaktionskosten" – Zeit, Personal und Geld – verbunden sind.[129] Auch in den USA gibt es Stimmen, die eine „Verknöcherung" („*ossification*") des Normsetzungsverfahrens beklagen.[130] Dem ist jedoch entgegenzuhalten, dass der Aufwand dazu führen kann, sachgerechtere und breiter akzeptierte Normen hervorzubringen, sodass in langfristiger Betrachtung die Kosten vermieden werden können, die durch fehlerhafte Normen, ihren Neuerlass und die Schwierigkeiten der Durchsetzung verursacht werden.[131] Dass eine an den Konzepten einer „deliberativen Demokratie" orientierte Verfahrensgestaltung zur Akzeptanz beitragen kann, zeigen empirische Untersuchungen: Etwa zwei Drittel der Befragten sind eher bereit, politische Entscheidungen hinzunehmen, mit denen sie inhaltlich nicht einverstanden sind, wenn sie die Möglichkeit zur Mitsprache in der Entscheidungsfindung hatten.[132] Zudem kann den höheren Kosten, die durch eine erweiterte und intensivierte Beteiligung der Öffentlichkeit an der Ausübung der exekutiven Normsetzungsbefugnis verursacht werden, durch eine differenzierte Fehlerfolgenregelung Rechnung getragen werden.[133]

---

[126] Näher zur Diskussion um eine Begründungspflicht für exekutive Normen *Möstl* (Fn. 1), § 19 Rn. 24 ff. (m. w. N.).

[127] *Pünder* (Fn. 7), S. 282.

[128] Jüngere Beispiele sind § 28a Abs. 5 S. 1 IfSG für Rechtsverordnungen zur Verhinderung der Verbreitung von COVID-19 und § 556d Abs. 2 S. 5 BGB für Rechtsverordnungen zur Bestimmung von Gebieten mit „angespannten Wohnungsmärkten" im Zusammenhang mit der Mietpreisbremse.

[129] Zum „*procedural dilemma*" *Pünder* (Fn. 15), S. 940 ff. Allgemein zu Kosten und Nutzen von Verwaltungsverfahren *Voßkuhle*, Die Verwaltung 34 (2001), S. 347 (353 ff.). Zur sog. Transaktionskostentheorie zusammenfassend *Pünder*, Haushaltsrecht im Umbruch, 2002, S. 15 ff.

[130] Vgl. *McGarity*, Duke Law Journal 41 (1992), S. 443 ff. („*Some Thoughts on Deossifying the Rulemaking Process*"); *Pierce*, Administrative Law Review 47 (1995), S. 59 ff. („*Seven Ways to Deossify Agency Rulemaking*"). Die Kritik relativierend *Rose-Ackerman* (Fn. 4), S. 74 f., 168 ff., 267 ff. Weitere Nachweise zur Diskussion bei *Pünder* (Fn. 75), § 13 Rn. 34.

[131] Zum amerikanischen Recht *Bonfield* (Fn. 110), S. 448; *Grunewald*, Duke Law Journal 41 (1991), S. 274 (315 ff.); *Mayton*, Emory Law Journal 33 (1984), S. 889 (896 f.). Zum deutschen „Modell der Vermeidung kurzfristiger Kosten" und dem US-amerikanischen „Modell der Vermeidung langfristiger Kosten" *Pünder* (Fn. 7), S. 285 ff.; *Pünder* (Fn. 6), S. 376 f. Allgemein *ders.* (Fn. 10), § 116 Rn. 17 (mit Hinw. auf die Diskussion in anderen Ländern).

[132] *Pünder* (Fn. 75), § 13 Rn. 17. Voraussetzung ist allerdings, dass die Beteiligung nicht bloß eine Alibi-Veranstaltung ist. „*Decide-Announce-Defend*"-Verfahren machen keinen Sinn. Vgl. *Pünder* (Fn. 75), § 16 Rn. 1 (zur Mediation und anderen Formen der alternativen Streitbeilegung).

[133] *Pünder* (Fn. 7), S. 288 ff.; *Trips* (Fn. 72), S. 243 ff. Näher zur deutschen Diskussion

Sichergestellt werden muss allerdings, dass sich im Konflikt die parlamentarische Entscheidung durchsetzt.[134] Außerdem muss die Verwaltung darauf achten, dass die im Verfahren nicht artikulierten öffentlichen und privaten Interessen angemessen berücksichtigt werden. Zu einer „Aristokratie der Engagierten“ darf es nicht kommen.[135] Eine absolute „Responsivität“ kann es nicht geben. Ohne das, was in der Politikwissenschaft „*Leadership*“ genannt wird, kann es auch beim Verwaltungshandeln nicht gehen.[136]

IV. Schlussbemerkungen

Die Untersuchung des Rechts der exekutiven Normsetzung hat einmal wieder gezeigt, wie anregend die Rechtsvergleichung sein kann.[137] In allen untersuchten Rechtsordnungen stellt sich das gleiche Regelungsproblem, aber die Lösungen sind ganz unterschiedlich. Vor simplen Schlussfolgerungen ist allerdings zu warnen. Ein „ideales“ Recht der exekutiven Normsetzung gibt es nicht. Eine Lösung, die auf den ersten Blick unpassend erscheint, kann in der jeweiligen Rechtsordnung durchaus so praktikabel sein, dass sich eine Rechtsänderung nicht empfiehlt. Insofern spricht man in der Rechtsvergleichung von im rechtskulturellen „Kontext“ der Normen wurzelnden „Pfadabhängigkeiten“, einer „*path dependency*“.[138] Lösungen, die in der einen Rechtsordnung gefunden wur-

---

Möstl (Fn. 1), § 19 Rn. 40 ff. (m. w. N.). Allgemein zu den Fehlerfolgen im Verwaltungsverfahren im Rechtsvergleich *Pünder* (Fn. 10), § 116 Rn. 39 ff.; *ders.* (Fn. 15), S. 953 ff. Auf Englisch *Pünder* (Fn. 24), S. 250 ff.; *Pünder/Klafki*, in: Seerden (Hrsg.), Comparative Administrative Law, 4. Aufl. 2018, S. 49 (74 ff.); *dies.*, in: Backes/Elliantonio (Hrsg.), Judicial Review of Administrative Action, 2019, S. 441 (510 ff.). Zur amerikanischen „*harmless error doctrine*“ *Pünder* (Fn. 75), § 13 Rn. 34 (m. w. N.).

[134] Vgl. *Schmidt-Aßmann* (Fn. 117), 2. Kap. Rn. 105: „(F)ehlende Akzeptanz nimmt der rechtmäßigen Entscheidung nichts von ihrer Verbindlichkeit, wie umgekehrt eine rechtswidrige Entscheidung nicht dadurch von der Reaktion des Rechts freigestellt wird, daß sie akzeptiert wird“.

[135] *Pünder* (Fn. 75), § 16 Rn. 22. Zum US-amerikanischen Recht *Rose-Ackerman* (Fn. 4), S. 171 ff.

[136] Allgemein zum Erfordernis der „Responsivität“ und der Notwendigkeit von „*Leadership*“ *Pünder* (Fn. 18), S. 198 ff.

[137] Zur Bedeutung der Rechtsvergleichung *Pünder* (Fn. 10), § 116 Rn. 1 ff.

[138] Vgl. dazu etwa *Pünder* (Fn. 11), S. 434 f. (m. w. N.). Allgemein *Ackerman*, Pfadabhängigkeit, Institutionen, Regelreform, 2001. Näher zur Notwendigkeit einer „kontextuellen“ Rechtsvergleichung *Kischel*, Rechtsvergleichung, 2015, § 3 Rn. 6 ff., 146 ff. Im Hinblick auf die hier behandelten Fragen der exekutiven Normsetzung in den USA *Nolte* (Fn. 4), S. 402 f., 409 ff.; *Plebuch/Pielhoff* (Fn. 47), S. 198 ff.

den, kann man aber durchaus als Anregung für die eigene Rechtsordnung verstehen. Die „*tool box*" zur Bewältigung von Rechtsproblemen wird erweitert.

Dies gilt im vorliegenden Zusammenhang vor allem für die amerikanischen Vorstellungen von der „Legitimation durch Verfahren". Zwar kann dieses Konzept nach unserem Verständnis die demokratische Legitimation, die mit den strengen Anforderungen an das ermächtigende Gesetz verbunden sind, nicht ersetzen. Dies widerspräche auch der deutschen Rechtstradition, welche die Gerechtigkeit nicht in der „prozeduralen Fairness des waffengleichen Streits", sondern in der am Gesetz orientierten „inhaltlich richtigen Entscheidung sucht".[139] Nichts spricht aber gegen eine ergänzende demokratische Legitimierung von Normsetzungsentscheidungen durch Einflussnahmemöglichkeiten der Öffentlichkeit. Aus deutscher Sicht ist anregend, dass auch in Japan im Jahr 2005 – u. a. US-amerikanische Erfahrungen aufgreifend – die Öffentlichkeitsbeteiligung im Rahmen der exekutiven Normsetzung geregelt wurde.[140]

Allgemein kann man sagen, dass sich in Deutschland wie auch sonst in Europa mittlerweile die Erkenntnis durchsetzt, dass es mit dem Hinweis auf die von der Wahl der Volksvertretung ausgehende, bis hin zu den einzelnen „Amtswaltern" in der Exekutive reichenden „Legitimationskette" nicht getan ist.[141] Die überkommene staatsorganisationsrechtliche Perspektive, welche die Bürgerinnen und Bürger bloß als Wähler wahrnimmt, ist überall zu eng. Betroffene und sonst Interessierte wollen nicht mehr – um die Begrifflichkeit der Franzosen zu nutzen – passiv duldende „*administrés*" („Verwaltungsunterworfene"[142]) sein, sondern, wenn sie schon nicht selbst über die Sachfragen entscheiden dürfen,[143] die Verwaltungsentscheidungen als „*citoyens*" zumindest beeinflussen können. Zunehmend wird erkannt, dass sich die „deliberative Demokratie" nicht auf die Repräsentanten in der Legislative oder der Exekutive beschränken darf, sondern die Bürgerinnen und Bürger in einem freien und offenen Prozess der Meinungsbildung einbeziehen muss. Es ist dem „Wertewandel" in der Bevölkerung weg vom pflichtbewussten Hinnehmen hin zum Misstrauen und zum Wunsch nach Mitgestaltung Rechnung zu tragen. Man darf hoffen, dass umstrittene Entscheidungen eher hingenommen werden, wenn die Entscheidungsträger deutlich ma-

---

139 *Scharpf* (Fn. 118), S. 38.

140 Vgl. *Ohashi*, in: Trute/Groß/Röhl/Möllers (Hrsg.), Allgemeines Verwaltungsrecht, 2008, S. 513 (522 f.); *Yamamoto*, in: Trute/Groß/Röhl/Möllers (Hrsg.), Allgemeines Verwaltungsrecht, 2008, S. 899 (922 ff.).

141 *Pünder* (Fn. 18), S. 208; *ders.* (Fn. 75), § 13 Rn. 17. Ähnlich *Cassese*, in: von Bogdandy/Cassese/Huber (Hrsg.), Ius Publicum Europaeum, Bd. 3, 2010, § 41 Rn. 45; *Rose-Ackerman* (Fn. 85), S. 253 ff. Zum deutschen „*chain-of-legitimacy model*" in einer vergleichenden Perspektive *Rose-Ackerman* (Fn. 4), S. 6 ff., 23 ff. Vgl. auch *Jestaedt* (Fn. 24), S. 190 ff.

142 Vgl. *Gonod* (Fn. 25), § 75 Rn. 3, 46 und (zur „*citoyenité administrative*") Rn. 98 ff.

143 Dazu rechtsvergleichend *Huber* (Fn. 11), § 73 Rn. 151 ff.

chen, dass das, was die Bürgerinnen und Bürger denken und ggf. vorgebracht haben, im Sinne einer „Responsivität“[144] eine Rolle gespielt hat. Die Ausbildung einer administrativen „Verfahrensdemokratie“[145] bzw. allgemeiner einer „Verwaltungsdemokratie“[146] ist wohl das wichtigste Gebot unserer Zeit.[147]

[144] Zum spannungsvollen Zusammenspiel von „Responsivität“ und „politischer Führung“ auf Seiten der Repräsentanten und von „Partizipation“ und „Akzeptanz“ auf Seiten der Repräsentierten *Pünder* (Fn. 18), S. 197 ff.

[145] Näher zur Beteiligung als Ausdruck einer „Verfahrensdemokratie“ *Marcou* (Fn. 11), § 92 Rn. 5 f., 77 ff. Zur Entwicklung des spanischen Verwaltungsverfahrensrechts weg von einer bloß dienenden Funktion hin zu einer „Kanalisation von bürgerlicher Partizipation zur Verwirklichung des Demokratieprinzips“ *Mir Puigpelat* (Fn. 26), § 84 Rn. 49 ff. Allgemein zur Entwicklung eines „*transnational ius commune proceduralis*“ *Pünder* (Fn. 15), S. 940 ff.

[146] Zur „*démocratie administrative*“ bzw. einer „*citoyenité administrative*“ *Gonod* (Fn. 25), § 75 Rn. 94 ff.

[147] Vgl. bereits *Pünder* (Fn. 11), S. 433 f.

Exekutive Normsetzung in der parlamentarischen Demokratie

Ryuji Yamamoto

I. Einleitung

1. System der exekutiven Normsetzung

Das System der exekutiven Normsetzung in Japan hat eine große Ähnlichkeit mit dem deutschen Rechtssystem. Man kennt den Begriff der Rechtsverordnung und Verwaltungsvorschrift in Japan ebenso wie in Deutschland. Schon *Tatsukichi Minobe*, Begründer der Verwaltungsrechtswissenschaft in Japan, stellte beide Begriffe dar.[1] Die umfassenderen Begriffe, die der exekutiven Normsetzung entsprechen, hat man in Japan, wenn auch nur zum Kategorisieren, ebenfalls seit langem verwendet.[2]

Es bestehen aber auch Unterschiede zwischen beiden Rechtssystemen. Vor allem ein dritter Teil der exekutiven Normsetzung in Deutschland, die Satzung, gewinnt in Japan nicht feste Konturen. Einerseits ist die kommunale Satzung, nach heute gängiger Auffassung in Japan, keine exekutive Normsetzung, sondern dem parlamentarischen Gesetz verwandt (V.1.).[3] Andererseits hat das japanische Rechtssystem nach dem Zweiten Weltkrieg die funktionale Selbstverwaltung stark abgebaut, was verhindert, die funktionale Selbstverwaltung und damit die Satzung der öffentlich-rechtlichen Körperschaft systematisch als Begriff herauszuarbeiten.[4]

In diesem Beitrag möchte ich für jede Form der exekutiven Normsetzung (Rechtsverordnung, Verwaltungsvorschrift und kommunale Satzung) anhand

---

1 *Minobe*, Nihon Gyôseihô (Japanisches Verwaltungsrecht), Bd. 1, 1936, S. 163. Dort ist auf das deutsche Wort „Verwaltungsvorschriften" verwiesen.

2 *Sasaki*, Nihon Gyôseihô Ron, Sôron Kaihan (Japanisches Allgemeines Verwaltungsrecht, veränderte Fassung), 1924, S. 414 ff.; *Tanaka*, Gyôseihô Sôron (Allgemeines Verwaltungsrecht), 1957, S. 363 ff.

3 *Yamamoto*, VerwArch 2018, S. 190 (199). In der älteren Literatur war die kommunale Satzung in den Begriff der exekutiven Normsetzung eingeschlossen (*Tanaka* (Fn. 2), S. 364 f.), aber jetzt ist sie davon ausgenommen (*Shiono*, Gyôseihô (Verwaltungsrecht), Bd. 1, 6. Aufl. 2015, S. 103).

4 *Yamamoto*, JöR N.F. 65 (2017), S. 849 (866).

ausgewählter typischer Rechtsprobleme die Rechtslage, die Rechtsprechung sowie den Diskurs in Japan erläutern (II., III., V.). Dabei wird auf die durch die Corona-Pandemie gestellten Fragen hingewiesen, aber nicht als Hauptthemen eingegangen. Vor der Erläuterung der Einzelfragen wird die Betrachtungsweise über die exekutive Normsetzung im Allgemeinen hinterfragt (I.2.). Das Verfahren der exekutiven Normsetzung wird besonders behandelt (IV.).

2. *Betrachtungsweise über exekutive Normsetzung*

Die exekutive Normsetzung ist, wie Rechtsformen der Verwaltung überhaupt, aus zwei Perspektiven zu begreifen: einerseits aus der rechtsaktsbezogenen, andererseits aus der verhaltensbezogenen Perspektive.[5]

a) Rechtsaktsbezogene Perspektive

Die rechtsaktsbezogene Betrachtungsweise orientiert sich an der Rechtswirkung einzelner Verwaltungshandlungen im Rahmen des binären Schemas der Rechtswissenschaft (rechtmäßig/rechtswidrig, rechtswirksam/rechtsunwirksam usw.). Aus dieser Perspektive betrachtet, hat die Rechtsverordnung eine Bindungswirkung für Private, während die Verwaltungsvorschrift an sich, nach der klassischen Lehre, nur innerhalb der Verwaltungsorganisation verbindlich ist. Die Eigenschaft der Rechtsverordnung als allgemein-abstrakte Regelung, die breite Steuerungswirkung eindeutig entfaltet, ist vom Verwaltungsakt verschieden und dieselbe wie die des parlamentarischen Gesetzes. Was die Verteilung der Befugnis zu dieser Art der Regelung angeht, soll die Befugnis der Exekutiven zur Setzung der Rechtsverordnung immer vom parlamentarischen Gesetz abgeleitet werden. Die Rechtsverordnung braucht somit eine ausdrückliche Ermächtigung durch Gesetz, die dem Bestimmtheitsgebot entspricht.

b) Verhaltensbezogene Perspektive

Aus der verhaltensbezogenen Perspektive betrachtet, kann man die Bedeutung der exekutiven Normsetzung noch reichhaltiger im größeren Kontext erfassen. Die Normsetzung der Exekutiven ist dann als ein Bestandsteil des ganzen Verfahrens zum Gemeinwohl anzusehen. Der Gedanke der funktionsgerechten Arbeitsverteilung des Parlaments und der Exekutiven in diesem Verfahren[6] gilt nicht nur bei der Verwaltungsentscheidung im Einzelfall, sondern auch bei der exekutiven Normsetzung. Er stimmt das Niveau der gebotenen Bestimmtheit der

---

[5] *Bumke*, Relative Rechtswidrigkeit, 2004, S. 255 ff.

[6] *Hoffmann-Riem/Pilniok*, in: Voßkuhle/Eifert/Möllers (Hrsg.), Grundlagen des Verwaltungsrechts, Bd. I, 3. Aufl. 2022, § 12 Rn. 81.

gesetzlichen Ermächtigung zur Rechtsverordnung auf den jeweiligen Regelungskontext ab. Die exekutive Normsetzung ist des Weiteren ein Abschnitt des inneren Verwaltungsverfahrens,[7] d. h. des Prozesses zur Ausarbeitung des Arguments der Verwaltung. Sie macht in diesem inneren Verfahren die Verwaltungsentscheidung vorhersehbar, transparent, konsequent und rational.

Als Argument spielen nicht nur die Rechtsverordnungen, sondern auch die Verwaltungsvorschriften eine große Rolle. Die Verwaltungsvorschriften binden die Verwaltung selbst gegenüber den Betroffenen aufgrund des Gebots der Folgerichtigkeit der Verwaltung,[8] das seinerseits durch den Gleichheitssatz und Grundsatz von Treu und Glauben begründet wird. Die normkonkretisierende oder ermessenslenkende Verwaltungsvorschrift bindet darüber hinaus die Betroffenen und das Gericht, zumal die Befugnis der Verwaltung zur Ausarbeitung des Arguments das Verwaltungsermessen im japanischen Sinne, das den Beurteilungsspielraum mit umfasst, ausmacht. Nach der heute herrschenden Lehre und Rechtsprechung in Japan bedeutet die gerichtliche Ermessenskontrolle vor allem der Abwägungsvorgangskontrolle entsprechende „Argumentationskontrolle".[9]

Die so begründete Außenwirkung der Verwaltungsvorschriften ist die Wirkung als Abschnitt des Arguments und höchstens mit Abweichungsmöglichkeit durch Argument. Die Verwaltung soll ermitteln, ob es atypische Sachverhalte oder neue Erkenntnisse gibt, und gegebenenfalls kann sie oder sogar muss sie diese erklären und von der Verwaltungsvorschrift abweichend entscheiden.[10]

II. Rechtsverordnung

1. Ermächtigungsverhältnis zwischen dem Parlament und der Exekutiven in Normsetzung

a) Ermächtigungsadressaten

In der japanischen Verfassung (jVf) fehlt es an einer ausdrücklichen Regelung über die Rechtsverordnung, wie sie in Art. 80 Abs. 1 GG zu finden ist. In der Verfassung wird nur die Regierung als möglicher Rechtsverordnungsgeber erwähnt (Art. 73 Nr. 6 jVf).[11] Sonst werden durch die Gesetze über die Verwal-

---

[7] *Schmidt-Aßmann*, Das allgemeine Verwaltungsrecht als Ordnungsidee, 2. Aufl. 2004, 1/49, 4/41, 4/56.

[8] *Augsberg*, in: Voßkuhle/Eifert/Möllers (Hrsg.), Grundlagen des Verwaltungsrechts, Bd. I, 3. Aufl. 2022, § 8 Rn. 56.

[9] *Yamamoto*, DÖV 2006, S. 846 (852 f.); *ders*. (Fn. 3), S. 211 ff.

[10] *Schmidt-Aßmann*, Verwaltungsrechtliche Dogmatik, 2013, S. 75 f.

[11] Allerdings wäre Art. 81 jVf, der die Befugnis des Obersten Gerichtshofs zur endgültigen

tungsorganisation[12] die Minister, die Vorsitzenden der Oberbehörden und die unabhängigen Verwaltungsausschüsse[13] als die zum Erlass der Rechtsverordnung zuständigen Organe genannt.

b) Bestimmtheit und Auslegung der Ermächtigung

Für den Erlass einer Rechtsverordnung bedarf es, auch in Japan, einer ausdrücklichen gesetzlichen Ermächtigung. Die originäre selbständige Rechtsverordnung, wie sie nach Art. 9 der monarchischen *Meiji*-Verfassung vor dem Zweiten Weltkrieg[14] „zur öffentlichen Sicherheit und Ordnung oder zum Wohl von Untertanen" vom Kaiser erlassen werden konnte, ist nach der einstimmigen Auffassung unter der geltenden Verfassung ausgeschlossen. Eine eng begrenzte Ausnahme gilt nach herrschender Meinung in Japan für Ausführungsrechtsverordnungen. Verbreitet auf Kritik stößt in der Literatur, dass die Bestimmtheit gesetzlicher Delegationen an den Rechtsverordnungsgeber in Japan tendenziell (zu) gering ausfällt, wobei manchmal Art. 80 Abs. 1 S. 2 GG als Maßstab herangezogen wird. Der japanische Oberste Gerichtshof (OGH) hat aus Art. 41[15] sowie Art. 73 Nr. 6 jVf das Verbot der „Blankett- oder globalen Ermächtigung" abgeleitet.[16] Aber kein Fall ist bisher ersichtlich, in dem der OGH eine gesetzliche Delegation als zu unbestimmt und damit verfassungswidrig beurteilt hat.

Statt eine ermächtigende Gesetzesvorschrift als verfassungswidrig zu verwerfen, hat der OGH sie manchmal angesichts betroffener Grundrechte oder des Demokratieprinzips reduktiv ausgelegt und präzise überprüft, ob der Rechtsverordnungsgeber den somit eng abgegrenzten Spielraum der Delegation überschreitet oder nicht. So seien die Bestimmungen des Staatsbeamtengesetzes, die die Rechtsverordnung des Personalhofs zur Konkretisierung der verbotenen politischen Tätigkeiten der Staatsbeamten ermächtigen, nach dem OGH „nicht lediglich dem Wortlaut des Gesetzes nach, sondern durch die Gesamtbetrachtung der Struktur des Gesetzes, seiner Idee, des Ziels und Zwecks seiner Strafbestimmungen u. a." „vorsichtig" auszulegen.[17]

Beurteilung der Verfassungsmäßigkeit aller Gesetze, *Verordnungen*, Vorschriften und Verfügungen bestimmt, als Indiz dafür zu sehen, dass alle Verwaltungsbehörden zum Erlass von Rechtsverordnungen befugt sind. So *Miyamura*, Handai Hôgaku (Zeitschrift der Universität Osaka für Rechtswissenschaft) 65 (2015), S. 251 (280).

[12] Z. B. §§ 12 f., 14 Abs. 1 StVwOG (Staatsverwaltungsorganisationsgesetz).

[13] *Yamamoto* (Fn. 4), S. 856 ff.

[14] Genauer: die Verfassung des Großen Kaiserreichs Nihon. Sie wurde 1889 erlassen.

[15] „Das Parlament ist das höchste Organ der Staatsgewalt und das einzige Gesetzgebungsorgan des Staats."

[16] OGH, Urteil vom 14.12.2015, Minshû 69-8, 2348.

[17] OGH, Urteil vom 7.12.2014, Keishû 66-12, 1722. Auch das BVerfG betont die Bedeu-

Der OGH hat in einem Urteil die reduktive Auslegung des ermächtigenden Gesetzes mit dem Bestimmtheitsgebot kombiniert und ausgesagt, dass die umstrittene Rechtsverordnung den gesetzlich delegierten Spielraum überschreitet, weil sie nur durch eine ausdrücklichere dementsprechende Gesetzesbestimmung zugelassen würde. So wurde eine Rechtsverordnung, die den Versandhandel mit Arzneimitteln teilweise untersagte, für gesetzwidrig erklärt, weil das delegierende Arzneimittelgesetz keine eindeutige dementsprechende Bestimmung zum Verbot des Versands vorsah und eine Rechtsverordnung dazu nicht zuließ.[18] Der OGH begründete das Erfordernis einer konkreten gesetzlichen Regelung und Ermächtigung einerseits mit der Intensität des Grundrechtseingriffs, hier die Beschränkung der Berufsfreiheit, und andererseits mit dem Öffentlichkeitsinteresse, hier die bis zum Erlass der Rechtsverordnung heftig geführte Debatte in Politik und Gesellschaft, inwiefern ein Versandhandel für Arzneimittel zugelassen werden sollte. Nach dieser Urteilsverkündigung wurde das Arzneimittelgesetz novelliert und das eindeutige Verbot des Versandhandels im Gesetz vorgeschrieben, das der OGH dann für verfassungsmäßig erklärte.[19]

c) Zitiergebot und Weiterermächtigung

Was die formellen Anforderungen an die Rechtsverordnung angeht, gilt ein Zitiergebot, wie es Art. 80 Abs. 1 S. 3 GG vorsieht, nicht in Japan. Zur Subdelegation bedarf es in Japan, anders als nach Art. 80 Abs. 1 S. 4 GG, keiner ausdrücklichen Zulassung durch das ermächtigende Gesetz. Durch dessen Auslegung ist eine Weiterermächtigung gerechtfertigt. Viele Rechtsverordnungen der Regierung ermächtigen somit ohne ausdrückliche gesetzliche Zulassung den zuständigen Minister zum Erlass einer konkreteren Rechtsverordnung.

2. Wechselverhältnis zwischen Parlament und Verwaltung in der Normsetzung

a) Grundlage

Das Verhältnis zwischen dem Parlament und der Exekutiven in der Normsetzung ist nicht alleine statisch und einseitig als einmalige Delegation, sondern auch dynamisch als wechselseitige Interaktion zu verstehen. Freilich darf die Dyna-

---

tung der Auslegung des ermächtigenden Gesetzes (aus der neueren Rechtsprechung siehe nur BVerfGE 150, 1 Rn. 203; 153, 310 Rn. 101), um allerdings die Rechtmäßigkeit dieses Gesetzes angesichts des Bestimmtheitsgebots zu beurteilen. Im Zusammenhang mit Corona-Verordnungen *Kersten/Rixen*, Der Verfassungsstaat in der Corona-Krise, 3. Aufl. 2022, S. 324 ff.

[18] OGH, Urteil vom 11.1.2013, Minshû 67-1, 1.

[19] OGH, Urteil vom 18.3.2021, Minshû 75-3, 552.

mik weder zur Kompetenzvermischung noch zur Verantwortungsunklarheit führen. Dieser dynamische Zugang könnte einen Ansatz zum Umdenken des Bestimmtheitsgebots der gesetzlichen Rechtsverordnungsermächtigung ausmachen.[20] Er ist vor allem dafür unentbehrlich, mit der Unsicherheit der Sachverhalte oder der Erkenntnisse umzugehen. Das zeigt sich in Krisenzeiten wie der Corona-Pandemie.[21]

Allerdings in Japan sind die Rechtsformen der wechselseitigen Normgestaltung, z. B. Rechtsverordnung mit Anhörungs-, Kenntnisgabe-, Zustimmungs-, Aufhebungs- oder Änderungsvorbehalt bzw. verordnungsändernde Parlamentsgesetze[22] nicht entwickelt.[23] Auch in der Praxis des Infektionsschutzes in Japan ist ein dynamisches Verhältnis zwischen dem Parlament und der Exekutiven nicht augenfällig.

b) Rechts- und Sachlage in der Pandemie

In Japan soll die Infektion durch zwei Gesetze bewältigt werden: einerseits (japanisches) Infektionsschutzgesetz (jIfSG), das Maßnahmen gegenüber Kranken, Krankheitsverdächtigen, Ausscheidern oder Ansteckungsverdächtigen vorschreibt, und andererseits Gesetz zu Sondermaßnahmen gegen Epidemie (ESMG), das Maßnahmen gegenüber allen Bürgern vorschreibt. Nach dem ESMG a. F. war

---

20 Allerdings sieht BVerfG ein Bestimmtheitsmangel des ermächtigenden Gesetzes als nicht durch eine Beteiligungsbefugnis des Parlaments, z. B. Zustimmungsvorbehalt (siehe unten), kompensiert an (aus neuerer Rechtsprechung BVerfGE 157, 30 Rn. 265). Dafür *J. Wolff*, in: Kahl/Ludwigs (Hrsg.), Handbuch des Verwaltungsrechts, Bd. V, 2023, § 153 Rn. 58. Dagegen *Ossenbühl*, in: Isensee/Kirchhof (Hrsg.), Handbuch des Staatsrechts, Bd. V, 3. Aufl. 2007, § 103 Rn. 23, 63; *Pünder*, Exekutive Normsetzung in den Vereinigten Staaten von Amerika und der Bundesrepublik Deutschland, 1995, S. 256. Die Bedeutung der parlamentarischen Beteiligung in der Staatspraxis empirisch bezweifelnd *von Bogdandy*, Gubernative Rechtsetzung, 2000, S. 421 f., S. 431 ff.

21 *Kersten/Rixen* (Fn. 17), S. 85 ff.; *Martini*, in: Voßkuhle/Eifert/Möllers (Hrsg.), Grundlagen des Verwaltungsrechts, Bd. II, 3. Aufl. 2022, § 33 Rn. 35; *Rixen*, VVDStRL 80 (2021), S. 37 (59 f.).

22 *Martini* (Fn. 21), § 33 Rn. 39 ff. Allerdings sind die Rechtsverordnung mit Änderungsvorbehalt und das verordnungsändernde Parlamentsgesetz in Deutschland wegen Kompetenzvermischung und Verantwortungsunklarheit umstritten. Noch zurückhaltender *Möllers*, Gewaltengliederung, 2005, S. 197 ff., der auch den Zustimmungsvorbehalt als Einfallstor für punktuelle Entscheidungen über „Einzelproblem" oder „Spezialfall" im politischen Verfahren kritisiert. Zum Meinungsstand *Saurer*, Die Funktionen der Rechtsverordnung, 2005, S. 371 ff.

23 Freilich sehen einige Gesetze in Japan die Rechtsverordnung mit Zustimmungsvorbehalt vor (§ 109 Grundlegendes Gesetz zum Katastrophenschutz; § 58 ESMG (siehe II.2.b))). Aber damit sind nur die Ausnahmefälle gemeint, in denen eine dringende Situation ausbricht, aber eine sofortige Einberufung des Parlaments bzw. der Gesetzgebung unmöglich ist, und seine Zustimmung nicht vorher, sondern später gegeben wird.

die epidemische Lage in 2 Stufen geteilt. Zuerst richtet die Regierung das „Zentralgremium für Gegenmaßnahmen" ein (§ 15 ESMG). Das Gremium, das sich aus dem den Vorsitz führenden Ministerpräsidenten und den Ministern zusammensetzt, stellt eine „Grundleitlinie für Gegenmaßnahmen" fest (§§ 16, 18 EGMG; 1. Phase). Nimmt die epidemische Lage wegen schneller Ausbreitung von nationaler Tragweite einen großen Einfluss auf bürgerliches Leben und Volkswirtschaft, dann bekundet der Vorsitzende des Gremiums (Ministerpräsident) eine „Notfallerklärung" für eine bestimmte Frist und ein bestimmtes Gebiet (§ 32 ESMG; 2. Phase).[24]

Abgesehen von Maßnahmen zum Erhalt der medizinischen Dienstleistungen und anderen Daseinsvorsorge, sieht das ESMG belastende Verwaltungsakte und Zwangsmaßnahmen gegenüber Betroffenen lediglich für die Beschränkung der Öffnung von Einrichtungen, der Veranstaltungen und des Gewerbes wie Gastronomie in der 2. Phase vor (§ 45 Abs. 2 ff. ESMG). Sonst sind nur unverbindliche „Mitwirkungsersuchen" des Oberhaupts der Präfektur[25] gegenüber Betroffenen zu verwenden (§ 24 Abs. 9, § 45 Abs. 1 ESMG). Eine generalklauselartige Ermächtigung zur Rechtsverordnung ist im ESMG nicht gefunden und daher nicht in Japan problematisiert.[26]

Hervorzuheben ist, dass ein dynamisches Wechselverhältnis zwischen dem Parlament und der Exekutiven kaum im ESMG vorgesehen und wenig in Vorgängen während der Corona-Pandemie beobachtet worden ist. Nach dem ESMG muss der Ministerpräsident dem Parlament von der Einrichtung des „Zentralgremiums" und der „Notfallerklärung", also dem Beginn der 1. und 2. Phase, berichten, aber bedarf nicht dessen Zustimmung dazu (§ 15 Abs. 2, § 32 Abs. 1 ESMG). Überdies hat die Regierung unter der Corona-Pandemie die Novelle des ESMG und jIfSG nicht gerne entworfen. Beide Gesetze wurden nach dem Ausbruch der Pandemie erst im Februar 2021 novelliert, obwohl Oberhäupter der Präfekturen inzwischen immer wieder dazu aufgefordert hatten. Auch danach sind diese Gesetze nur langsam im Dezember 2022 novelliert worden. Man muss daher die Rechts- und Sachlage, die durch viele informelle Handlungen der Ex-

---

24 Durch die Gesetzesnovelle wurde noch eine Phase zwischen 1. und 2. Phase eingefügt (Bekundung der schwerpunktmäßigen Maßnahmen gegen Ausbreitung. § 31-6 ff. ESMG n. F.). Was die vorliegenden Themen angeht, kann man jedoch diese neue Phase außer Acht lassen.

25 Die Präfektur in Japan ist mehrere Gemeinden umfassende kommunale Körperschaft. Es gibt keine „präfekturfreie" Gemeinde. Die Präfektur hat verfassungsrechtlich dieselbe Autonomie und gesetzlich nahezu dieselbe Organstruktur wie die Gemeinde.

26 Zur Lage und Diskussion in Deutschland *Heinig* u. a., JZ 2020, S. 861 (867 ff.); *Kießling*, in: dies., IfGS Komm., 3. Aufl. 2022, § 28a Rn. 6 ff.; *Kingreen*, in: Huster/Kingreen (Hrsg.), Handbuch Infektionsschutzrecht, 2. Aufl. 2022, 1/124 ff.; *Klafki*, JöR N.F. 69 (2021), S. 583 (597 ff.); *Lepsius*, JöR N.F. 69, S. 705 (740 ff.); *Poscher*, in: Huster/Kingreen (Hrsg.), a. a. O., 4/24 ff., 4/42 f. Auch vgl. *Kersten/Rixen* (Fn. 17), S. 115 ff.

ekutiven und nur wenig Rahmensetzung durch das Parlament gekennzeichnet ist, weiterhin kritisch betrachten (ferner III.2.c)).

3. Kontrolle des Rechtsverordnungsermessens

a) Vorbemerkung: Kontrolle der exekutiven Normsetzung

In Japan entzünden sich oft Rechtsstreitigkeiten daran, ob eine Rechtsverordnung den gesetzlich delegierten Regelungsspielraum überschreitet und daher rechtswidrig ist oder nicht. Dieser Streit ist immer inzident, denn die gerichtliche Normenkontrolle ist in Japan, anders als § 47 VwGO in Deutschland, nicht vorgesehen. Es gibt ebenfalls keine Sonderregelung über die Fehlerfolgen der exekutiven Normen einschließlich der kommunalen Satzung, deshalb ist eine rechtswidrige Rechtsverordnung schlechthin nichtig.

b) Evidenzkontrolle und Argumentationskontrolle für Rechtsverordnungsermessen

In manchen Fällen, in denen der OGH die Rechtsverordnung für rechtswidrig erklärte, war der Verstoß gegen das ermächtigende Gesetz evident. Das ist der Fall, wenn die Gesetzeswidrigkeit allein durch die Auslegung des Gesetzes zu bemerken ist, ohne auf den Abwägungsvorgang der umstrittenen Rechtsverordnung einzugehen,[27] oder wenn schon die materiell-rechtliche Verfassungsmäßigkeit der Rechtsverordnung in Frage gestellt ist, weil die Rechtsverordnung ein Grundrecht übermäßig beeinträchtigt.[28] Im letzten Fall wäre auch eine eindeutigere Ermächtigung durch das Gesetz materiell-rechtlich verfassungswidrig.

Ist die Rechtswidrigkeit der Rechtsverordnung nicht evident, fragt es sich, wie sie gerichtlich zu überprüfen ist. In einem früheren Fall verhielt sich der OGH zurückhaltend. Es ging dabei um das Gesetz, das grundsätzlich einen Besitz von Schwertern verbietet, die Ausnahmebewilligung des Besitzes eines kunstvollen Schwerts vorsieht und den Kultusminister ermächtigt, als Rechtsverordnung „Maßstäbe des Gutachtens“ für die Bewilligung zu setzten. Der OGH erkannte dem Minister das „Ermessen für sachverständig-technische Beurteilung“ an und bejahte ohne weiteres die Rechtmäßigkeit der Rechtsverordnung, nach der nur die japanischen Schwerter begutachtet werden sollen.[29] Wenngleich man das Urteil im Ergebnis akzeptieren könnte, sind die Urteilsgründe weder passend noch überzeugend. Um zu demselben Ergebnis zu kommen, müsste man Rechts-

[27] Vgl. OGH (Großer Senat), Urteil vom 18.11.2009, Minshû 63-9, 2033.

[28] Vgl. OGH, Urteil vom 9.7.1991, Minshû 45-6, 1049.

[29] OGH, Urteil vom 1.2.1990, Minshû 44-2, 369.

materialien historisch ermitteln, betroffene Interessen gegeneinander abwägen und damit den Abwägungsvorgang oder die Argumentation des Rechtsverordnungsgebers schrittweise nachvollziehen und -prüfen.

In einem neueren Fall betreffend die Sozialhilfe hat der OGH die Kontrolle des Abwägungsvorgangs oder der Argumentation des Rechtsverordnungsgebers eingeführt. In diesem Fall ging es um die Rechtmäßigkeit einer auf das Sozialhilfegesetz gestützten Rechtsverordnung des Sozialministers, mit der der zusätzliche „Alterszuschuss" zur Sozialhilfe, den Menschen über 70 Jahre erhielten, abgeschafft wurde. Der OGH erkannte dem Sozialminister ein „Ermessen für sachverständig-technische und politische Beurteilung" zu und ermittelte dann die der Rechtsverordnung zugrundeliegende Statistik über Bedürfnisse der Menschen über 70 Jahre, um sie nachzuvollziehen. Das Gericht kam zum Schluss, dass „weder Ermessensüberschreitung noch -missbrauch" vorlag, denn es gebe „weder Fehler noch Defizite in dem Prozess der Argumentation und dem Verfahren bei der Beurteilung" durch den Sozialminister.[30]

Die nachvollziehende Argumentationskontrolle des Gerichts wurde damit nicht nur im Fall des Verwaltungsakts, sondern auch im Fall der Rechtsverordnung aufgenommen und zum einheitlichen Kontrollraster für Verwaltungsermessen entwickelt.[31] Die gerichtliche Kontrolle über die Rechtsverordnung wird damit vertieft. So prüfen viele Gerichte unterer Instanz zurzeit die Rechtmäßigkeit der Rechtsverordnung, die wegen der Deflation die Sozialhilfe verringert. Durch die Argumentationskontrolle bejahten manche Gerichte und manche verneinten die Rechtmäßigkeit dieser Rechtsverordnung.[32]

III. Verwaltungsvorschrift

1. Verwaltungsvorschrift im Kontext und ihre Außenwirkung

Die Bedeutung der Verwaltungsvorschriften, die im Kontext des inneren Verfahrens der Verwaltung und damit im Zusammenhang mit der Entscheidung im Einzelfall stehen (I.2.b)), ist im japanischen Verwaltungsverfahrensgesetz (jVwVfG)[33] herausgestellt. Danach soll die Behörde, die zum Erlass des Verwaltungsakts auf Antrag befugt ist, die dafür Maßstab setzende Verwaltungsvorschrift bestimmen

[30] OGH, Urteil vom 28.2.2012, Minshû 66-3, 1240.

[31] Aus der Perspektive der Rechtsvergleichung bejahend *von Bogdandy* (Fn. 20), S. 347 ff. Dagegen *Ossenbühl* (Fn. 20), § 103 Rn. 41 ff., § 104 Rn. 72 Fn. 138.

[32] Bejahend z. B. LG Nagoya, Urteil vom 25.6.2020, Hanreijihô 2474, 3; Verneinend z. B. LG Tokyo, Urteil vom 24.6.2022, Hanreijihô 2543/2544, 5.

[33] Das Gesetz wurde 1993 erlassen.

und, außer wenn die Verwaltung besonders gestört würde, offenlegen (§ 5 Abs. 1, 3 jVwVfG). Die Behörde, die den belastenden Verwaltungsakt kraft Amtes erlassen soll, muss ebenfalls anstreben, die Verwaltungsvorschrift dafür zu bestimmen und offenzulegen (§ 12 Abs. 1 jVwVfG). Diese Verwaltungsvorschriften sind möglichst konkret zu bestimmen (§ 5 Abs. 2, § 12 Abs. 2 jVwVfG).[34]

Der OGH hat den Zusammenhang zwischen den Verwaltungsvorschriften dieser Art und der Begründung für den Verwaltungsakt hervorgehoben: Ist eine ziemlich komplexe ermessenslenkende Verwaltungsvorschrift nach § 12 jVwVfG erlassen und offengelegt worden, sei in der Begründung des belastenden Verwaltungsakts darzulegen, wie diese Verwaltungsvorschrift auf den betreffenden Fall angewendet werde.[35] Die Tragweite dieser Rechtsprechung kann man als so groß annehmen, dass diese Aussage des OGH allgemein im Verhältnis zwischen der Verwaltungsvorschrift und der Begründung für den Verwaltungsakt gelten würde.

Die Außenwirkung der norminterpretierenden, -konkretisierenden und ermessensleitenden Verwaltungsvorschriften (I.2.b)) ist in der japanischen Literatur schon seit Langem anerkannt. Dabei hat man sich nicht zuletzt auf die deutsche Literatur berufen. Der OGH gestand der ermessensleitenden Verwaltungsvorschrift nach § 12 jVwVfG eine Rechtswirkung gegenüber den Betroffenen erst im Jahr 2015 in dem Sinne zu, dass die Behörde aufgrund des Gleichheitssatzes und des Vertrauensschutzes daran „gebunden“ ist, es sei denn „eine Sondersituation rechtfertigt eine Abweichung“.[36]

2. Norm als Argumentationsmaterial

a) Bedeutung der Argumentationsmaterialien

Hinsichtlich der Wirkungsgrundlage der Verwaltungsvorschriften, die keine ausdrückliche Delegation des Gesetzes brauchen, ist ihre Außenwirkung begrenzt. Wie bereits dargelegt, lassen sie immer eine Möglichkeit zur Argumentation für die Abweichung offen und in diesem Sinne sind sie Argumentationsmaterialien. Aber auch ihrem Inhalt nach sind sie es. Sie enthalten nicht nur zur Subsumtion geeignete Konditionalsätze wie Rechtsverordnungen, sondern auch bunte Argumentationsmaterialien: Prinzipien, Zwecke, Konzepte, zu berücksichtigende Faktoren, typische Beispiele u. a. Wegen dieser Eigenschaft ist die Verwaltungsvor-

---

[34] Zum Gebot administrativer Rechtsetzung in Deutschland *U. Stelkens*, VVDStRL 71 (2012), S. 369 (380 ff.). Zu Pflichten zur Eigenprogrammierung der Verwaltung, insbesondere Konzeptpflichten *Eifert*, VVDStRL 67 (2008), S. 286 (317 ff.).

[35] OGH, Urteil vom 7.6.2011, Minshû 65-4, 2081.

[36] OGH, Urteil vom 3.3.2015, Minshû 69-2, 143.

schrift, anders als die Rechtsverordnung, weniger nach ihrem Wortlaut als nach dem Zweck und System der bezogenen Gesetze auszulegen und anzuwenden.[37]

In Japan sind die Argumentationsmaterialien sogar in parlamentarischen Gesetzen beliebt eingesetzt. Es sind viele „Grundlegende Gesetze" erlassen worden, die in meisten Fällen keine übliche Bindungswirkung gegenüber den Betroffenen haben, sondern Programme für die Verwaltung, abstrakte Verantwortung der Bürger oder ihre „Pflicht zum Anstreben" vorsehen. So schreibt § 9 des „Grundlegenden Gesetzes für Umwelt" vor, dass die Bürger anstreben müssen, durch Alltagsleben verursachte Umweltbelastung zu reduzieren. Das älteste Beispiel ist das 1947 erlassene Grundlegende Gesetz über Schulbildung. Heute ist eine Flut von Grundlegenden Gesetzen zu beobachten, denn vor allem die Politiker möchten zu leicht diese Art von Gesetzen erlassen.

Ferner sehen manche Gesetze in Japan statt der Delegation zur Setzung der Rechtsverordnung eine umfassendere Ermächtigung zur Setzung der „Leitlinie" durch die Verwaltungsbehörde vor. Die Leitlinie richtet sich an die Betroffenen, insbesondere Unternehmen oder Arbeitgeber, und besteht aus Prinzipien, Grundsätzen, Zielen, zu berücksichtigenden Faktoren, Beispielen und eventuell sogar Informationen über die Rechtsprechung. So ermächtigen viele Gesetze im Gebiet des Arbeitsrechts den Arbeitsminister, die Leitlinie für höheren Schutz verschiedener Arten von Arbeitnehmern zu setzen.[38] Als andere Beispiele sind das Hinweisgeberschutzgesetz und das Gesetz gegen unlautere Werbung und Werbegeschenke zu nennen.

Die im Kontext des inneren Verwaltungsverfahrens oder aufgrund der gesetzlichen umfassenden Ermächtigung zu beachtenden Argumentationsmaterialien sind im Sachbereich adäquat, wo sich Sachverhalte oder Erkenntnisse zu schnell ändern, oder die Verschiedenheit der Sachverhalte je nach Fällen zu groß ist, um den Sachbereich allein durch eine feste einheitliche Norm zu regeln. Ebenfalls sind sie geeignet, die Regelung des Sachgebiets schrittweise fortzuentwickeln. Mit diesem Instrument wird die Regelung ebenso flexibel wie vorhersehbar, transparent und konsequent. Diese Vorteile könnten sich in Krisen wie der Corona-Pandemie bestätigen.[39]

---

[37] OGH, Urteil vom 24.3.2020, Hanreijihô 2467, 3. Zum Gewicht der Entstehungsgeschichte bei der Auslegung von Sachverstand verkörpernden normkonkretisierenden Verwaltungsvorschriften BVerwGE 110, 216. Dazu *Sauerland*, Die Verwaltungsvorschrift im System der Rechtsquellen, 2005, S. 387ff. Differenzierend *Möstl*, in: Ehlers/Pünder (Hrsg.), Allgemeines Verwaltungsrecht, 16. Aufl. 2022, § 20 Rn. 40.

[38] Z.B. Gesetz zur Gleichstellung von Frauen und Männern, Gesetz über Elternzeit und Pflegefreistellung, Gesetz über Teilzeitarbeit und befristetes Arbeitsverhältnis, Gesetz über Leiharbeit.

[39] Zur Bedeutung des Schutzkonzepts bei der Pandemie *Kießling* (Fn. 26), § 28a Rn. 7.

b) Bedeutung der vorbehaltlos verbindlichen Rechtssätze

Aber eine Vorsicht ist geboten. Die Beteiligung des Parlaments an der Normsetzung, sei es durch Gesetzgebung, sei es durch Ermächtigung zur Rechtsverordnung, wird dadurch umgangen, dass der Sachbereich viel durch Argumentationsmaterialien und wenig durch vorbehaltlos bindende Rechtssätze geregelt wird. Dann wird die faktische Wirkung der Argumentationsmaterialien wie Verwaltungsvorschriften gesteigert, ohne sich der Grenzziehung durch Rechtssätze zu unterziehen.

Des Weiteren werden Argumentationsmaterialien denaturiert, wenn sie ohne genügende Begründung eingesetzt werden. Zu viele Argumentationsmaterialien, deren Verhältnis untereinander wenig erklärt ist, können zur Rechtsunsicherheit führen. Die Behörde entscheidet, eine Verwaltungsvorschrift in einem Fall als Ersatz für eine Rechtsverordnung, im anderen Fall aber nur als Ansatz zur Überlegung zu nutzen, ohne ihre Absicht zu verdeutlichen. Dadurch kann eine übermäßige, faktisch bindende Wirkung oder ein einschränkender Effekt der Argumentationsmaterialien entstehen, was ihrer eigentlichen Natur widerspricht.

Hier sind die Formenklarheit der exekutiven Normsetzung und das Maß an Argumentationsmaterialien sowie an vorbehaltlos verbindlichen Rechtssätzen verlangt. Man müsste weiter den Rechtssatzvorbehalt in Anspruch nehmen.[40]

c) Rechts- und Sachlage in der Pandemie

Auffallend ist diese Problematik in Infektionsschutzmaßnahmen in Japan, wo viele informelle unverbindliche Argumentationsmaterialien verwendet worden sind.

Als exekutive Norm im System des ESMG ist die „Grundleitlinie für Gegenmaßnahmen" (im Folgenden: „Leitlinie") gewichtig (II.2.b)). Die Leitlinie ist nicht zu objektivierten subsumtionsfähigen Konditionalsätzen geformt, sondern im Stil der Darstellung durch den Verfasser (die Regierung) beschrieben. Sie umfasst Darlegungen der Abläufe der Rechts- und Sachlage, das Konzept der Regierung selbst und Aufforderungen, die teils an Präfekturen, teils an andere öffentliche Stellen oder Körperschaften und schließlich teils an Private gestellt sind. Teilweise bezieht sie sich auf die Befugnis der Verwaltung aufgrund einer Gesetzesbestimmung und damit stellt sie eine norminterpretierende, -konkretisierende oder ermessenslenkende Verwaltungsvorschrift dar. Aber in den meisten Fällen gilt sie unabhängig vom Gesetz. So beschreibt sie die „Wichtigkeit des Maskentragens" im Alltagsleben als Stichwort, ohne dazu zu verpflichten. Seit dem Ausbruch der Corona-Pandemie ist die Leitlinie 46 Male geändert worden

---

[40] Zur Stufe der Verrechtlichungsvorbehalte *Schmidt-Aßmann* (Fn. 7), 2/24: Gesetzesvorbehalt, Rechtssatzvorbehalt, Konzeptvorbehalt.

und immer wieder länger geworden (jetzt 70 Seiten).[41] Es entsteht ein Konglomerat von Argumentationsmaterialien, deren Rechtsnatur auch von Fachleuten schwer zu differenzieren ist.

Die Rechtslage wurde dadurch noch komplizierter, dass einzelne Behörden eine Menge von unverbindlichen Mitteilungen für den Infektionsschutz abgegeben haben. So hat das Sekretariat der Regierung als gesetzesinterpretierende Verwaltungsvorschrift die Mitteilung darüber verkündet, wie und welche Einrichtungen sowie Gewerbe um Mitwirkung nach § 24 Abs. 9 ESMG zu ersuchen sind. Diese Mitteilung ist im Juli 2020, im Januar 2021 und im Februar 2021 erneut geändert worden.[42] Man fragt sich, warum die Rechtslage nicht durch eine Gesetzesnovelle verdeutlicht und stabilisiert wurde. Hinzu kommt eine weitere Kompliziertheit, dass die Leitlinie manche Verweisungen auf Mitteilungen des Sekretariats der Regierung enthält, z. B. über die Obergrenze der Teilnehmerzahl einer Veranstaltung.

Eine weitere Menge von Mitteilungen hat der Gesundheitsminister darüber abgegeben, welche Kranke von COVID-19 ins Krankenhaus einzuliefern sind, wer im Hotel mit Pflegepersonal einen Aufenthalt nehmen soll, und wer sich zu Hause heilen soll. Ununterbrochen sind neuere Mitteilungen verkündet worden, und niemand außer *Masahiko Ohta* kann verstehen, woran sich diese Mitteilungen und deren Änderungen orientiert haben.[43]

Der „Leitlinie", den „Mitteilungen" und ihren Veränderungen haben eine Begründung und eine Erklärung von zugrunde gelegten Daten in den meisten Fällen gemangelt. Ob sie dem Namen der Argumentationsmaterialien wert sind, ist fraglich.

IV. Verfahren für exekutive Normsetzung

1. Regelung des japanischen Verwaltungsverfahrensgesetzes[44]

a) Geschichtlicher Hintergrund

In Japan wurde das Verfahren für exekutive Normsetzung 1999 durch einen Regierungsbeschluss teilweise eingeführt. Anstöße dazu kamen aus vier Richtun-

---

[41] Die Leitlinie wurde zuerst am 28.3.2020 entschieden. Ihre letzte Fassung gilt seit 10.2. 2023.

[42] *Yamamoto*, Ronkyû Jurist 35 (2020), S. 4 (9 f.); *ders.*, Hougaku Seminar 798 (2021), S. 14 (19).

[43] *Ohta*, Houritsu Jihô 1154 (2020), S. 85; *ders.*, Houritsu Jihô 1156 (2020), S. 84.

[44] *Yamamoto*, in: Trute u. a. (Hrsg.), Allgemeines Verwaltungsrecht – zur Tragfähigkeit eines Konzepts, 2008, S. 899 (922 ff.).

gen: Erstens waren wissenschaftliche Kenntnisse über dieses Verfahren, vor allem über das Verfahren in den U.S.,[45] seit langem vorhanden. Zweitens wurde in manchen Verwaltungsbereichen schon bisher ein Verfahren der Öffentlichkeitsbeteiligung für die administrative Normsetzung ohne formelle Grundlage durchgeführt. Drittens hatte das von der Regierung eingesetzte „temporäre Komitee für Verwaltungsreform“ Ende 1997 die Öffentlichkeitsbeteiligung statt der in Japan immer favorisierten Ausschussberatung für das Verfahren der exekutiven Normsetzung befürwortet. Seiner Ansicht nach instrumentalisieren die Behörden die Ausschussberatung, indem sie eine Persona grata als Mitglied des Ausschusses auswählen und akklamieren lassen. Viertens hat das von der Regierung eingesetzte „Komitee für Deregulierung“ 1998 die Einrichtung der Öffentlichkeitsbeteiligung empfohlen, was letztlich der unmittelbare Anstoß zum oben genannten Regierungsbeschluss war. Aus diesem Grund erstreckte der Regierungsbeschluss die Öffentlichkeitsbeteiligung zunächst nur auf eine die Gewerbetätigkeit betreffende Normsetzung. In der Praxis wurde dasselbe Verfahren allerdings manchmal auch in anderen Verwaltungsbereichen durchgeführt.

Die Vergesetzlichung und Verallgemeinerung des administrativen Normsetzungsverfahrens sind wiederum auf Initiative des „Komitees für Deregulierung“ erfolgt. So wurde ein neues Kapitel über das „Stellungnahmeverfahren“ im Jahr 2005 in das Verwaltungsverfahrensgesetz eingefügt. Sein Anwendungsbereich erfasst nicht nur Rechtsverordnungen, sondern auch allgemeine Richtlinien für Verwaltungsakte einschließlich normkonkretisierender, -interpretierender oder ermessensleitender Verwaltungsvorschriften (III.1.a)), und sogar die Richtlinien für eine Verwaltungsanleitung (administrative guidance), gleichgültig ob die unternehmerische Tätigkeit beschränkt wird oder nicht (§ 2 Nr. 8 jVwVfG). Also sind nicht alle, aber die meisten Arten der exekutiven Normsetzung erfasst, die auf Steuerung von Handlungen Privater zielt.[46] Diese einheitliche Regelung des exekutiven Normsetzungsverfahrens ist trotz unterschiedlicher Rechtswirkungen von Normen überzeugend, weil die Absicht der Verwaltung auf Breitsteuerung nicht so unterschiedlich je nach Normarten ist.[47]

---

45 *Pünder* (Fn. 20), S. 118 ff.; *Schmidt-Aßmann*, Das Verwaltungsrecht der Vereinigten Staaten von Amerika, 2021, S. 170 ff.

46 Ausgenommen sind die Normen über Verwaltungsorganisation und Haushalt (§ 4 Abs. 4 jVwVfG) sowie das administrative Normsetzungsverfahren von kommunalen Körperschaften (§ 3 Abs. 3 jVwVfG). Das Letztere soll durch die Satzung o. Ä. dem jVwVfG entsprechend geregelt werden (§ 46 jVwVfG).

47 Skeptischer *Möstl* (Fn. 37), § 19 Rn. 19.

b) Ablauf des Verfahrens

Das Verfahren läuft, abgesehen von Ausnahmen in Einzelfällen, folgendermaßen ab:

- Die Behörde hat vor dem Erlass einer Norm ihren Entwurf und Dokumente dazu zu veröffentlichen. Der Entwurf soll möglichst konkret sowie klar sein. Hat der beratende Ausschuss ein solches Öffentlichkeitsbeteiligungsverfahren durchgeführt, dann braucht die beratene Behörde das Verfahren nicht zu wiederholen (§ 39 Abs. 1, 2, § 40 Abs. 2 jVwVfG);
- Die Öffentlichkeit kann innerhalb der von der Behörde bestimmten Frist, grundsätzlich mindestens ein Monat, ihre Meinung oder Informationen vorlegen (§ 39 Abs. 3 jVwVfG). Zur „Öffentlichkeit" gehören nicht nur Japaner sowie natürliche Personen, sondern auch Ausländer sowie Körperschaften, seien sie durch den Erlass der Norm Betroffene oder nicht.[48] Das rechtfertigt sich aus der Multifunktion des Verfahrens, d. h. daraus, dass das exekutive Normsetzungsverfahren sich weder auf die demokratische Partizipation noch auf die Interessenkoordination reduziert, sondern auch der Informationssammlung und damit Rationalisierung der Entscheidung dient;
- Die Behörde muss bei dem Erlass der Norm jede Stellungnahme der Öffentlichkeit genügend berücksichtigen (§ 42 jVwVfG). Bei der Bekanntmachung der Norm muss sie zugleich alle geäußerten Meinungen oder deren Zusammenfassung veröffentlichen und sich dazu erklären, wie sie diese Meinungen bewertet hat und zur Entscheidung der Normsetzung gekommen ist (§ 43 Abs. 1, 2 jVwVfG).
- § 39 Abs. 4 jVwVfG nennt die Fälle, wo die Öffentlichkeitsbeteiligung ausnahmsweise nicht verlangt ist (dringende Fälle, öffentliche Abgaben oder Geldleistungen, Bagatellfälle u. a.). Aber auch in diesen Fällen muss die Behörde bei dem Erlass der Norm deren Grundgedanken und den Grund für den Entfall der Öffentlichkeitsbeteiligung veröffentlichen (§ 43 Abs. 5 jVwVfG).

Aus dieser Regelung der Öffentlichkeitsbeteiligung ergibt sich auch, dass die Begründung der administrativen Normsetzung der Sache nach durch die Veröffentlichung der Dokumente in der ersten Phase sowie durch die Erklärung in der dritten Phase verwirklicht wird. Alle Kommunikation zwischen den Bürgern und der normsetzenden Exekutiven läuft jetzt im Internet ab. Welche Folgen ein Fehler im Normsetzungsverfahren nach sich zieht, bleibt noch offen.

Nach der neuesten Untersuchung des japanischen Innenministeriums wurde die Öffentlichkeitsbeteiligung bei der exekutiven Normsetzung nach jVwVfG

---

[48] *Takagi/Tsuneoka/Suda*, Jôkai Gyôsei Tetsuzukihô (Kommentar zum jVwVfG), 2. Aufl. 2017, S. 477 f.

vom 1.4.2017 bis 31.3.2018 insgesamt 999 Mal durchgeführt. Die Zahlen der vorgelegten Stellungnahmen der Öffentlichkeit waren folgende: keine Stellungnahme in 195 Fällen, 1 bis 10 Stellungnahme in 604 Fällen, 11 bis 50 Stellungnahme in 149 Fällen, 51 bis 100 Stellungnahme in 14 Fällen, und mehr als 100 Stellungnahme in 37 Fällen. In 169 Fällen modifizierte die Behörde in Anbetracht der vorgelegten Meinungen den Entwurf der Norm.[49]

2. Funktion und Funktionsgrenze der Öffentlichkeitsbeteiligung

Die Öffentlichkeitsbeteiligung nach dem jVwVfG erhöht die partizipativen Momente, Transparenz und damit die Rationalität des exekutiven Normsetzungsverfahrens. Sie kann jedoch die demokratische Legitimation nicht ersetzen.[50] Außerdem ist ihre Funktion begrenzt, zumal sie in der letzten Phase des Normsetzungsverfahrens verortet ist und dabei die fast endgültige Fassung des Normentwurfs vorgelegt werden soll. Zwar wird in der Praxis ein Entwurf manchmal durch die Öffentlichkeitsbeteiligung korrigiert, wodurch er in einzelnen Punkten genauer oder differenzierter wird, aber er wird nicht grundsätzlich geändert.

Bei einer wichtigen exekutiven Normsetzung wird das Konzept der Norm üblicherweise schon vor der Öffentlichkeitsbeteiligung in einem beratenden Ausschuss, sei es aufgrund eines Gesetzes, sei es ohne gesetzliche Grundlage, diskutiert und ausgestaltet. Der beratende Ausschuss setzt sich normalerweise aus Sachverständigen und Vertretern der betroffenen Kreise zusammen. Nach der ursprünglichen Idee würde die Öffentlichkeitsbeteiligung an Stelle des Ausschusses treten (IV.1.a)). Realiter hat sie ihn aber nur ergänzen können. Denn eine bedeutende exekutive Normsetzung verlangt die Ausarbeitung der verschiedenen Interessen und verstreuten Informationen: Interessenartikulation, -abwägung, Informationsermittlung, -verarbeitung und Wissensgenerierung. Allein die Kommunikationsform der Öffentlichkeitsbeteiligung wäre diesen Anforderungen nicht gerecht.

V. Kommunale Satzung

1. Vorbehalt des Gesetzes

Das letzte Thema ist das Verhältnis der kommunalen Satzung zum parlamentarischen Gesetz. Hier zeigt sich ein auffälliger Unterschied zwischen dem deut-

---

49 https://www.soumu.go.jp/main_content/000540442.pdf (abgerufen: 1.7.2023).

50 *Martini* (Fn. 21), § 33 Rn. 26. Vgl. auch *Pünder* (Fn. 20), S. 266ff.

schen und dem japanischen Recht:[51] Zwar gilt sowohl in Deutschland als auch in Japan der Vorrang des Gesetzes. Eine mit einem Gesetz kollidierende kommunale Satzung ist daher rechtswidrig und (in Deutschland grundsätzlich) nichtig (Art. 94 jVf; § 14 Abs. 1 japanisches Kommunalgesetz; Art. 20 Abs. 3 GG). Unterschiedlich beantwortet wird jedoch die Frage eines Gesetzesvorbehalts. In Deutschland entspricht es gängiger Auffassung, dass die kommunale Satzungsgebung nicht Gesetzgebung, sondern Verwaltungstätigkeit ist und damit im Rahmen der Eingriffsverwaltung dem Gesetzesvorbehalt unterliegt. In Japan ist hier eine flexiblere Handhabung zu konstatieren: Nach fast unbestrittener Ansicht können japanische kommunale Körperschaften auch ohne spezifische gesetzliche Grundlage und Ermächtigung durch Erlass einer Satzung in Rechte Dritter eingreifende Maßnahmen bestimmen und ergreifen. Insoweit wird die kommunale Satzung mit dem einfachen Gesetz bzw. der satzungsgebende kommunale Rat mit dem Parlament gleichgesetzt. Während mithin das deutsche Recht die Freiheit Privater in den Mittelpunkt stellt, zeigt sich das japanische Recht hier offener gegenüber der Reichweite kommunaler Selbstverwaltung.

2. Vorrang des Gesetzes

Für Kommunen in Japan wiegt der Vorrang des Gesetzes umso schwerer. Sie beklagen sich oft darüber, dass manche Gesetze oder gesetzlich delegierte Rechtsverordnungen viel über ihre Organisation und Handlungen bestimmen und ihren Spielraum verengen.

Ferner entzündet sich manchmal ein Streit daran, ob eine Satzung mit einem Gesetz kollidiert oder nicht. Für dieses Problem hat der OGH seit langem den Maßstab aufgezeigt, dass nicht nur Regelungsgegenstand und Wortlaut, sondern auch Idee, Zweck, Gehalt und Auswirkung der Gesetzesbestimmung mit der umstrittenen Satzung zu vergleichen sind: Wenn die betreffende Angelegenheit nicht ausdrücklich durch das Gesetz geregelt, und angesichts des ganzen Gesetzes regelungsfrei zu halten ist, dann wäre eine Regelung durch die Satzung gesetzeswidrig. Wenn die Satzung dieselbe Angelegenheit wie das Gesetz, aber zu einem anderen Zweck regelt, und die gesetzlich intendierten Ziele und Auswirkungen nicht verhindert, kollidiert sie nicht mit dem Gesetz. Dasselbe gilt, wenn die Satzung dieselbe Angelegenheit mit demselben Zweck wie das Gesetz regelt, aber das Gesetz einen national einheitlichen Regelungsgehalt nicht beabsichtigt und je nach der Lage jeder Kommune andere Regelung zulässt.[52]

---

[51] *Yamamoto* (Fn. 4), S. 198 f. Zur Rechtslage in Deutschland *Ellerbrok*, Die öffentlich-rechtliche Satzung, 2020, S. 258 ff.

[52] OGH (Großer Senat), Urteil vom 10.9.1975, Keishû 29-8, 489: Eine Satzung, die die

Allerdings sagt der OGH damit nur Selbstverständliches, nämlich dass das Gesetz sorgfältig auszulegen ist. Sachlich scheint der OGH vielmehr die Rationalität der Satzung, vor allem ihren Rechtfertigungsgrund zum Grundrechtseingriff, mit derjenigen der Gesetzesbestimmung zu vergleichen. Die Satzung wurde, so scheint es, als gesetzeswidrig beurteilt, wenn die kommunale Körperschaft nicht erfolgreich dahingehend argumentieren konnte, dass die umstrittene Satzung zumindest ebenso rational oder gerechtfertigt wie die betreffende Gesetzesbestimmung wäre.[53][54]

Freiheit der Versammlung auf der öffentlichen Straße weiter als gesetzliche Regelung beschränkt, wurde als gesetzmäßig beurteilt.

[53] OGH, Urteil vom 21.12.1978, Minshû 32-9, 1723: Eigentumsbeschränkung am Fluss; OGH, Urteil vom 21.3.2013, Minshû 67-3, 438: die Kommunalsteuersatzung, die den durch das Körperschaftsteuergesetz anerkannten Verlustvortrag teilweise vereitelt.

[54] In Deutschland die Abwägungsvorgangskontrolle gegenüber dem Satzungsermessen bejahend *Schmidt-Aßmann*, in: Dürig/Herzog/Scholz, GG Komm., Art. 19 Abs. 4 Rn. 217 f. (Stand: 2020); *Ossenbühl* (Fn. 20), § 105 Rn. 49. Ablehnend *Mann*, in: Kahl/Ludwigs (Hrsg.), Handbuch des Verwaltungsrechts, Bd. V, 2023, § 154 Rn. 44; *Möstl* (Fn. 37), § 20 Rn. 31; BVerwGE 125, 384 im Fall der Satzung der Handwerkskammer.

Teil IV

Ermessens(fehler)lehre in Japan

Allgemeine Problematik und Aufgabe des Verwaltungsermessens aus Sicht der Rechtsvergleichung

Tomohiko Tatsumi

I. Einleitung

Die Ermessenslehre steht im Zentrum der öffentlich-rechtlichen Problematik, in der die Funktionsweise der zweiten Gewalt im Konzept der Gewaltenteilung bzw. -gliederung unter der jeweiligen Verfassung zu konstruieren ist. In der Verwaltungsrechtsdogmatik wird sie in der Regel so konzipiert, dass damit die Rechtswissenschaft und die Rechtspraxis den der Gerichtskontrolle in gewissem Umfang entzogenen Tätigkeitsbereich – mit anderen Worten den Umfang der Letztentscheidungskompetenz – der Verwaltung rechtlich kennzeichnet und unter gerichtliche Kontrolle stellt. Das dahinterstehende Prinzip der Gesetzes- und Rechtsbindung der Verwaltung, das ebenfalls in jeder Verfassung unterschiedlich ausgestaltet ist, stellt auch ein wichtiges Problemfeld des öffentlichen Rechts dar.

Im Folgenden wird die allgemeine, rechtsvergleichsfähige Problematik der Ermessenslehre aus einem Vergleich des japanischen und des deutschen Rechts herausgearbeitet (II.) und damit ihre Aufgaben spezifiziert (III.). Zusammenfassend ist festzuhalten, dass die Ermessenslehre nicht nur aus der Dogmatik ihrer gerichtlichen Kontrolle (Kontrollperspektive), sondern auch aus den Diskussionen zur Rekonstruktion der Rechts- bzw. Gesetzesanwendung durch die Verwaltung im Rahmen ihrer Rechts- und Gesetzesbindung (Handlungsperspektive) besteht. Im Rahmen der Kontrollperspektive sollen die Kontroll*modi* bzw. *-maßstäbe* von der Kontroll*dichte* bzw. *-intensität* unterschieden werden, um die Dogmatik der gerichtlichen Kontrolle von Ermessensentscheidungen der Verwaltung noch zu schärfen.

II. Problematik der Ermessenslehre

Die Ermessenslehre fokussiert sich hauptsächlich auf die gerichtliche Kontrolle von Verwaltungsentscheidungen. Ähnliche Begriffe wie das Ermessen im deutschen und österreichischen Recht finden sich in vielen anderen Rechtsordnungen: *„pouvoir discrétionnaire"* in Frankreich, *„discretionary power"* in England und in den USA, oder *„Sai-Ryou*(裁量)*"* in Japan (II. 1.). Allerdings weist die deutsche Rechtskonstruktion eine bereits mehrfach hervorgehobene Besonderheit auf (II. 2.), aus der sich im Vergleich zu anderen Rechtsordnungen die allgemeine Problematik der Ermessenslehre ableiten lässt.

1. Japan

Der charakteristische Unterschied der japanischen Ermessenslehre im Vergleich zur deutschen lässt sich darin finden, dass die Letztentscheidungskompetenz der Verwaltung unabhängig davon anerkannt wird, ob die Entscheidung die Tatbestands- oder die Rechtsfolgenseite der Normen betrifft (II. 1. a)), und dass die Differenzierung der *Modi* bzw. *Dichte* der gerichtlichen Ermessenskontrolle eher funktional vorgenommen wird (II. 1. b)). Zudem fokussiert sich die japanische Ermessenslehre nicht nur auf die gerichtliche Kontrolle, sondern auch auf die Entscheidungsstruktur der Verwaltung als solche (II. 1. c)).

a) Ermessenslehre im japanischen Verwaltungsrecht

Das moderne japanische Recht als solches ist ein Ergebnis der vielfältigen Rechtsvergleiche seit mehr als 150 Jahren.[1] Auch im Bereich der Ermessenslehre haben japanische Rechtswissenschaftler eine Vielzahl von Rechtstheorien und -dogmatiken in verschiedenen Staaten verglichen. Die heutige japanische Ermessenslehre neigt dazu, im Tatbestands-, im Rechtsfolge- und im Planungsermessen grundsätzlich gleiche Fehlerarten anzunehmen,[2] was eher der Lehre

---

[1] *Marutschke*, Einführung in das japanische Recht, 2. Aufl. 2009, §§ 4, 5; *Kischel*, Rechtsvergleichung, 2015, § 9 Rn. 137 ff.; *Baum*, in: Kaspar/Schon (Hrsg.), Einführung in das japanische Recht, 2018, § 1 Rn. 1 ff.; *Oda*, Japanese Law, 4th. ed., 2021, pp. 11–23.

[2] *Yamamoto*, Die japanische Ermessenslehre im Wandel, DÖV 2006, S. 848 ff.; *ders.*, Einführung in das japanische Allgemeine Verwaltungsrecht, Verwaltungsarchiv 2018, S. 190 (211 ff.); *Doll*, in: Kaspar/Schon (Hrsg.), Einführung in das japanische Recht, 2018, § 17 Rn. 10.

und der Rechtspraxis in vielen anderen Staaten wie Frankreich[3], England[4] und den USA[5] oder der Rechtsprechung des EuGH[6] entspricht.[7]

aa) Tatbestands- und Rechtsfolgeermessen

Die heutige japanische Lehre sieht die Letztentscheidungskompetenz der Verwaltung nicht in der Gesetzes- bzw. Rechtsauslegung und der Tatsachenfeststellung, sondern in der Subsumtion der festgestellten Tatsachen unter die ausgelegten gesetzlichen bzw. rechtlichen Tatsachen (Tatbestandsermessen (要件裁量)) oder in der Auswahl der nach Gesetz und Recht zulässigen Rechtsfolge (Rechtsfolgeermessen (効果裁量)). Vor dem Zweiten Weltkrieg hatte diese Unterscheidung die dogmatische Bedeutung, die Reichweite des Ermessens und die Art und Dichte seiner gerichtlichen Kontrolle zu bestimmen.[8] Heute unterscheidet das japanische Recht die gerichtliche Kontrolle jedoch nicht danach, ob das Ermessen auf der Tatbestandsseite oder auf der Rechtsfolgenseite auszuüben ist. Die Unterscheidung zwischen Tatbestands- und Rechtsfolgeermessen erscheint zwar ähnlich wie der Beurteilungsspielraum und das Ermessen in Deutschland, doch hat sich hier eher die einheitlich konzipierte und Tatbestands- und Rechtsfolgenseite umfassende Letztentscheidungskompetenz der Verwaltung durchgesetzt. Der japanische Oberste Gerichtshof (jOGH) überprüft sowohl das Tatbestands- als auch das Rechtsfolgeermessen vornehmlich unter folgenden Aspekten: (1) *„whether the factual basis for the decision was totally missing or not, such as in cases where there was an error in the material fact which served as a*

---

[3] *Schlette*, Die verwaltungsgerichtliche Kontrolle von Ermessensakten in Frankreich, 1991, S. 95 ff.; *Koch*, Verwaltungsrechtsschutz in Frankreich, 1998, S. 57 ff.; *Marsch*, Frankreich, in: Schneider (Hrsg.), Verwaltungsrecht in Europa, Bd. 2, 2009, S. 190 ff.

[4] *Brinktrine*, Verwaltungsermessen in Deutschland und England, 1997, S. 169 ff.; *Kleve/Schirmer*, England und Wales, in: Schneider (Hrsg.), Verwaltungsrecht in Europa, Bd. 1, 2007, S. 150 ff.

[5] *Lepsius*, Verwaltungsrecht unter dem Common Law, 1997, S. 164 ff.; *Brugger*, Einführung in das öffentliche Recht der USA, 2. Aufl. 2001, S. 260 ff.; *Schmidt-Aßmann*, Das Verwaltungsrecht der Vereinigten Staaten von Amerika, 2021, S. 272 ff.

[6] *Kadelbach*, Allgemeines Verwaltungsrecht unter europäischem Einfluß, 1999, S. 453; *Schwarze*, Europäisches Verwaltungsrecht, 2. Aufl. 2005, S. 280 ff.; *von Danwitz*, Europäisches Verwaltungsrecht, 2008, S. 361 ff.

[7] Siehe auch noch Frowein (Hrsg.), Die Kontrolldichte bei der gerichtlichen Überprüfung von Handlungen der Verwaltung, 1993; *Grabenwalter*, Ermessenslehren, in: von Bogdandy/Cassese/Huber (Hrsg.), Handbuch Ius Publicum Europaeum Bd. 5, 2014, S. 1017 ff.; Sommermann/Schaffarzik (Hrsg.), Handbuch der Geschichte der Verwaltungsgerichtsbarkeit in Deutschland und Europa, 2019.

[8] Siehe *Yamamoto*, Die japanische Ermessenslehre (Fn. 2), S. 848 f. über die Gegenüberstellung der Rechtsfolgeermessenslehre von *Tatsukichi Minobe* und der Tatbestandsermessenslehre von *Souichi Sasaki*.

basis of the decision", oder (2) „*whether it is evident that it significantly lacks appropriateness in the light of socially accepted views such as in cases where the assessment of facts was evidently unreasonable*".[9]

bb) Planungsermessen

Das Planungsermessen (計画裁量) ist auch in Japan als eine Form des Verwaltungsermessens bereits bekannt, seine Fehlerlehre unterscheidet sich jedoch nicht deutlich vom Tatbestands- und Rechtsfolgeermessen. Der jOGH hat die (Planungs-)Ermessensausübung bei dem *city plan* (都市計画) – grundsätzlich vergleichbar mit dem Flächennutzungsplan in Deutschland – nur deshalb für rechtswidrig erklärt: (1') „*by reason that the decision or change lacks a critical factual basis due to errors in fact-finding based on which the decision was made*", oder (2') „*by reason that the decision seems significantly inappropriate in light of the generally accepted social ideas because the agency's assessments of facts is obviously unreasonable or the agency has not taken into consideration the matters that should have been considered in making determination*".[10] Es kann lediglich festgestellt werden, dass (1') und (2') für Planungsermessen parallel zu (1) und (2) für Tatbestands- und Rechtsfolgeermessen konstruiert sind.

b) Kontrollperspektive

Discretion bzw. *Discretionary power* in Japan bedeutet zunächst wie das Ermessen in Deutschland den gerichtlich nicht voll überprüfbaren Entscheidungsspielraum, d. h. die Letztentscheidungskompetenz der Verwaltung. Gesetzliche Regelungen des behördlichen Ermessens finden sich in Japan nur im (japanischen) Verwaltungsprozessgesetz (jVwPG). Bezüglich der Anfechtungsklage heißt es: „*The court may revoke an original administrative disposition made by an administrative agency at its discretion only in cases where the disposition has been made beyond the bounds of the agency's discretionary power or through an abuse of such power*" (§ 30 jVwPG). Auch die Begründbarkeit der Verpflichtungsklage ist so geregelt: „*it is found that the administrative authority's inaction to make the original administrative disposition goes beyond the bounds of the agency's discretionary power or constitutes an abuse of that power*" (§ 37-2 Abs. 5, § 37-3 Abs. 5 jVwPG).[11]

---

[9] jOGH Urt. v. 4.10.1978 *(McLean Case)* für das Tatbestandsermessen bei der Verweigerung der Wiedereinreise eines Ausländers. Für das Rechtsfolgeermessen beim disziplinarischen Vorgehen gegen die Staatsangestellte hat früher jOGH Urt. v. 20.12.1977 *(Kobe Customs Case)* nur auf Aspekt (2) abgestellt; danach hat jOGH Urt. v. 8.3.1996 (*Kobe City College of Technology Case*) beim Versagen der Versetzung eines Schülers jedoch Aspekt (1) und (2) herangezogen.

[10] jOGH Urt. v. 2.11.2006 *(Odakyu Electric Railway Co. Case)*.

[11] Für die Unterlassungsklage ist die Begründbarkeit im Wesentlichen gleich geregelt: „*it is*

aa) Kontrollarten in der Rechtsprechung

Die Entstehungsgeschichte des jVwPG zeigt, dass die Regelung der Ermessensfehler eher parallel zu § 114 S. 1 VwGO – genauer zu dessen Entwurf – konstruiert wurde.[12] Das jVwPG sieht – wie beschrieben – eine gerichtliche Ermessenskontrolle unter zwei Gesichtspunkten vor: aus der Sicht der Ermessensüberschreitung („*beyond the bounds of the agency's/authority's discretionary power*") und des Ermessensmissbrauchs („*through an abuse of such/that power*"). Auch die Ermessensunterschreitung bzw. der Ermessensnichtgebrauch im deutschen Sinne umfasst „beyond the bounds of the agency's/authority's discretionary power".

In Japan hat diese Unterscheidung der Fehlerarten allerdings weniger dogmatische Bedeutung. Vielmehr werden der gerichtlichen Kontrolle zwei andere Arten der Kontrolle gegenübergestellt: die Kontrolle unter *„socially accepted views" (McLean Case)* bzw. *„the generally accepted social ideas" (Odakyu Case)* (社会観念審査) einerseits und die Kontrolle von Fehlern *„in making determination" (Odakyu Case)* (判断過程審査) andererseits.

Bei dem, was hier genau gegenübergestellt wird, lässt sich zwischen Kontroll*modus* (審査手法) und *-dichte* (審査密度) unterscheiden.[13] Kontroll*modus* bezeichnet die Art und Weise der gerichtlichen Kontrolle, d. h. nach welchen Maßstäben oder Aspekten die Gerichte die Entscheidungen der Verwaltung zu überprüfen haben. Kontroll*dichte* hingegen bezieht sich auf einen bestimmten Kontroll*modus* und drückt aus, in welchem Umfang und in welcher Tiefe die Gerichte die Entscheidungen der Verwaltung überprüfen sollen[14]. In der Gegenüberstellung der oben genannten Kontrollarten in japanischen Urteilen überschneiden sich Kontroll*modi* und *-dichte*. Einerseits verweist sie auf zwei Kontroll*modi*, die sich zum einen als Ergebniskontrolle (結果の統制) und zum anderen als Vorgangs- bzw. Begründungskontrolle (過程の統制) oder als „Argumentationskontrolle (論証過程の統制)"[15] rekonstruieren lassen (siehe III. 1.).

---

found that the administrative authority's act to make the original administrative disposition or administrative determination goes beyond the bounds of the authority's discretionary power or constitutes an abuse of that power" (§ 37-4 Abs. 5 jVwPG).

[12] Das jVwPG wurde 1962 erlassen und in seinem Abfassungsprozess wurde die VwGO 1960 erlassen. Noch dazu wurde im Abfassungsprozess des jVwPGs auch § 706 *Administrative Procedure Act (APA)* 1946 in den USA verglichen.

[13] *Murakami*, Der gegenwärtige Zustand und die Aufgaben der Vorgangskontrolle (判断過程審査の現状と課題) [auf Japanisch], in: *ders.*, Auslegungstheorie der Verwaltungsprozesse (行政訴訟の解釈理論), 2019, S. 235 (242).

[14] Eine ähnliche Perspektive findet sich auch in Deutschland: der Unterschied zwischen Kontroll*maßstäben* und Kontroll*dichte* (Siehe *2. b) aa)*).

[15] *Yamamoto*, Die japanische Ermessenslehre (Fn. 2), S. 852.

Des Weiteren deutet sich darin auch die Differenzierung der Kontroll*dichte* an, die gelegentlich auch als „Erheblichkeitskontrolle (著しさの統制)“[16] bezeichnet wird.

bb) Funktionale Ausdifferenzierung der Kontrolldichte

Hinsichtlich der Kontroll*dichte* werden in Japan teilweise – in Anlehnung an das französische Recht[17] – drei Stufen der gerichtlichen Ermessenskontrolle konzipiert: die maximale (最大限審査), die mittlere (中程度の審査) und die minimale Kontrolle (最小限審査). Die Erheblichkeitskontrolle vom jOGH wird als minimal beschrieben.[18] Die maximale Kontrolle ist nichts anderes als die gerichtliche Kontrolle der gebundenen Verwaltung ohne Letztentscheidungskompetenz, die die Entscheidung der Verwaltung durch die Gerichtsentscheidung vollständig ersetzen soll. Die mittlere und die minimale Kontrolle gehören zur Ermessenskontrolle; die mittlere strebt aber eine tiefere Kontrolle als die minimale an.

Die Differenzierung der Kontroll*dichte* in der japanischen Ermessenslehre erfolgt eher funktional nach den Gründen für die Einräumung des Ermessens einerseits und nach der Funktion bzw. Kompetenz der Gerichte andererseits. Beispielsweise wird manchmal argumentiert, dass Entscheidungen der Verwaltung in technisch hochkomplizierten Angelegenheiten einer strikteren gerichtlichen Ermessenskontrolle unterliegen als in politischen[19] oder disziplinarischen[20], weil in technischen Angelegenheiten im Gegensatz zu politischen oder disziplinarischen weniger Gründe für eine Zurückhaltung der Gerichte gegenüber Verwaltungsentscheidungen angeführt werden können. Der jOGH hat die Rechtmäßigkeit der Genehmigung für die Errichtung der Atomkraftwerke danach geprüft, ob die Entscheidung der Behörde *„unreasonable aspects“* beinhaltet, ohne das Wort „Ermessen“ zu erwähnen.[21]

---

[16] *Yamamoto*, Die japanische Ermessenslehre (Fn. 2), S. 852.

[17] Vgl. *Lerche*, in: Frowein (Hrsg.), Die Kontrolldichte bei der gerichtlichen Überprüfung von Handlungen der Verwaltung, 1993, S. 8 ff.; *Schmidt-Aßmann*, Die Kontrolldichte der Verwaltungsgerichte, DVBl. 1997, S. 281 (284).

[18] Vgl. *Kobayakawa*, Vorlesung des Verwaltungsrechts 2-II (行政法講義下II) [auf Japanisch], 2005, S. 194 ff.

[19] Siehe jOGH Urt. v. 4.10.1978 *(McLean Case)* in Anm. (Fn. 9).

[20] Siehe jOGH Urt. v. 20.12.1977 *(Kobe Customs Case)* in Anm. (Fn. 9).

[21] jOGH Urt. v. 29.10.1992 *(Ikata-Atomkraftwerk Case)*: *„When the court examines and makes a determination on a dispute in an action filed to seek revocation of an administrative disposition to grant permission for the installation of reactors, in which the point in dispute is the appropriateness of the defendant administrative agency's assessment on the safety of the reactor facilities, the court should focus on whether or not there are unreasonable aspects in the assessment that the defendant administrative agency has made on the basis of the expert*

c) Handlungsperspektive

Demgegenüber wird der Begriff „Ermessen“ in Japan gelegentlich verwendet, um – zunächst unabhängig von einer gerichtlichen Kontrolle – den gesetzlich nicht präzise geregelten Entscheidungsspielraum zum Ausdruck zu bringen.[22] Typischerweise bezeichnet der Begriff „gebundenes Ermessen (羈束裁量)“ die Tätigkeit der Verwaltung, die zwar der vollen gerichtlichen Kontrolle unterliegt („gebunden“ in der Kontrollperspektive), aber im Rahmen nur unbestimmter Regelungen durch die Gesetze liegt („Ermessen“ in der Handlungsperspektive).[23] Dieser Aspekt des Ermessens wird z.B. mit den Worten „Befreiung von den Gesetzen (法律からの自由)“[23] – im Gegensatz zur „Befreiung von den Gerichtskontrollen (司法審査からの自由)“ – bezeichnet; eine ähnliche Gegenüberstellung gibt es auch in Deutschland, z.B. zwischen „Eigenständigkeit der Verwaltung gegenüber parlamentarischer Gesetzgebung und gegenüber Kontrollinstanzen“[24].

Das Diskussionsfeld der Handlungsperspektive des Ermessens entspricht teilweise dem der unbestimmten (Rechts-)Begriffe und des Beurteilungsspielraums, ist aber noch weiter gefasst (siehe III. 4.). Auch in Deutschland scheint die Handlungsperspektive des Ermessens in letzter Zeit mehr Beachtung zu finden (siehe II. 2. c)).

2. Deutschland

Die deutsche Ermessenslehre weist im Vergleich mit der in anderen Staaten zahlreiche Besonderheiten auf.[25] Sie unterscheidet kategorial zwischen Ermessen, Beurteilungsspielraum und Planungsermessen (II. 2. a)); sie räumt der Verwaltung traditionell eine sehr eingeschränkte Letztentscheidungskompetenz ein und ordnet den einzelnen Ermessensarten unterschiedliche Ermessensfehler zu (II. 2. b)); sie fokussiert vor allem auf die gerichtliche Kontrolle von Verwaltungsentscheidungen und weniger auf die Handlungsperspektive des Ermessens (II. 2. c)).

---

technical investigation, deliberation and assessment by the Atomic Energy Commission or the Reactor Safety Examination Committee.“.

[22] *Takagi*, Verwaltungsrecht (行政法) [auf Japanisch], 2015, S. 475 ff.

[23] *Shibaike*, Vorlesung des allgemeinen Verwaltungsrechts (行政法総論講義) [auf Japanisch], 4. Aufl. 2006, S. 69.

[24] *Hoffmann-Riem/Pilniok*, in: Voßkuhle/Eifert/Möllers (Hrsg.), Grundlagen des Verwaltungsrechts, 3. Aufl. 2022, Bd. I, § 12 Rn. 103 ff., 132 ff.

[25] Über ihren Charakter und ihre Herkunft siehe *Wendel*, Verwaltungsermessen als Mehrebenenproblem, 2019, S. 11 ff.; *Held-Daab*, Das freie Ermessen, 1996.

a) Dichotomie der Letztentscheidungskompetenz der Verwaltung

Das Ermessen ist heute in Deutschland ein gesetzlicher Begriff, z.B. in § 40 VwVfG oder § 114 S. 1 VwGO, aber der Begriff ist nicht definiert. Er ist vielmehr das Ergebnis einer langen dogmatischen Diskussion. Die herrschende Lehre beschränkt das Ermessen auf die auf der Rechtsfolgenseite bestehende Letztentscheidungskompetenz und grenzt es von dem – seit 2017 auch im Gesetz verwendeten Begriff (siehe III. 3.) – Beurteilungsspielraum ab, der auf der Tatbestandsseite bestehen kann. Während das Ermessen als Wahlfreiheit der Verwaltung angesehen wird, die eng mit den „Kann-Vorschriften" verbunden sein soll, wird der Beurteilungsspielraum ebenso wie andere (gebundene) Verwaltungsentscheidungen als Subsumtion unter den – allerdings unbestimmten – Rechtsbegriff verstanden, weshalb er nur ausnahmsweise eingeräumt wird und grundsätzlich der vollen gerichtlichen Kontrolle unterliegt.[26]

aa) Normtypen

Aus rechtsvergleichender Sicht ist allerdings festzustellen, dass die deutsche zweigliedrige Begrifflichkeit der Letztentscheidungskompetenz der Verwaltung – das Ermessen und der Beurteilungsspielraum – einen Sonderweg beschritten hat (siehe II. 1. a)).[27] Sie ist allerdings auch in Deutschland ins Wanken geraten. Seit Langem ist anerkannt, dass die Unterscheidung zwischen Ermessen und Beurteilungsspielraum konditionale Normen bzw. das „Wenn-Dann-Schema" voraussetzt, bei dem eine klare Trennung zwischen Tatbestand und Rechtsfolge besteht, und dass sie unter nichtkonditionalen, sondern finalen Normen bzw. dem „Zweck-Mittel-Schema" nicht denkbar ist.[28] Dies ist z.B. im Planungsrecht der Fall. Hier musste in der Literatur das sog. Planungsermessen als eine besondere – d.h. eine nicht auf die zweigliedrige Begrifflichkeit abstellende – Ermessensart anerkannt werden.[29] Darüber hinaus wird z.B. mit dem Begriff des „Regulierungsermessens"[30] die Beibehaltung des deutschen Sonderwegs in stark

---

[26] *Maurer/Waldhoff*, Allgemeines Verwaltungsrecht, 21. Aufl. 2024, § 7 Rn. 7ff.; § 31 Rn. 7ff.; *Ehlers*, in: Ehlers/Schoch (Hrsg.), Rechtsschutz im Öffentlichen Recht, 2021, § 27 Rn. 140ff.

[27] *Kaiser*, in: Kahl/Ludwigs (Hrsg.), Handbuch des Verwaltungsrechts, Bd. I, 2021, § 24 Rn. 37.

[28] Schon *Ehmke*, „Ermessen" und „Unbestimmter Rechtsbegriff" im Verwaltungsrecht, 1960, S. 28: „Denn soweit Handlungsbefugnisse nicht an bestimmte Voraussetzungen, sondern nur an bestimmte Richtlinien gebunden sind, gibt es die zwei vorausgesetzten ‚Seiten' der Norm gar nicht.".

[29] *Wolff/Bachof/Stober/Kluth*, Verwaltungsrecht I, 13. Aufl. 2017, § 31 Rn. 69ff.; *Maurer/Waldhoff* (Fn. 26), § 7 Rn. 63ff.

[30] *Masing*, Soll das Recht der Regulierungsverwaltung übergreifend geregelt werden?, Gut-

europarechtlich geprägten Rechtsgebieten wie dem Telekommunikationsrecht diskutiert.[31]

bb) Fehlerlehre

Die zweigliedrige Begrifflichkeit der Letztentscheidungskompetenz knüpft im Grunde an die jeweiligen Fehlerarten an. Die Verwaltungsgerichte prüfen die Rechtswidrigkeit der das Ermessen einräumenden Verwaltungsakte nach § 114 S. 1 VwGO daraufhin, ob „die gesetzlichen Grenzen des Ermessens überschritten sind" (Ermessensüberschreitung) oder „von dem Ermessen in einer dem Zweck der Ermächtigung nicht entsprechenden Weise Gebrauch gemacht ist" (Ermessensmissbrauch).[32] Hinzu kommt in der Regel noch eine Fehlerart, nämlich die Ermessensunterschreitung.[33] Parallel dazu hat sich die Abwägungsfehlerlehre im Planungsrecht[34] entwickelt. Heute werden die Fehler des Planungsermessens in vier Kategorien eingeteilt: Abwägungsausfall, Abwägungsdefizit, Abwägungsfehleinschätzung und Abwägungsdisproportionalität.[35] Demgegenüber sind die Fehlerarten des Beurteilungsspielraums noch unterschiedlich konstruiert, werden aber manchmal parallel zum Ermessensfehler eingeordnet, z. B. Überschreitung, Missbrauch und Unterschreitung des Beurteilungsspielraums.[36]

Inzwischen werden jedoch die Fehlerarten des (Planungs-)Ermessens und des Beurteilungsspielraums eher gemeinsam – Überschreitungs-, Missbrauchs- und

---

achten D zum 66. Deutschen Juristentag, Bd.1, 2006, S. D 152 ff.; *Maurer/Waldhoff* (Fn. 26), § 7 Rn. 65 ff.

[31] Hier geht es um viele aktuelle Dissertationen: *Liebschwager*, Gerichtliche Kontrolle administrativer Regulierungsentscheidungen im Telekommunikationsrecht, 2005; *Bosch*, Die Kontrolldichte der gerichtlichen Überprüfung von Marktregulierungsentscheidungen der Bundesnetzagentur nach dem Telekommunikationsgesetz, 2009; *Oster*, Normative Ermächtigungen im Regulierungsrecht, 2009; *Gonsior*, Die Verfassungsmäßigkeit administrativer Letztentscheidungsbefugnisse, 2018; *Garstecki*, Das Regulierungsermessen, 2021; *Kagel*, „Europäisches Ermessen" in der Netzzugangs- und Entgeltregulierung, 2021. Auch zum Umweltrecht: *Schuster*, Beurteilungsspielräume der Verwaltung im Naturschutzrecht, 2020.

[32] Nach dem Gesetzeswortlaut prüft das Gericht „auch" Ermessensüberschreitung und -missbrauch, aber nach herrschender Meinung darf es „nur" daraufhin überprüfen. Vgl. *Wolff/Bachof/Stober/Kluth* (Fn. 29), § 31 Rn. 56.

[33] *Maurer/Waldhoff* (Fn. 26), § 7 Rn. 19 ff.; *Wolff/Bachof/Stober/Kluth* (Fn. 29), § 31 Rn. 56 ff.

[34] Siehe z. B. *Koch*, Das Abwägungsgebot in der Rechtsprechung des Bundesverwaltungsgerichts – Grundlegung und Entwicklungslinien, in: FS für Klaus-Peter Dolde, 2014, S. 401 ff.

[35] *Maurer/Waldhoff* (Fn. 26), § 7 Rn. 64; *Wolff/Bachof/Stober/Kluth* (Fn. 29), § 62 Rn. 163.

[36] *Wolff/Bachof/Stober/Kluth* (Fn. 29), § 31 Rn. 28 ff.; *Herdegen*, Beurteilungsspielraum und Ermessen im strukturellen Vergleich, JZ 1991, S. 747 (750 f.); *Ehlers* (Fn. 26), § 27 Rn. 149: Beim Ermessensfehlgebrauch kann es sich prinzipiell um dieselben Fehler wie beim Fehlgebrauch eines Beurteilungsspielraums handeln.

Unterschreitungsfehler – verstanden.[37] Dahinter steht die Erkenntnis, dass Ermessen und Planungsermessen den Abwägungscharakter gemeinsam haben,[38] und dass Subsumtion bei konditional aufgebauten Normen und Abwägung bei final konstruierten Normen nicht immer trennscharf zu unterscheiden sind[39]. Daher kann die Abwägungskontrolle eher als ein allgemeines Modell der gerichtlichen Kontrolle der Letztentscheidungskompetenz angesehen werden.[40]

b) Kontrollperspektive

aa) Kontrollmaßstäbe und -dichte

Die für Deutschland charakteristische Begrifflichkeit der Letztentscheidungskompetenz der Verwaltung ist eng mit der Dogmatik ihrer gerichtlichen Kontrolle verbunden. Gleichwohl scheint sich auch in Deutschland die kategoriale Differenzierung der Kontroll*maßstäbe* zwischen (Planungs-)Ermessen und Beurteilungsspielraum nicht durchgesetzt zu haben. Als Kontroll*maßstäbe* werden allgemein die Maßstäbe bezeichnet, an denen die angegriffenen Verwaltungsakte zu messen sind, weil sie nichts anderes sind als die rechtlichen Voraussetzungen, denen sie genügen müssen.[41] Die Verschiebung der Arten der gerichtlichen Kontrolle von der vollständigen Kontrolle der gebundenen Verwaltungsentscheidungen zur Kontrolle von Ermessens-, Abwägungs- bzw. Beurteilungsfehlern bezieht sich scheinbar auf die Modifizierung der rechtlichen Maßstäbe, nach denen die Gerichte über die Rechtmäßigkeit der Verwaltungshandlungen zu entscheiden haben; aber unter der oben beschriebenen Abwägungskontrolle als allgemeines Kontrollmuster eignet sich die Differenzierung der Kontroll*maßstäbe* tatsächlich nicht.

---

[37] *Wolff/Bachof/Stober/Kluth* (Fn. 29), § 31 Rn. 79: „eine weitgehend identische Fehlertypologie".

[38] *Wolff/Bachof/Stober/Kluth* (Fn. 29), § 31 Rn. 38: „jede Ermessensentscheidung ist zugleich ein Abwägungsprozess".

[39] *Pache*, Tatbestandliche Abwägung und Beurteilungsspielraum, 2001, S. 495 ff.; *Pfefferl*, Die Dichotomie konditionaler und finaler Normen, 2014, S. 89 ff.; *Jestaedt*, in: Ehlers/Pünder (Hrsg.), Allgemeines Verwaltungsrecht, 16. Aufl. 2022, § 11 Rn. 18; *Gärditz*, Europäisches Planungsrecht, 2009, S. 11: „Die Unterschiede zwischen Final- und Konditionalprogramm sind daher nicht normstrukturell-kategorial zu verstehen", sondern „als heuristische Kategorie, um Unterschiede in der tatbestandlichen Steuerungspräzision sichtbar zu machen".

[40] *Schmidt-Aßmann*, Das allgemeine Verwaltungsrecht als Ordnungsidee, 2. Aufl. 2004, 4/70; *Jestaedt* (Fn. 39), § 11 Rn. 52 ff.; *Hoffmann-Riem/Pilniok* (Fn. 24), Rn. 160 ff. *Wolff/Bachof/Stober/Kluth* (Fn. 29), § 31 Rn. 73: Abwägungsfehlerlehre stimmt „strukturell mit der Beurteilungs- und Ermessensfehlerlehre" überein.

[41] Vgl. *Jestaedt*, Verfassungsrecht und einfaches Recht – Verfassungsgerichtsbarkeit und Fachgerichtsbarkeit, DVBl. 2001, S. 1309 (1315).

Vielmehr kann gesagt werden, dass die Differenzierung der Kontroll*dichte* bzw. *-intensität* nach den Ermessens- bzw. Entscheidungsarten der Verwaltung erfolgt. Der Begriff Kontroll*dichte* hat aber keinen eindeutigen rechtlichen Inhalt. Es handelt sich lediglich um einen Sammelbegriff, der schlagwortartig die Fragen bezeichnet, wie die Kontrolle ausgestaltet ist, wie sie sein soll und sein kann.[42] Die Kontrolldichte ist kein dogmatisch eindeutiger Rechtsbegriff, sondern „eine Umschreibung der Gesamtintensität des Zugriffs der Verwaltungsgerichte bei der Überprüfung von Verwaltungsentscheidungen, was unterschiedliche normative Ankerpunkte haben kann“[43].

bb) Dogmatischer Hintergrund

Die minimalisierte Letztentscheidungskompetenz der Verwaltung in Deutschland ist vielmehr dogmatisch bedingt durch ein bestimmtes Verständnis von Gewaltenteilung und der Rechtsbindung der Gewalten. Die deutsche zweigliedrige Begrifflichkeit ist als Bemühen zu sehen, behördliche Entscheidungen einer möglichst intensiven gerichtlichen Kontrolle zu unterwerfen; sie ist stark vom verfassungsrechtlichen Grundsatz der vollständigen gerichtlichen Kontrolle der Verwaltungstätigkeiten geprägt, der sich sowohl aus Art. 19 Abs. 4 GG als auch aus Art. 20 Abs. 3 GG ergibt.[44]

Diese Gerichtsprägung der Gewaltenteilung[45] scheint jedoch bislang mit einer anderen deutschen Dogmatik verbunden zu sein. Teilweise wird darauf hingewiesen, dass die Subsumtion unter konditionale Normen ungeachtet ihrer Unbestimmtheit die einzig richtige Antwort der Rechtsanwendung voraussetze, und damit wird verbunden, dass der Beurteilungsspielraum einer strikteren gerichtlichen Kontrolle als das (Planungs-)Ermessen einem solchen Gesichtspunkt unterliegen solle, ob er mit der einzig richtigen Antwort der Rechtsanwendung übereinstimme[46], obwohl die Fehlertypen dazwischen ähnlich erscheinen[47].

---

42 *Ibler*, Rechtspflegender Rechtsschutz im Verwaltungsrecht, 1999, S. 62.

43 *Gärditz*, Funktionswandel der Verwaltungsgerichtsbarkeit unter dem Einfluss des Unionsrechts, Gutachten D zum 71. Deutschen Juristentag, 2016, S. D 54.

44 *Maurer/Waldhoff* (Fn. 26), § 7 Rn. 57 f.; *Kahl*, Die Europäisierung des Verwaltungsrechts als Herausforderung an Systembildung und Kodifikationsidee, Die Verwaltung Beiheft 10 (2010), S. 39 (75 f.).

45 *Schmidt-Aßmann* (Fn. 17), S. 283; *Schoch*, in: Hoffmann-Riem/Schmidt-Aßmann/Voßkuhle (Hrsg.), Grundlagen des Verwaltungsrechts, Bd. 3, 2. Aufl. 2013, § 50 Rn. 9.

46 *Ossenbühl*, in: Erichsen (Hrsg.), Allgemeines Verwaltungsrecht, 12. Aufl. 2002, § 10 Rn. 27 f.; *Maurer/Waldhoff* (Fn. 26), § 7 Rn. 29.

47 *Mager*, Beurteilungsspielraum, Ermessen, Abwägung – Zur Lehre von den Entscheidungsspielräumen der Verwaltung, StudZR 2/2016, 255 (265): „Die strukturelle Ähnlichkeit zwischen den Fehler- und Überprüfungslehren ist jedoch nur eine formale“.

Das Vorverständnis, dass die Subsumtion unter die konditional aufgebaute Norm – zumindest als „regulative Idee“[48] – die einzig richtige Antwort voraussetzt, hat im öffentlichen Recht die dogmatische Funktion, die Legitimation der Gerichtsentscheidung bzw. die Letztentscheidungskompetenz der Gerichte damit begründen zu können, dass die zweite und die dritte Gewalt demselben (materiellen) Recht unterliegen sollen, das vornehmlich die erste Gewalt als Gesetz erlässt, und dass die Gerichte als Staatsorgane der „Rechtsprechung“ das letzte Wort über die Rechts- bzw. Gesetzesanwendung haben sollen.[49] Dementsprechend soll die Reichweite der gerichtlichen Ermessensprüfung nach § 114 S. 1 VwGO der materiell-rechtlichen Grenze des Ermessenshandelns gemäß § 40 VwVfG entsprechen.[50]

c) Handlungsperspektive

aa) Ermessen als Rechtskonkretisierung

Die deutsche Ermessenslehre hat die Handlungsperspektive des Verwaltungsermessens bisher selten in den Vordergrund gestellt. Die Handlungsperspektive des Ermessens ist aber auch in Deutschland kein fremder Gedanke, sondern wird in der juristischen Methodenlehre bzw. Rechtsanwendungslehre bereits gepflegt.[51] Im Hinblick auf das Verwaltungsermessen lassen sich Ermessensermächtigungen durch Gesetze teilweise als eine Befugnis zur Tatbestandsergänzung[52] oder als spezifische Form der Rechtsfindung[53] darstellen. Darüber hinaus gibt es das schon bekannte Konzept der „gesetzesdirigierten Verwaltung“[54] oder das von der Rechtsstufentheorie entwickelte Konzept des „doppelten Ermessensantlitzes“[55], worin auch die Handlungsperspektive des Ermessens hervorgehoben wird. Von der Handlungsperspektive wird das Ermessen als Kompetenz der Rechtskonkre-

---

48 *Schoch*, Der unbestimmte Rechtsbegriff im Verwaltungsrecht, Jura 2004, S. 612 (614); *ders.*, in: Trute/Groß/Röhl/Möllers (Hrsg.), Allgemeines Verwaltungsrecht, 2008, S. 543 (551).

49 Vgl. *Ossenbühl* (Fn. 46), § 10 Rn. 27 f.; *Maurer/Waldhoff* (Fn. 26), § 7 Rn. 59.

50 *Maurer/Waldhoff* (Fn. 26), § 7 Rn. 8.

51 *Engisch*, Einführung in das juristische Denken, 12. Aufl. 2018, S. 165: „Unter logischen Gesichtspunkten, wie sie für uns maßgebend sind, muss aber der Begriff des Ermessens zunächst ohne Blick auf seine Bedeutung für die Nachprüfbarkeit der Ermessensakte geklärt werden.“

52 *Koch*, Unbestimmte Rechtsbegriffe und Ermessensermächtigungen im Verwaltungsrecht, 1979, S. 172.

53 *Soell*, Das Ermessen der Eingriffsverwaltung, 1973, S. 118.

54 *Schmidt-Aßmann* (Fn. 40), 4/42.

55 *Jestaedt*, Das doppelte Ermessensantlitz, ZfV 3/2015, S. 339 (345) definiert „Ermessen 1“ als Selbstprogrammierungsbefugnis des Rechtsanwenders und „Ermessen 2“ als seine Letztprogrammierungsbefugnis, sich anlehnend an „das doppelte Rechtsantlitz“ von *Adolf Julius Merkl*.

tisierung[56] bzw. der Selbstprogrammierung[57] der Verwaltung erfasst, und damit dient die Ermessenslehre dazu, die eigenständigen Rechtsanwendungsvorgänge der Verwaltung präzise herauszuarbeiten.

bb) Reflexion zur Kontrollperspektive

Unter der Handlungsperspektive des Ermessens ist die Prämisse, dass die Verwaltung unter der Rechts- und Gesetzesbindung stets die einzig richtige Antwort der Rechtsanwendung anstreben muss und die Gerichte dies nachzuprüfen haben (siehe II. b) bb)), leicht zweifelhaft.

Schon aus dem reichhaltigen Fundus der allgemeinen juristischen Methodenlehren lässt sich erkennen, dass die Subsumtion unter konditionale Normen kein rein logisches, eindeutiges Schlussverfahren ist, sondern eine komplexe Wertungsentscheidung bzw. ein Normerzeugungsverfahren[58] und gegebenenfalls in den Abwägungsvorgang integriert ist[59]. Die Handlungsperspektive führt uns weiter zu der Erkenntnis, dass Rechtsanwendung immer als rechtsschöpferisches, rechtserzeugendes oder rechtskonkretisierendes Urteil der jeweiligen Gewalt anzusehen ist.[60] Die „Richtigkeit" des Verwaltungshandelns ist daher nicht so einfach zweiwertig im Sinne einer Vereinbarkeit oder Unvereinbarkeit des Verwaltungshandelns mit den (materiell-)rechtlich vollständig vorgegebenen Maßstäben zu verstehen,[61] sondern besteht aus der auf vertretbarer Rechtserzeugung sowie auf hinreichender Sachverhaltserzeugung beruhenden Rechtmäßigkeit einerseits und der noch anders begründeten Sachrichtigkeit andererseits.[62] Aus dieser Perspektive soll der Grundsatz der umfassenden gerichtlichen Kontrolle der Verwaltung damit näher bestimmt werden, indem konkrete Kontroll*modi* und *-dichte* thematisiert werden, die sowohl der vorgenannten Rechtsanwendungsproblematik als auch den verfassungsrechtlichen Grundsätzen, wie sie in Art. 19 Abs. 4 und Art. 20 Abs. 3 GG (siehe II. b) bb)) enthalten sind, ge-

56 *Schmidt-Aßmann* (Fn. 40), 4/47 ff.

57 *Jestaedt* (Fn. 39), Rn. 35 ff.

58 *Vesting*, Rechtstheorie, 2. Aufl. 2015, Rn. 191 ff.

59 *Reimer*, Juristische Methodenlehre, 2. Aufl. 2020, Rn. 40 ff., 484 ff., insb. 489: Subsumtion als Abschluss der Abwägung; siehe auch *Vogt*, Die verhältnismäßige Anwendung „gebundener" Normen, 2019, S. 168 ff.

60 *Jestaedt* (Fn. 39), Rn. 9 ff.; *Schmidt-Aßmann* (Fn. 40), 2/17: „Alle drei Erkenntnisschritte" – Auslegung, Tatsachenfeststellung und Subsumtion – „enthalten vielmehr wertende Elemente, die sich intersubjektiv nicht immer eindeutig vermitteln lassen."; *Schmidt-Aßmann* (Fn. 40), 4/38: „Gesetzesvollzug ist … ein rechtsschöpferischer Vorgang, der den gesetzesanwendenden Instanzen eigene Entscheidungsräume beläßt".

61 Aktuell *Hwang*, Bestimmte Bindung unter Unbestimmtheitsbedingungen, 2013, S. 191 ff.

62 *Hilbert*, Erkenntnisfunktionen und Richtigkeitsgewähr von Verwaltungsverfahren, Die Verwaltung 51 (2018), S. 313 (334 ff.).

recht werden; dabei spielt das Konzept der einheitlichen Abwägungskontrolle (siehe II. a) bb)) eine entscheidende Rolle.[63]

III. Aufgaben der Ermessenslehre

1. Abwägungskontrolle als Vorgangs- und Ergebniskontrolle

Obwohl in vielen Ländern viele unterschiedliche Kontroll*modi* der Ermessensentscheidung existieren, ist die Auseinandersetzung zwischen der Vorgangskontrolle und der Ergebniskontrolle in Japan (II. 1. b) aa)) mit den Ermessensfehlerlehren in Deutschland vergleichbar. Die neuere Abwägungskontrolle als einheitlicher Kontroll*modus* in Deutschland (II. 2. a) bb)) zielt vor allem auf den Vorgang bzw. auf die Begründung des Abwägens der Verwaltung, aber auch auf das Ergebnis des Abwägens.[64]

Vorgangs- und Ergebniskontrolle lassen sich jedoch nicht vollständig voneinander trennen. Jeder Ergebnisfehler kann als Vorgangs- bzw. Begründungsfehler formuliert werden,[65] da ein fehlerhaftes Abwägungsergebnis ohne Fehler im Abwägungsvorgang nicht denkbar ist. Wenn es im Abwägungsvorgang keine Fehler gibt, kann auch das Abwägungsergebnis nicht fehlerhaft sein. Die Ergebniskontrolle ist in diesem Sinne eine modifizierte bzw. zugespitzte Form der Vorgangskontrolle,[66] die die objektive Gewichtung der Belange beim Abwägen berücksichtigt[67].

Der Unterschied zwischen Ergebniskontrolle und Vorgangskontrolle ist aber noch zu kontrastieren, weil nicht jeder Vorgangsfehler immer das Abwägungsergebnis beeinflusst. Dies ist auch sinnvoll, wenn man akzeptiert, dass Vorgangsfehler, aus denen kein Ergebnisfehler abgeleitet werden kann, nicht zur Rechtswidrigkeit der (Ermessens-)Entscheidung der Verwaltung führen müssen.[68] Vorbild für diesen Gedanken ist der Unterschied zwischen „Abwägungsvorgang" und „Abwägungsergebnis" im Sinne von § 214 Abs. 3 S. 2 BauGB bei der Planerhaltung, der in vielfältiger Weise mit der Abwägungsfehlerlehre zusammenhängt.[69] Die auch in der gebundenen Verwaltung verbreitete einheitliche Abwä-

---

[63] *Schmidt-Aßmann* (Fn. 40), 4/59 ff.; *Jestaedt* (Fn. 39), Rn. 52 ff.; siehe auch *Hoffmann*, Abwägung im Recht, 2007, S. 107 ff., 325 ff.

[64] *Schmidt-Aßmann* (Fn. 40), 4/70; *Jestaedt* (Fn. 39), Rn. 53.

[65] *Alexy*, Ermessensfehler, JZ 1986, S. 701 (709).

[66] *Yamamoto*, Die japanische Ermessenslehre (Fn. 2), S. 852 f.

[67] *Schmidt-Aßmann* (Fn. 40), 4/70; *Jestaedt* (Fn. 39), Rn. 53.

[68] *Yamamoto*, Vorgangskontrolle der Verwaltungsermessen（行政裁量の判断過程審査）[auf Japanisch], Zeitschrift für Verwaltungsrecht（行政法研究）, 14 (2016), S. 1 (8 f.).

[69] Z.B. *Kersten*, in: Schoch/Eifert (Hrsg.), Besonderes Verwaltungsrecht, 2. Aufl., 2023,

gungskontrolle (siehe III. 2.) muss auch der grundsätzlichen Unbeachtlichkeit der Verfahrensfehler in § 46 VwVfG Rechnung tragen, wonach der Einfluss von Verfahrensfehlern auf die Entscheidung „in der Sache" entscheidend ist. Diese Problematik hängt mit der für das deutsche Verwaltungsprozessrecht kennzeichnenden Dogmatik der vollständigen gerichtlichen Kontrolle der Verwaltung zusammen (siehe III. 3.).

2. Kontrollmodi als allgemeine Frage der gerichtlichen Verwaltungskontrolle

Der rechtsschöpferische, rechtserzeugende oder rechtskonkretisierende Charakter der Rechtsanwendung durch die Verwaltung (siehe II. 2. c)) ist für die Frage, ob der Verwaltung die Letztentscheidungsbefugnis zuzuerkennen ist, grundsätzlich unerheblich. Nach herrschender Meinung unterliegen die Verwaltungstätigkeiten auf der Grundlage polizeirechtlicher Generalklauseln zwar noch der vollständigen gerichtlichen Kontrolle, können aber in der Handlungsperspektive auch als Rechtskonkretisierung der Verwaltung verstanden werden.[70] Daraus folgt, dass die Abwägungskontrolle als allgemeiner *Modus* der gerichtlichen Kontrolle der Verwaltungsentscheidung nicht nur für die Letztentscheidung der Verwaltung, sondern auch für die gebundene Verwaltung – zumindest bei der Anwendung unbestimmter Rechtsbegriffe – gelten müsste.[71] Ist dies der Fall, so kann die Abwägungskontrolle als der Kontroll*modus* an sich kein Merkmal der mit der Letztentscheidungskompetenz korrespondierenden Ermessenskontrolle sein. Entscheidend ist für sie nicht die generelle Verschiebung der Kontroll*modi* bzw. *-maßstäbe* von der vollständigen Kontrolle auf die Abwägungskontrolle, sondern die Reduzierung der Kontroll*dichte* bzw. der Kontroll*intensität* des punktuellen Abwägungs- bzw. Begründungsvorgangs.[72]

3. Prozessrechtliche Verzahnung der Kontrolldichte als besondere Frage der Ermessenskontrolle

Wie *weit* die gerichtliche Kontroll*dichte* bei Ermessensentscheidungen der Verwaltung reduziert werden soll, wird je nach dem von den zugrundeliegenden

Kap. 3, Rn. 197 sieht Abwägungsausfall und -defizit als Fehler beim „Abwägungsvorgang" einerseits, Ermessensfehleinschätzung und -disproportionalität als Fehler beim „Abwägungsergebnis" andererseits.

[70] *Schmidt-Aßmann* (Fn. 40), 4/52.

[71] *Alexy* (Fn. 65), S. 713: „Alle Ermessensfehler bis auf die Ermessensunterschreitung können auch bei gebundenen Akten vorkommen."

[72] Vgl. *Jestaedt* (Fn. 39), Rn. 52.

Verfassungstheorien geprägten Gewaltenteilungs- bzw. Gewaltengliederungskonzept des jeweiligen Staates unterschiedlich entschieden. Unabhängig davon ist allen Staaten das Problem gemeinsam, *wie* die Reduzierung der Kontroll*dichte* rechtlich auszugestalten ist.

Dabei sind die verfahrens- bzw. beweisrechtlichen Regelungen, die die vollständige Kontrolle vor dem Verwaltungsgericht in Deutschland tragen, als Ausdruck der maximalen Kontroll*dichte* zu betrachten.[73] Die vollständige Kontrolle wird durch einen Komplex miteinander verbundener prozessrechtlicher Dogmatiken erreicht: den Untersuchungsgrundsatz (§ 86 VwGO), die Zuweisung der Darlegungs- bzw. Beweislast, das Niveau des Überzeugungsgrads bzw. des Beweismaßes[74] oder die Pflicht der Gerichte zur Herbeiführung der Spruchreife der Sache (vgl. § 113 Abs. 3 S. 1, Abs. 5 VwGO)[75] usw.

Hier geht es um die Frage, wann weitere Ermittlungen erforderlich sind oder wann ausreichende Informationen zur Erfüllung des eigenen Auftrags gesammelt und adäquat aufbereitet wurden.[76] In Japan z. B. gilt im Verwaltungsprozess grundsätzlich der Verhandlungs- bzw. Beibringungsgrundsatz; die gerichtliche Kontrolle der Verwaltung ist mit den Regeln der Behauptungs-, Beweis- und Darlegungslast noch diskursiver konstruiert.[77] In anderen Staaten, z. B. in Frankreich, in England oder in den USA, sind die Gerichte teilweise nicht befugt, die Tatsachenfeststellung der Verwaltung vollständig zu überprüfen.[78] Die Debatte über die Kontroll*dichte* bzw. *-intensität* ist bei allen prozessrechtlichen Regelungen fein zu verzahnen.

---

[73] Siehe *Schmidt-Aßmann*, Verwaltungsrechtliche Dogmatik, 2013, S. 121; *ders.*, Kohärenz und Konsistenz des Verwaltungsrechtsschutzes, 2015, S. 241 ff.; *ders.*, Verwaltungsrechtliche Dogmatik in der Entwicklung, 2. Aufl., 2023, S. 183 ff.

[74] Vgl. *Berg*, Die verwaltungsrechtliche Entscheidung bei ungewissem Sachverhalt, 1980, S. 22; *Vierhaus*, Beweisrecht im Verwaltungsprozess, 2011, Rn. 336 ff.; *Peters/Kukk/Ritgen*, Der Beweis im Verwaltungsrecht, 2019, S. 2.

[75] Vgl. *Marx*, Das Herbeiführen der Spruchreife im Verwaltungsprozeß, 1996; *Jacobj*, Spruchreife und Streitgegenstand im Verwaltungsprozess, 2001. Hierbei geht es z. B. um grundsätzliche Ausschließung der Anfechtbarkeit wegen der Verfahrensfehler (§ 46 VwVfG) oder um grundsätzliche Zulassung der Ergänzung der Ermessenserwägungen im Prozess (§ 114 S. 2 VwGO), die auch die Problemkreise der Kontrollmaßstäbe kreuzen.

[76] *Augsberg*, Informationsverwaltungsrecht, 2014, S. 44 über Verwaltungsverfahren.

[77] Diskursivität der Abwägungskontrolle (*Schmidt-Aßmann* [Fn. 17], S. 288) befindet sich auch unter dem Untersuchungsgrundsatz, der eigentlich die Rolle der Parteien nicht ignoriert (siehe *Kaufmann*, Untersuchungsgrundsatz und Verwaltungsgerichtsbarkeit, 2002, S. 353 ff.).

[78] *Lerche* (Fn. 17), S. 250 ff.; *Gärditz* (Fn. 43), S. 57 sieht die Tatsachenfeststellung zutreffend als eine Kompetenzfrage an.

4. Handlungsperspektive für die Digitalisierung der Verwaltung

Darüber hinaus wird die Handlungsperspektive des Ermessens selbst für ein weiteres Problemfeld zugänglich.

Seit 2017 lässt § 35a VwVfG den vollautomatischen Erlass eines Verwaltungsaktes nur noch dann zu, wenn „weder ein Ermessen noch ein Beurteilungsspielraum besteht". Hier geht es aber gar nicht um die Kontrollperspektive des Ermessens oder Beurteilungsspielraums, sondern um die Handlungsperspektive; die Frage ist nicht, ob der von der Gerichtskontrolle gewissermaßen befreite Verwaltungsakt vollautomatisch erlassen werden soll, sondern ob der gesetzlich nicht genau geregelte Verwaltungsakt vollautomatisch erlassen werden soll.

Mit der Digitalisierung des Rechts sollen die klassischen allgemeinen Fragen der Rechtsmethodenlehre nach der Struktur von Rechtsauslegung, Tatsachenfeststellung und Rechtsanwendung eher reflexiv in den Mittelpunkt gerückt werden, um zu klären, wie und inwieweit das Recht nicht von Menschen, sondern von Algorithmen gehandhabt werden darf bzw. durch digitale Architekturen ersetzt werden kann. Die Handlungsperspektive des Ermessens soll eine wichtige Rolle spielen, um die Rechtsanwendungsvorgänge der Verwaltung zu beleuchten, zu vertiefen und die Möglichkeiten und Grenzen der digitalen Verwaltung zu überblicken.

Teil V

Externer Sachverstand und Verwaltungswissen in der pluralen Gesellschaft*

Michael Fehling

I. Einführung

Dass Verwaltungsentscheidungen rational – und das heißt: unter angemessener Einbeziehung des vorhandenen verwaltungsinternen wie externen Sachverstands – getroffen werden, ist ein zentrales Versprechen des Rechtsstaats.[1] Soweit der Grundrechtsschutz durch Verfahren reicht, besteht auch ein subjektiv-öffentliches Recht auf hinreichend sachverständige Entscheidung;[2] so muss nach dem Bundesverwaltungsgericht bei Berufszugangsprüfungen im Lichte des Art. 12 GG gewährleistet sein, „dass die Entscheidung mit dem verfassungsrechtlich gebotenen Maß an Sachverstand getroffen wird."[3] Wird einschlägiger Sachverstand ganz fundamental ignoriert, kann dies sogar zum Vorwurf objektiver Willkür und damit zu einem Verstoß gegen den allgemeinen Gleichheitssatz (Art. 3 Abs. 1 GG) führen. All dies gilt nicht nur für den juristischen, sondern auch für den hier primär im Fokus stehenden außerjuristischen, anderen Professionen und Wissenschaftsdisziplinen (z. B. Naturwissenschaft, Technik, Ökonomie, aber auch Sozialwissenschaften) zugehörigen Sachverstand.

Der außerjuristische Sachverstand wird vor allem bei der Erfassung und Aufbereitung der relevanten Tatsachengrundlagen im Rahmen der Sachverhaltsermittlung relevant. Wo das Recht Ermessens- oder Beurteilungsspielräume eröffnet, kann eine sachverständige Perspektive sogar zu einem außerjuristischen Entscheidungsmaßstab erstarken[4] und dergestalt Regulierungsstrategien prägen.

---

* Für wertvolle Unterstützung insbesondere bei der Recherche und den Nachweisen danke ich meinen wiss. Mitarbeitern *Lennart Kokott* und *Marcel Jäkel*.

[1] Näher *Di Fabio*, VerwArch 82 (1990), S. 193 (210) m. w. N.; *Voßkuhle*, in: Isensee/Kirchhof (Hrsg.), Handbuch des Staatsrechts der Bundesrepublik Deutschland, Bd. III, 3. Aufl. 2005, § 43 Rn. 1; aufgegriffen von *Nußberger*, AöR 129 (2004), S. 282 (288).

[2] *Nußberger*, AöR 129 (2004), S. 282 (289).

[3] BVerwGE 95, 237 (243).

[4] Vgl. nur die Beispiele bei *Fehling*, in: Trute u. a. (Hrsg.), Allgemeines Verwaltungsrecht – zur Tragfähigkeit eines Konzepts, 2008, S. 461 (472 ff.).

Entscheidend aber ist dabei: Was bedeutet Sachverstand und welche Anforderungen sind an dessen angemessene oder hinreichende Berücksichtigung zu stellen? Inwieweit dürfen Behörden sachverständige Stellungnahmen ihren Entscheidungen zugrunde legen oder müssen sie hinterfragen? Wie verhalten sich verwaltungsinterner und in der Gesellschaft vorfindbarer Sachverstand zueinander? Inwieweit sind Behörden an die Einschätzung von externen Sachverständigen gebunden?

Meine Überlegungen beschränken sich auf das Verwaltungsrecht.[5] Allerdings lässt sich der Sachverstand auf Verwaltungsebene vom Sachverstand in der Gesetzgebung nicht trennscharf abgrenzen. Ein klassischer Grenzfall ist die administrative Normsetzung, die hier einbezogen wird. Immer häufiger übernimmt zudem die Gesetzgebung funktional Verwaltungsaufgaben, etwa beim Verfahren zur Auswahl eines atomaren Endlagers. Schließlich wirken auch in „echten" Gesetzgebungsverfahren Ministerien bei der Gesetzesvorbereitung mit und bedienen sich dabei auch externen Sachverstands. Diese beiden letztgenannten Konstellationen bleiben hier jedoch weitgehend ausgeblendet.

II. Zwei unterschiedliche Konzepte von Sachverstand im Verwaltungsrecht

Im allgemeinen Sprachgebrauch versteht man unter Sachverstand die Gesamtheit einschlägiger Kenntnisse, die für eine Aufgabe benötigt werden.[6] Erfasst wird damit nicht nur wissenschaftliches, sondern auch praktisches (Experten-) Wissen.[7] Bei der Verwaltungstätigkeit erwartet man freilich meist eine mehr oder minder ausgeprägte wissenschaftliche Fundierung der benötigten außerjuristischen Kenntnisse. Vereinzelt (z. B. § 4 Abs. 1 S. 1 Nr. 1 bzw. Nr. 2 GenTG) wird insoweit zwischen Sachverstand im engeren Sinne, der typischerweise auf Hochschulabschluss und Spezialisierung beruht und auf weitestmögliche Objektivität zielt, und bloßer Sachkunde, die sich primär auf Erfahrungswissens stützt und stärker durch den jeweiligen gesellschaftlichen Hintergrund geprägt ist, unterschieden.[8]

---

[5] Umfassend und auf einer höheren – vor allem demokratietheoretischen – Abstraktionsebene zur Beteiligung von Experten an hoheitlicher Entscheidungsfindung *Münkler*, Expertokratie, 2020.

[6] https://de.wiktionary.org/wiki/Sachverstand (letzter Zugriff am 26.01.2024).

[7] Weitere Auffächerung dieses Sonderwissens bei *Voßkuhle*, in: Trute u. a. (Hrsg.), Allgemeines Verwaltungsrecht – zur Tragfähigkeit eines Konzepts, 2008, S. 637 (643 ff.).

[8] *Nußberger*, AöR 129 (2004), S. 282 (291 f.).

Dabei konkurrieren idealtypisch zwei verschiedene Vorstellungen von Sachverstand.[9] Die Entwicklung verläuft tendenziell von einer langen Zeit weitgehend technokratischem Denken zu einem Verständnis, dass die Pluralität und Heterogenität des vorhandenen Sachverstandes anerkennt und auch die strukturellen Grenzen sachverständiger Problemlösung stärker in Rechnung stellt.

1. Technokratisches Verständnis

Einem ersten, technokratischen Verständnis von Sachverhalt liegt die Vorstellung zugrunde, dass für die zu treffende Verwaltungsentscheidung eine einzig richtige Lösung existiert, die mit dem notwendigen rechtlichen oder außerrechtlichen Sachverstand aufgespürt werden muss. Dementsprechend werden auch wissenschaftliche Fragen grundsätzlich als eindeutig entscheidbar angesehen; im Streit der Sachverständigen kommt es letztlich darauf an, den höchstqualifizierten Experten und über ihn die zutreffende Auffassung zu ermitteln. Echter Sachverstand steht in diesem Modell unabhängig und unparteiisch (betont etwa für öffentlich bestellte Sachverständige in § 36 Abs. 3 Nr. 3a GewO[10]) außerhalb der gesellschaftlichen Konflikte.

Besteht die Aufgabe der Verwaltung allein darin, eine als vorgegeben gedachte einzig richtige Lösung sachverständig aufzufinden, bedarf sie grundsätzlich keiner Entscheidungsspielräume. Vielmehr haben die Gerichte – gegebenenfalls erneut mit Hilfe von Sachverständigen – darüber zu wachen, dass die Verwaltung wissenschaftlich korrekt vorgegangen ist.

Somit kann von solchermaßen expertokratisch geprägter Verwaltungstätigkeit nur in den Bereichen gesprochen werden, in denen entweder einfach gelagerte Fälle – vielfach der Massenverwaltung, etwa im Steuer- oder Sozialrecht – allein mit juristischem Subsumtionssachverstand zu bewältigen sind oder in denen gesicherter außerjuristischer Sachverstand existiert, mit dessen Hilfe sich eine einzig richtige Entscheidung ermitteln lässt. Darüber hinaus werden aber spezifisch in Deutschland – im Rechtsvergleich atypisch – auch fast alle Genehmigungen erfasst, die als bloße Kontrollerlaubnis ausgestaltet sind. Dazu gehört sogar die immissionsschutzrechtliche Genehmigung, was in Verbindung mit dem unions-

---

[9] Im Folgenden angelehnt an *Fehling*, Verwaltung zwischen Unparteilichkeit und Gestaltungsaufgabe, 2001, S. 151 ff. Gewisse Überschneidungen, insbesondere beim technokratischen Modell, mit *Habermas*, Technik und Wissenschaft als „Ideologie", 1968, S. 118 ff.; ansatzweise ferner *Nußberger*, AöR 129 (2004), S. 282 (285 ff.).

[10] Zu den Anforderungen an den Sachverstand für die öffentliche Bestellung instruktiv BVerwGE 45, 235 (238 f.); aufgegriffen von *Hong*, Die Verwaltung 51 (2018), S. 367 (384 f.).

rechtlichen Verfahrensdenken und speziell bei der Berücksichtigungsfähigkeit der Ergebnisse der Umweltverträglichkeitsprüfung Friktionen hervorruft.[11]

2. *Plural-diskursives Verständnis*

Das idealtypische Gegenmodell basiert zwar ebenfalls auf der Annahme, dass – vor allem wissenschaftlich-technischem – Sachverstand eine überragende Bedeutung für die Erfüllung bestimmter Verwaltungsaufgaben zukommt. Es löst sich indes von der Vorstellung, Sachverstand und Fachkompetenz könnten eine einzig richtige Lösung hervorbringen. Überlegener wissenschaftlicher Sachverstand ist nicht mehr rein objektiv und eindeutig lokalisierbar, vielmehr gibt es divergierende sachverständige Meinungen, hinter denen oftmals verschiedene wissenschaftliche wie politische Prämissen mit einem unterschiedlichen Vorverständnis sichtbar werden.[12] Es bedarf daher einer Synergie von verschiedenen Sachverstandspositionen und politischen oder anderen Bewertungen. Bei der Einbeziehung unterschiedlicher Blickwinkel sind Sachverstand und Interessenvertretung nur idealtypisch klar abgrenzbar und gehen oftmals ineinander über.[13]

Den Horizont technokratischen Denkens überschreitende Wertungen sind insbesondere dort erforderlich, wo verschiedene konkurrierende wissenschaftliche Richtungen und Ansätze existieren, die Wissenschaft für neuartige Probleme noch keine Lösung bereithält oder wissenschaftlich ermittelte Risiken als noch oder nicht mehr hinnehmbar bewertet werden müssen.[14]

Juristisch betrifft dies primär Entscheidungen, bei denen die Verwaltung Handlungsspielräume besitzt. Hier einzuordnen sind im Regelfall Planungs- und

---

[11] Nach § 20 Abs. 1b S. 4 der 9. BImSchV „berücksichtigt die Genehmigungsbehörde" das Ergebnis der UVP nur „nach Maßgabe der hierfür geltenden Vorschriften", wofür mangels Ermessens- und Beurteilungsspielräumen im materiellen Recht jedoch gar keine Möglichkeit besteht. Der Eigenwert der UVP besteht demnach nur darin, die Sachverhaltsermittlung zu unterstützen und dabei für die Umweltprobleme zu sensibilisieren; BVerwGE 100, 370. Dazu etwa *Sparwasser/Engel/Voßkuhle*, Umweltrecht, 5. Aufl. 2003, § 4 Rn. 30ff.; kritisch: *Erbguth*, ZUR 2014, S. 515 (520ff.).

[12] Ähnlich *Hong*, Die Verwaltung 51 (2018), S. 367 (378f.) m.w.N. Für Sachverständige bei Gericht pointiert *Sendler*, NJW 1986, S. 2907 (2912): „Sage mir, welchen Wissenschaftler Du als Sachverständigen heranziehst, und ich sage Dir, was herauskommen wird".

[13] Diese Erkenntnis ist nicht neu, siehe nur *Voßkuhle*, in: Isensee/Kirchhof (Hrsg.), Handbuch des Staatsrechts der Bundesrepublik Deutschland, Bd. III, 3. Aufl. 2005, § 43 Rn. 17; *Hong*, Die Verwaltung 51 (2018), S. 367 (378), jeweils m.w.N.

[14] Dies klingt an auch bei *Nußberger*, AöR 129 (2004), S. 282 (299), dort aber allein auf plurale Sachverständigengremien bezogen und zur Begründung eines (Beurteilungs-)Spielraums verwendet: „wenn es nicht um das Abfragen von etabliertem Wissen, sondern um die Beantwortung von im wissenschaftlichen Prozess – noch oder grundsätzlich – offenen Fragen sowie um Fachwissen erforderliche Wertentscheidungen geht …"

Regulierungsentscheidungen; Grenzfälle stellen besonders komplexe Genehmigungsentscheidungen dar. Ein solches plural diskursives Sachverstandsverständnis passt ferner für viele Konstellationen exekutiver Normsetzung. Die Pluralität des Sachverstands sucht man oftmals durch entsprechende Beteiligungsverfahren oder Gremien (beispielsweise Ethikkommission,[15] die Bundesprüfstelle für jugendgefährdende Medien und die beteiligten Kreise nach § 51 BImSchG) abzubilden; dazu später mehr.[16]

Wo „wahrer" Sachverstand umstritten bleibt, stellt sich im Zuge von Corona-Leugnern, Impfskeptikern oder Klimawandel-Leugnern zunehmend[17] die Frage, was noch als seriöser alternativer Sachverstand eingestuft werden muss und was in Richtung „alternativer Fakten" oder gar Verschwörungstheorien abdriftet. Eine exakte Abgrenzung dürfte kaum gelingen; das zeigt sich etwa am umstrittenen Thema „Elektrosmog", also einer behaupteten athermischen Strahlung von Mobilfunkmasten.[18] Im Ansatz übertragbar erscheint die aus dem Risikoverwaltungsrecht bekannte Formel, wonach Risiken jenseits praktischer Vernunft nicht mehr bedacht werden müssen.[19] Auf unser Problem gewendet bedeutet dies: Angebliche Kenntnisse und Fähigkeiten, die in der wissenschaftlichen Diskussion jenseits praktischer Vernunft angesiedelt sind, fallen aus der zu berücksichtigenden Bandbreite sachverständig möglicher Einschätzungen heraus. Als weiterer Anhaltspunkt kann die Formulierung des Bundesverfassungsgerichts zu den Grenzen der Wissenschaftlichkeit dienen: Von Wissenschaft und damit auch von wissenschaftlich untermauertem Sachverstand lässt sich nicht mehr sprechen, wenn „es nicht auf Wahrheitserkenntnis gerichtet ist, sondern vorgefassten Meinungen und Ergebnissen lediglich den Anschein wissenschaftlicher Gewinnung oder Nachweisbarkeit verleiht". Indiz dafür ist „die systematische Ausblendung von Fakten, Quellen, Ansichten und Ergebnissen, die die Auffassung des [vermeintlich Sachverständigen] in Frage stellen".[20]

In welcher Bandbreite verschiedene als ernsthaft anzuerkennende sachverständige Positionen in die Entscheidungsfindung einbezogen werden, welchen Aufwand die Behörde also insoweit bei der Ermittlung treibt, liegt in ihrem Ver-

---

[15] Dazu *Fehling*, OdW 2021, S. 103.

[16] Unten IV. 5. (beteiligte Kreise) bzw. IV. 1. (Prüfstelle).

[17] Zum Umgang mit „abwegigen Meinungen" bei der Zusammensetzung von plural ausgerichteten Fachkommissionen bereits *Nußberger*, AöR 129 (2004), S. 282 (304).

[18] S. zur Diskussion im Umfeld des Erlasses der 26. BImSchV, die sich nicht auf athermische Wirkungen bezieht, *Kutscheidt*, NVwZ 1997, S. 2481; s. zur fehlendenden wissenschaftlichen Basis athermischer Effekte, VGH Bayern, BeckRS 2023, S. 12076 (Rn. 34) und BVerfG, NJW 2002, S. 1638 (1639); kritisch: *Budzinski,* NVwZ 2012, S. 547 ff., *ders.*, NVwZ 2013, S. 990 f.

[19] BVerwGE 131, 129 (136).

[20] BVerfGE 90, 1 (13); BVerwGE 102, 304 (307 f. und 311).

fahrensermessen.[21] Dessen Grenzen werden aber überschritten, wenn die Auswahl zu einseitig-unausgewogen erfolgt oder wenn die Pluralität des vorhandenen Sachverstands gar nicht erst erkannt und unreflektiert von einer einzig richtigen Sachverstandsposition ausgegangen wird. Zwar muss sich die zuständige Behörde letztlich für eine sachverständig fundierte Einschätzung entscheiden, um entscheidungs- und gestaltungsfähig zu bleiben, doch darf sie dies nur nach – gegebenenfalls auch politisch beeinflusster – (Risiko- und Interessen-)Abwägung der verschiedenen Positionen tun. Darauf komme ich im Zusammenhang mit Grenzwerten im Umweltrecht zurück.[22]

III. Unterschiedliche Verortung von Sachverstand

1. Verwaltungsinterner und externer Sachverstand

Das Rechtsstaatsprinzip fordert, dass die Verwaltung über den für ihre Aufgabenerfüllung notwendigen Sachverstand verfügt. Dieser muss im Regelfall, aber nicht ausnahmslos in der Verwaltung selbst vorgehalten werden.[23] Bei juristischem Sachverstand ist dies fast durchweg der Fall; wenn ausnahmsweise Rechtsgutachten nach außen vergeben werden, betrifft dies typischerweise die Vorbereitung von Gesetzgebung oder andere konzeptionelle Aspekte, selten Einzelfallentscheidungen.[24] Aber auch außerjuristischer Sachverstand ist in weitem Umfang in der Verwaltung selbst angesiedelt, sei es in spezialisierten Referaten oder Abteilungen der allgemeinen Verwaltung oder in Fachbehörden wie etwa der Bundesnetzagentur oder dem Bundeskartellamt. Viele selbstständige Bundesoberbehörden (Art. 87 Abs. 3 Satz 1 GG) wie etwas das für die Pandemiebekämpfung wichtige Robert-Koch-Institut oder beim Klimaschutz das Umweltbundesamt arbeiten dabei primär auf strategischer Ebene und beraten die Politik wie auch Behörden mit Vollzugsaufgaben.

Die Verwaltung kann aber auch externen Sachverstand Privater heranziehen. Ob und in welchem Umfang sie dies tut, ist im konkreten Verwaltungsverfahren

21 *Schwarz*, in: Fehling/Kastner/Störmer (Hrsg.), Verwaltungsrecht, 5. Aufl. 2021, § 26 VwVfG Rn. 25 f.; *Schneider*, in: Schoch/Schneider (Hrsg.), VwVfG, 3. EL. August 2022, § 26 VwVfG Rn. 47.

22 Unten IV. 1.

23 Dieses Regel-Ausnahme-Verhältnis betonen etwa *Hong*, Die Verwaltung 51 (2018), S. 367 (367 f. u. 389 ff.); *Voßkuhle*, in: Isensee/Kirchhof (Hrsg.), Handbuch des Staatsrechts der Bundesrepublik Deutschland, Bd. III, 3. Aufl. 2005, § 43 Rn. 67.

24 Eine Ausnahme bilden Fragen nach der Anwendbarkeit ausländischen Rechts oder Gewohnheitsrechts, vgl. *Engel/Pfau*, in: Mann/Sennekamp/Uechtritz (Hrsg.), VwVfG, 2019,§ 26 Rn. 34.

nach § 26 Abs. 1 S. 2 Nr. 2 VwVfG eine Frage des Verfahrensermessens.[25] In besonders komplexen Rechtsgebieten, etwa im Regulierungsrecht der Netzwirtschaften,[26] kann es jedoch nicht bei einem solchen punktuellen Rückgriff auf privaten Sachverstand verbleiben, vielmehr muss das benötigte Wissen erst aufwändig im Verfahren selbst generiert werden; dafür existieren vielfach Spezialvorschriften.[27] Vorgelagert haben der Haushaltsgesetzgeber und konkretisierend die politische Verwaltungsspitze einen Spielraum, inwieweit sie in ihrer Stellenplanung für verwaltungsinternen Sachverstand sorgen oder in Ermangelung dessen Mittel für externe Gutachten-Aufträge bereitstellen. Eine feste „Privatisierungsgrenze" für die Auslagerung von Sachverstand kennt das Grundgesetz nicht. Wohl aber muss dafür gesorgt werden, dass der hinzugezogene Sachverstand entweder unpolitisch-neutral ist[28] (bei Eignung eines technokratischen Sachverstandsverständnisses, vgl. erneut § 36 GewO) oder aber hinreichend plural abgebildet wird (wo sachverständig verschiedene seriöse Auffassungen existieren). Gänzlich unhinterfragt darf sich die Verwaltung auf externen Sachverhalt außerdem nicht verlassen, weil ansonsten der Externe ohne demokratische Legitimation und Verantwortlichkeit faktisch zum Entscheidungsträger würde.[29] Doch mehr als ein kritisches Nachvollziehen wird man kaum verlangen können,[30] weil Externe ja gerade dann eingeschaltet werden, wenn der Verwaltung selbst der entsprechende Sachverstand fehlt. Aus einem solchen Wissensgefälle erwächst die Gefahr sachwidrig-einseitiger Einflussnahme Privater auf Verwaltungsentscheidungen.[31]

Statt durch die Verwaltung wird privater Sachverstand teilweise auch durch den Antragsteller hinzugezogen. Oftmals geht es dabei, dem Verwaltungsverfahren vorgelagert, nur um die Vorbereitung von Genehmigungs- oder sonstigen

[25] *Schwarz*, in: Fehling/Kastner/Störmer (Hrsg.), Verwaltungsrecht, 5. Aufl. 2021, § 26 VwVfG Rn. 25 f.; *Schneider*, in: Schoch/Schneider (Hrsg.), VwVfG, 3. EL August 2022, § 26 VwVfG Rn. 47.

[26] Dazu unten IV. 4.

[27] Allgemein dazu *Hong*, Die Verwaltung 51 (2018), S. 367 (368 f.); *Augsberg*, Informationsverwaltungsrecht – Zur kognitiven Dimension der rechtlichen Steuerung von Verwaltungsentscheidungen, 2014, S. 124.

[28] Vgl. *Hong*, Die Verwaltung 51 (2018), S. 367 (378 ff.) mit der Grundregel: „Je stärker sachverständiges Wissen einer Objektivierung zugänglich ist, desto höher werden die verfassungsrechtlichen Anforderungen an die regulatorische Gewährleistung einer solchen Objektivierung durch den Gesetzgeber und an die konkrete Rechtfertigung des Einsatzes des externen Sachverstands."

[29] Prägnant hervorgehoben bereits bei *Forsthoff*, Lehrbuch des Verwaltungsrechts, 10. Aufl. 1973, S. 77.

[30] Tendenziell strenger *Hong*, Die Verwaltung 51 (2018), S. 367 (368).

[31] *Voßkuhle*, in: Isensee/Kirchhof (Hrsg.), Handbuch des Staatsrechts der Bundesrepublik Deutschland, Bd. III, 3. Aufl. 2005, § 43 Rn. 12; *Hong*, Die Verwaltung 51 (2018), S. 367 (369).

Antragsunterlagen. Teilweise ist der Sachverstandsbeitrag des Antragstellers aber auch in das Verwaltungsverfahren integriert, namentlich bei der Umweltverträglichkeitsprüfung (zum vom Vorhabenträger vorzulegenden UVP-Bericht vgl. § 16 UVPG, § 4e 9. BImSchV). Damit das (ökonomische) Eigeninteresse des Privaten nicht ungefiltert durchschlägt, trifft die Behörde die Pflicht zur nachvollziehenden – aber eben nicht originären – Amtsermittlung.[32] Allgemeiner ausgedrückt: Je größer der Einfluss privaten, potenziell interessengeleiteten Sachverstands auf Verwaltungsentscheidungen, umso weiter reicht die Pflicht des Staates, Kontrollstrukturen zu schaffen,[33] um seiner demokratischen Verantwortlichkeit gerecht zu werden und sachwidriger Einflussnahme entgegenzuwirken.[34]

Nicht jeglicher Sachverstand lässt sich ohne weiteres als entweder verwaltungsintern oder -extern verorten.[35] Beispielsweise handelt es sich bei den Technischen Überwachungsvereine formal um private Vereine, doch die einzelnen Prüfingenieure sind bei ihren Überwachungstätigkeiten mit Hoheitsgewalt beliehen (§ 29 StVZO i. V. m. Anlagen VIII, VIIIa). Auch manche pluralistisch-sachverständig zusammengesetzte Gremien sind zwar formal in die Verwaltung eingegliedert, jedoch durch Weisungsfreiheit der Sache nach verselbständigt[36] (z. B. die formal für die Landesmedienanstalten im Wege der Organleihe tätige Kommission für Zulassung und Aufsicht nach §§ 104 Abs. 2 S. 1 Nr. 1, 105 MStV). Eine Zwischenstellung zwischen Staat und Gesellschaft nehmen ferner Berufs- und Wirtschaftskammern ein, die als Körperschaften des öffentlichen Rechts mit funktionaler Selbstverwaltung auch die Aufgabe haben, Politik und Verwaltung mit ihrem Insider-Wissen aus den jeweiligen Wirtschaftsbereichen zu beraten (z. B. § 1 Abs. 1 Satz 2 Nr. 1 IHK-G).

---

[32] Grundlegend *Schneider*, Nachvollziehende Amtsermittlung bei der Umweltverträglichkeitsprüfung, 1991, insb. S. 133 ff.

[33] Allgemeiner von einer staatlichen Strukturschaffungspflicht bei Einschaltung Privater spricht *Burgi*, Die Verwaltung 33 (2000), S. 183 (200 ff.). In der Sache weitgehend identisch spricht *Voßkuhle*, in: Botzem u. a. (Hrsg.), Governance als Prozess, 2009, S. 547 (562) von Gewährleistungsaufsicht in Governancestrukturen; vgl. auch *Scholl*, Der private Sachverständige im Verwaltungsrecht, 2005, S. 605 ff.

[34] Ähnlich *Hong*, Die Verwaltung 51 (2018), S. 367 (373 ff.).

[35] Von einer „breite[n] Zone gleitender Übergänge" sprechen *Brohm*, in: Isensee/Kirchhof (Hrsg.), Handbuch des Staatsrechts der Bunderepublik Deutschland, 2. Aufl. 1998, § 36 Rn. 9, und *Hong*, Die Verwaltung 51 (2018), S. 367 (370 f.).

[36] *Voßkuhle*, in: Isensee/Kirchhof (Hrsg.), Handbuch des Staatsrechts der Bundesrepublik Deutschland, Bd. III, 3. Aufl. 2005, § 43 Rn. 14 f., will bei gemischten Gremien darauf abstellen, ob im Gremium nach Zusammensetzung und Abstimmungsverhältnissen der staatliche oder der private Einfluss überwiegt.

2. Menschlicher Sachverstand und Sachverstand in künstlicher Intelligenz

Digitale Bearbeitungssysteme sind auch in der Verwaltung im Vordringen. § 35a VwVfG lässt mittlerweile ausdrücklich auch den vollautomatischen Erlass eines Verwaltungsakts zu, sofern die Verwaltung über keinen Spielraum verfügt. In ein solches Expertensystem kann und muss dann auch der notwendige juristische wie außerjuristische Sachverstand implementiert sein. Dafür wiederum trifft die Entscheidungsträger, die den Einsatz solcher Systeme vorgeben, eine Gewährleistungsverantwortung.

Im Rahmen ihres Amtsermittlungsermessens (§ 24 Abs. 1 VwVfG) kann sich die Verwaltung aber auch zur Vorbereitung menschlicher Entscheidungen elektronischen Sachverstands bis hin zu künstlicher Intelligenz (KI) bedienen.[37] In der banalsten Ausprägung ist dies bereits bei Internet-Recherchen zu Fachfragen der Fall. Wie allgemein trägt die Behörde auch bei elektronischen Ressourcen die Verantwortung dafür, dass sie geeigneten Sachverstand nutzt. Dies stellt § 24 Abs. 1 S. 3 VwVfG für die Nutzung automatisierter Verfahren zur Amtsermittlung ausdrücklich klar.[38]

Problematisch wird es erst bei selbstlernenden und in diesem Sinne intelligenten Systemen, bei denen der menschliche Entscheider die sachverständige elektronische Problemverarbeitung und -lösung nicht mehr voll nachvollziehen und gegebenenfalls kontrollieren kann. Obwohl als bloße Entscheidungsassistenzsysteme konzipiert, treffen solche Systeme auch Ermessensentscheidungen letztlich weitgehend autonom.[39] Damit betritt man das weite Feld der Fragen rund um die staatliche Gewährleistungsverantwortung für den Einsatz von KI-Systemen in der Verwaltung. Dies ist ein eigenständiges großes Thema; einige wenige Andeutungen müssen hier genügen. Erstens muss dafür Sorge getragen werden, dass das KI-System mit geeigneten Daten trainiert und dabei der vorhandene Sachverstand vertretbar abgebildet wird. Zweitens muss der Lern-Algorithmus so gestaltet werden, dass er nicht menschliche Vorurteile u.Ä. reproduziert und sogar verstärkt.[40]

---

[37] Dazu *Britz/Eifert*, in: Voßkuhle/Eifert/Möllers (Hrsg.), Grundlagen des Verwaltungsrechts, 3. Aufl. 2022, Bd. I, § 26 Rn. 93 ff.; *Siegel*, NVwZ 2023, S. 193 (196).

[38] Dazu etwa *Schneider*, in: Schoch/Schneider (Hrsg.), Verwaltungsrecht. VwVfG, 3. EL. August 2022, § 24 VwVfG Rn. 133 f.

[39] Dazu statt vieler *Tischbirek*, ZfDR 2021, S. 307 (316 f.); *Wischmeyer,* AöR 143 (2018), S. 1 (12); *Hoffmann-Riem,* AöR 142 (2017), S. 1 (3).

[40] Zum Diskriminierungsschutz beim Einsatz von Algorithmen *Britz/Eifert*, in: Voßkuhle/Eifert/Möllers (Hrsg.), Grundlagen des Verwaltungsrechts, 3. Aufl. 2022, Bd. I, § 26 Rn. 120 ff.; *Wischmeyer,* AöR 143 (2018), S. 1 (26 ff.); *Lauscher/Legner*, ZfDR 2022, S. 367 (370 ff.).

Drittens schließlich sind die Ergebnisse zumindest in Stichproben soweit wie möglich auf Plausibilität zu prüfen.[41]

3. Bindung der Verwaltung an die Einschätzung von Sachverständigen?[42]

Im Regelfall, wie er in § 26 VwVfG kodifiziert ist, handelt es sich bei der Einbeziehung privater Sachverständiger zwar nur um ein Mittel der Sachverhaltsermittlung und des Beweises.[43] Die entscheidungsbefugte Behörde ist rechtlich an die sachverständige Stellungnahme im Rahmen freier Beweiswürdigung nicht gebunden. Faktisch wird sie aber oftmals mehr oder weniger – abhängig vom „Sachverstandsgefälle" zwischen Behörde und Gutachter – gezwungen sein, der sachverständigen Beurteilung zu folgen.[44]

Gelegentlich ordnen Fachgesetzte an, dass die Behörde vom Sachverständigengutachten nur ausnahmsweise mit besonderer Begründung abweichen darf (comply or explain, früher z.B. § 26 Abs. 6 S. 3 AMG a.F.).[45] Nur sehr selten ist die Verwaltung strikt an die sachverständige Stellungnahme gebunden (vgl. etwa § 42 Abs. 5 S. 3 AMG). Schließlich gibt es auch noch Konstellationen, in denen die abschließende Entscheidung direkt einem Sachverständigengremium übertragen ist, wie bei der Prüfstelle für jugendgefährdende Medien, die zwar in die Verwaltung integriert, aber weisungsfrei ist (§ 19 Abs. 4 JuSchG).

4. Sachverstand bei der exekutiven Normsetzung, in Verwaltungsverfahren und in allgemeinen Beratungsgremien

Wie schon eingangs angedeutet, benötigt und nutzt die Verwaltung Sachverstand nicht nur in Verwaltungsverfahren im Sinne der Verwaltungsverfahrensgesetze, sondern auch beim Erlass von Verwaltungsvorschriften und Rechtsverordnungen. Konkreten Rechtsakten vorgelagert werden sachverständige Einschätzungen in vorwiegend beratend tätigen Gremien und Behörden wie etwa dem Umweltbundesamt[46] generiert.

---

41 *Hoffmann-Riem*, Bucerius Law Journal 2019, S. 57; *Lorse*, NVwZ 2021, S. 1657 (1659); *Guggenberger*, NVwZ 2019, S. 844 (850).

42 Nachstehend genannte Fallgruppen und Beispiele nach *Nußberger*, AöR 129 (2004), S. 282 (294 ff.).

43 *Nußberger*, AöR 129 (2004), S. 282 (295).

44 Vgl. *Nußberger*, AöR 129 (2004), S. 282 (306) im Anschluss an *Sendler*, NJW 1986, S. 2907 (2909): „säkularisierter Gottesbeweis".

45 Vgl. *Di Fabio*, Risikoentscheidungen im Rechtsstaat, 1994, S. 198 f.

46 Zu dessen Aufgaben vgl. § 2 Umweltbundesamt-Gesetz.

Zwar besteht kein grundsätzlicher Unterschied bezüglich der Rolle und Art des Sachverstands zwischen diesen unterschiedlichen Verwaltungstätigkeiten. Für die Frage, inwieweit Sachverstand benötig und wie dieser beschaffen sein muss, kommt es immer entscheidend auf die konkrete Verwaltungsaufgabe an. Doch lassen sich aus der unterschiedlichen Politiknähe, die den drei genannten Verwaltungstätigkeiten idealtypisch anhaftet, graduell unterschiedliche Tendenzen in Bezug auf Struktur und Bedeutung des Sachverstands identifizieren. So erscheint exekutive Normsetzung auf Regierungsebene tendenziell stärker politisch geprägt als Verwaltungsentscheidungen auf Ebene der Fachbehörden. Je politisierter Entscheidungsprozesse sind, umso stärker gewinnen Interessenabwägungen gegenüber sachverständigen Einschätzungen an Gewicht. Ohnehin lassen sich sachverständige Problemlösung einerseits und Interessenvertretung und -verarbeitung im Rahmen politischer Gestaltung anderseits nur logisch trennen; praktisch bleiben sie oft eng verwoben.[47] Dies sei später am Beispiel der normkonkretisierenden Verwaltungsvorschriften verdeutlicht. Sachverständige Beratungsgremien und -behörden können sich, da im Gegensatz zu unabhängigen Regulierungsbehörden nicht unmittelbar in Verwaltungsmaßnahmen involviert, tendenziell eher von politischen Einflüssen frei machen und sich weitgehend auf die Verarbeitung von Sachverstand konzentrieren. Dabei handelt es sich allerdings regelmäßig um Bereiche, wo der Sachverstand plural-diskursiv verstanden werden muss. Für das bloße Auffinden einer sachverständig einzig richtigen Lösung im Sinne des technokratischen Sachverstandsmodells wäre die Schaffung einer eigenen Behörde oder eines Beratungsgremiums regelmäßig zu aufwändig.

5. Sachverstand im Verwaltungsverfahren und im verwaltungsgerichtlichen Verfahren

Dieser Beitrag beschäftigt sich ausschließlich mit Verwaltungsverfahren und nicht mit gerichtlichen Verfahren. Allerdings wirkt der im Verwaltungsverfahren generierte außerjuristische Sachverstand in die Gerichtskontrolle hinüber. Im Rahmen seiner eigenen Amtsermittlungspflicht (§ 86 Abs. 1 VwGO) muss sich das Verwaltungsgericht gegebenenfalls kritisch mit den sachverständigen Einschätzungen auf Verwaltungsebene auseinandersetzen und wo nötig selbst neue externen Sachverständige mit Gutachten beauftragen.[48] Wo jedoch der behörd-

---

[47] Zum Ganzen näher *Fehling*, Verwaltung zwischen Unparteilichkeit und Gestaltungsaufgabe, 2001, insb. S. 152 ff.

[48] *Schübel-Pfister*, in: Eyermann, VwGO, 16. Aufl. 2022, § 86 Rn. 79; *Breunig*, in: Posser/Wolff (Hrsg.), VwGO, 2. Aufl. 2014, § 86 Rn. 85 ff.

liche Sachverstand vom Kläger nicht substanziell in Zweifel gezogen worden ist, darf die Gerichtskontrolle ohne weiteres darauf aufbauen.[49]

Eine weitreichende Bindungswirkung für das kontrollierende Gericht kann hingegen dort bestehen, wo der Gesetzgeber eine komplexe Entscheidung einer pluralen Sachverständigenkommission überantwortet hat.[50] Der hohe Aufwand einer solchen Fachkommission wäre wenig sinnvoll, wenn deren Votum durch ein einfaches gerichtlich eingeholtes Sachverständigengutachten beiseitegeschoben werden könnte. Allerdings ist nach der jüngeren Verfassungsrechtsprechung die Einräumung eines Beurteilungsspielraums nicht möglich, wenn die pluralsachverständig zu treffende Entscheidung besonders grundrechtsrelevant ist; darauf ist beim Jugendschutz zurückzukommen.[51]

IV. Referenzgebiete zur Veranschaulichung

1. Umweltrecht

Im Umweltrecht haben Fragen der Struktur und der Einbeziehung von Sachverstand einschließlich der Auswirkungen auf die gerichtliche Kontrolldichte schon am längsten und intensivsten Beachtung gefunden. Vielfach wird Sachverstand dadurch adressiert, dass das Gesetz ausdrücklich auf den Stand der Technik (etwa § 3 Abs. 6 BImSchG) oder strenger auf den Stand von Wissenschaft und Technik (§ 7 Abs. 2 Nr. 3 AtG) verweist.[52]

Die Entwicklung geht dabei tendenziell von einem eher technokratischen zu einem stärker diskursiv-pluralem Sachverstandsverständnis. Ein klassisches Beispiel bilden die normkonkretisierenden Verwaltungsvorschriften, die immer noch eine hohe Bedeutung bei der Festsetzung von Umweltgrenzwerten besitzen, etwa im Immissionsschutzrecht für bestimmte Luftverunreinigungen (in der „Technischen Anleitung [TA] Luft") und für Lärm („TA Lärm"). Während Verwaltungsvorschriften im Regelfall allein verwaltungsintern wirken und gegenüber dem Bürger nur über die Verwaltungspraxis und den allgemeinen Gleich-

---

[49] BVerwGE 104, 27; zum Nichtbestreiten im Verwaltungsprozess s. *Meissner/Steinbeiß-Winkelmann*, in: Schoch/Schneider (Hrsg.), Verwaltungsrecht. VwGO, 43. EL August 2022, § 173 VwGO Rn. 86.

[50] Zu dieser Fallgruppe im Überblick *Jestaedt*, in: Ehlers/Pünder (Hrsg.), Allgemeines Verwaltungsrecht, 16. Aufl. 2022, § 11 Rn. 62 ff.; *Siegel*, Allgemeines Verwaltungsrecht, 14. Aufl. 2022, Rn. 202; *Münkler*, Expertokratie, 2020, S. 251 f.

[51] Unten IV. 5.

[52] Zu diesen und weiteren Technikstandards im Überblick *Kloepfer*, in: Ehlers/Fehling/Pünder (Hrsg.), Besonders Verwaltungsrecht, Bd. 2, 4. Aufl. 2020, § 44 Rn. 46 ff.; *Breuer*, AöR 101 (1976), S. 46 ff. (51).

heitssatz vermittelt Wirkung entfalten, besteht weitgehend Einigkeit darüber, dass die TA Luft und die TA Lärm mit den dortigen Grenzwerten in gewissem Umfang unmittelbare Außenwirkung besitzen und insoweit grundsätzlich[53] auch die Gerichte binden. Früher wurde dies damit begründet, es handele sich wegen der maßgeblichen Mitwirkung der Wissenschaft im Rahmen der sachverständigen Kreise (§ 51 BImSchG) um ein antizipiertes Sachverständigengutachten.[54] Doch vernachlässigt diese technokratische Deutung das politisch-wertende Element, das in der Normsetzung enthalten ist; schließlich werden nach § 51 BImSchG keineswegs nur „neutrale" Wissenschaftler beteiligt, sondern auch Interessenvertreter.[55] Deshalb stellt die Rechtsprechung heute zutreffender darauf ab, dass der Gesetzgeber selbst der Verwaltung in §§ 48, 51 BImSchG eine Befugnis zur Normkonkretisierung eingeräumt hat, die in hohem Maße wissenschaftlich-technischen Sachverstand und wirtschaftlich-politische Folgenbewertung sowie Kompromissbildung verknüpft und deshalb eine auch im Verhältnis zum Bürger und für die Gerichte zu beachtende Bindungswirkung beanspruchen kann.[56] Vergleichbar gestand die Rechtsprechung bei atomrechtlichen Genehmigungsentscheidungen der Genehmigungsbehörde einen als Funktionsvorbehalt bezeichneten Beurteilungsspielraum bei der Frage zu, wo genau die Grenze zwischen noch hinzunehmendem Restrisiko einerseits und zu unterbindender Gefährdung sowie notwendiger Risikovorsorge andererseits zu ziehen ist. Denn auch diese Grenze lässt sich bei Hochrisikoentscheidungen im Atomrecht oder im Gentechnikrecht aufgrund von Prognoseunsicherheiten nicht rein objektiv in einem technokratischen Sinne sachverständig ermitteln, sondern erfordert ergänzende politische Bewertungen, die von der Regierung als Verwaltungsspitze politisch-demokratisch zu verantworten sind.[57] Dieser Einschätzungsprärogative korrespondiert aber die Verpflichtung der Verwaltung, in der gebotenen Tiefe sachverständige Ermittlungen anzustellen und darauf aufbauend eine transparente und begründete politische Bewertung vorzunehmen; andernfalls leidet die Entscheidung an einem im Gerichtsverfahren nicht mehr zu korrigierenden Er-

---

53 Zu den Ausnahmen bei gänzlich atypischen Fällen sowie bei Erkenntnisfortschritten in Wissenschaft und Technik, die die jeweiligen Grenzwerte als überholt erscheinen lassen, siehe nur BVerwGE 114, 342 (346).

54 BVerwGE 55, 250 (256); dazu etwa *Breuer*, DVBl. 1978, S. 28 (34 ff.).

55 Allgemeiner für Gremien im Umweltrecht betonen das Ineinandergreifen von Sachverstand und Interessenvertretung etwa *Steinberg*, Der ökologische Verfassungsstaat, 1998, S. 258 ff.; *Groß*, Das Kollegialprinzip in der Verwaltungsorganisation, 1999, S. 267 ff.

56 Vom Atomrecht auf das BImSchG übertragen von BVerwGE 110, 216 (219); 114, 342 (344 f.); für die TA Lärm BVerwGE 129, 209, Rn. 12; vgl. auch *Sendler*, UPR 1993, S. 321 (325 f.).

57 Grundlegend BVerwGE 72, 300 (315 ff.); für ein Zwischenlager BVerwGE 131, 129, Rn. 25; entsprechend zu § 13 Abs. 1 Nr. 4 GenTG BVerwG, DVBl. 1999, S. 1138 (1140).

mittlungs- und Bewertungsdefizit.[58] Im Übrigen war im Dauerstreit zwischen Kernenergiebefürwortern und -gegnern neutraler und insoweit idealiter rein objektiver Sachverstand kaum vorhanden.[59] Dementsprechend hat die Rechtsprechung dort schon recht früh betont, dass sich die Genehmigungsbehörde „nicht auf eine ‚h. M.‘ in der Wissenschaft verlassen (darf), sondern alle vertretbaren wissenschaftlichen Erkenntnisse in Erwägung ziehen (muss)“.[60] Bei der Suche nach einem Endlager für die Kernbrennstoffe – der Sache nach eine Einzelfall- und damit Verwaltungsentscheidung, wenn auch zwecks erhöhter demokratischer Legitimation auf Gesetzgebungsebene verlagert – sucht man der Pluralität des benötigten Sachverstands und dessen kaum auflösbarer Vermengung mit unterschiedlichen Interessen mit äußerst elaborierten Beteiligungsverfahren Rechnung zu tragen.[61]

Während Beurteilungsspielräume der Verwaltung traditionell allenfalls im rechtlichen Bereich, nämlich bei der Anwendung unbestimmter Rechtsbegriffe, anerkannt werden, haben die Verwaltungsgerichte mit Billigung des Bundesverfassungsgerichts vor wenigen Jahren erstmals unter Berufung auf den verwaltungsinternen Sachverstand einen solchen Spielraum bei der Sachverhaltsermittlung eingeräumt. Bei der Genehmigung einer Windenergieanlage besitze die für das Natur- und Artenschutzrecht zuständige Behörde eine „naturschutzfachliche Einschätzungsprärogative“ hinsichtlich der Erfassung des Bestandes und der Bewertung der von dem Vorhaben ausgehenden Risiken für geschützte Arten. Denn die behördliche Beurteilung richte sich auf außerrechtliche Fragestellungen, für die allgemein anerkannte fachwissenschaftliche Maßstäbe und standardisierte Erfassungsmethoden zur Beurteilung des von Windenergieanlagen ausgehenden Risikos für diese Arten – im konkreten Fall Rotmilane – fehlten.[62] Es ist also gerade nicht das überlegene sachverständige Wissen der Verwaltung, das einen solchen Spielraum rechtfertigt, sondern es sind einmal mehr die Unsicherheiten, derentwegen von einem Sachverständigenstreit im Gerichtsverfahren keine bessere Erkenntnis zu erhoffen wäre.[63]

Gerade im Umweltrecht greifen die Behörden in weitem Umfang auch auf den Sachverstand Privater einschließlich des Antragsstellers für eine Genehmigung

---

58 BVerwGE 106, 115 (120 ff.).

59 Vgl. *Fehling*, Verwaltung zwischen Unparteilichkeit und Gestaltungsaufgabe, 2001, 398; deshalb explizit auch für die Einbeziehung kernenergiekritischer „freier“ Gutachter neben dem (damals) tendenziell kernenergiefreundlichen TÜV VG Karlsruhe NVwZ 1996, S. 616 (620).

60 BVerwGE 72, 300 (315 f.); 92, 185 (195 f.); 92, 185 (196); 107, 115 (121).

61 Dazu eingehend *Hamacher*, Standortauswahl für ein Endlager für hochradioaktive Abfälle, 2022, insb. S. 166 ff.

62 BVerwGE 147, 118 (125 f.), im Anschluss daran BVerfGE 149, 407 (418 ff.).

63 *Maurer/Waldhoff*, Allgemeines Verwaltungsrecht, 21. Aufl. 2024, § 7 Rn. 47; näher *Fellenberg*, NVwZ 2019, S. 177 (184 ff.).

zurück. Die Behörde trifft dann eine Gewährleistungsverantwortung dafür, dass das Eigeninteresse des Privaten nicht manipulativ durchschlägt. Von der Umweltverträglichkeitsprüfung mit Sachverstandsaquise durch den Antragsteller und nachvollziehende Amtsermittlung zwecks Wahrnehmung der Gewährleistungsverantwortung war bereits die Rede.[64] Ähnliches findet sich beim freiwilligen Umwelt-Audit, das auf eine umweltgerechte Organisation betrieblicher Abläufe zielt und dafür den beteiligten Unternehmen Erleichterungen etwa beim Antrag für eine immissionsschutzrechtliche Genehmigung verspricht.[65] Hier suchen Gesetzgeber[66] und Verwaltung in Strukturen regulierter Selbstregulierung sicherzustellen, dass die Prüfungen durch selbst ausgewählte Betriebsprüfer sowie staatlich zugelassene Umweltgutachter hinreichend objektiv und unparteiisch durchgeführt werden.[67]

2. Klimaschutzrecht

Im Klimaschutzrecht ist der weltweit vorhandene externe Sachverstand von mehr als 200 Wissenschaftlern und Wissenschaftlerinnen in den Sachstandsberichten des IPCC,[68] die wiederum die vorhandenen einschlägigen Fachpublikationen auswerten, besonders gut aufgearbeitet. Darauf hat sich auch das Bundesverfassungsgericht in seinem Klimabeschluss gestützt.[69] Vor diesem Hintergrund bewegen sich Leugner des Klimawandels und dessen menschengemachter Ursachen mit ihrer Berufung auf alternativen Sachverstand eindeutig außerhalb des Spektrums praktischer Vernunft. Bei Prognosen der konkreten Folgen einer bestimmten Erderwärmung einschließlich etwaiger sogenannter „Kipppunkte" bleiben indes erhebliche Unsicherheiten, was sich auch in den IPCC-Reports niederschlägt.[70] Von der Politik – hier typischerweise allerdings eher auf Ge-

[64] Siehe oben unter III.1.

[65] Dazu näher z. B. *Jarass*, BImSchG, 10. Aufl. 2013, § 58e Rn. 17; vgl. § 4 Abs. 1 S. 2 der 9. BImSchV.

[66] Maßgeblich sind die Verordnung (EG) Nr. 1221/2009 des Europäischen Parlaments und des Rates vom 25. November 2009 über die freiwillige Teilnahme von Organisationen an einem Gemeinschaftssystem für Umweltmanagement und Umweltbetriebsprüfung und zur Aufhebung der Verordnung (EG) Nr. 761/2001 sowie das deutsche Umweltauditgesetz.

[67] Dazu, auf Basis der damaligen leicht abweichenden Gesetzeslage, *Fehling*, Verwaltung zwischen Unparteilichkeit und Gestaltungsaufgabe, 2001, insb. S. 369 ff.

[68] Zuletzt der sechste Bericht für den Zeitraum 2015–2023; deutsche Übersetzungen aller Berichte unter https://www.de-ipcc.de/270.php (letzter Zugriff am 15.6.2023).

[69] BVerfGE 157, 30, insb. Rn. 16 ff., 159 ff. und 217 ff. Verwaltungsinterner Sachverstand wird vor allem in Form des Umweltbundesamts in Bezug genommen.

[70] Vgl. aktuell *IPCC*, Synthesis Report of The IPCC Sixth Assessment Report, 42, abrufbar unter https://www.ipcc.ch/report/ar6/syr/downloads/report/IPCC_AR6_SYR_LongerReport.pdf (letzter Zugriff am 15.6.2023).

setzgebungs- als auf Verwaltungsebene – ist zu fordern, dass sie sich auch mit diesen Unsicherheiten auseinandersetzt und so zu einer politisch zu verantwortenden Risikobewertung gelangt.

Das Bundes-Klimaschutzgesetz sieht zudem einen unabhängigen Expertenrat für Klimafragen mit fünf Mitgliedern vor, „davon jeweils mindestens ein Mitglied mit hervorragenden wissenschaftlichen Kenntnissen und Erfahrungen aus einem der Bereiche Klimawissenschaften, Wirtschaftswissenschaften, Umweltwissenschaften sowie soziale Fragen. Der Expertenrat soll als Ganzes auch übergreifende Expertise zu den [verschiedenen[71]] Sektoren [...] abbilden" (§ 11 Abs. 1 KSG). Damit spiegelt der Expertenrat Interdisziplinarität, angesichts der wenigen Mitglieder darüber hinaus aber kaum wissenschaftliche Pluralität wider. Der Klimaschutzrat erstellt im Zweijahresturnus Gutachten zur Entwicklung der Treibhausgasemissionen und gibt vorab Stellungnahmen zur beabsichtigten Festlegung der Jahresemissionsmengen, zur Fortschreibung des Klimaschutzplans und zum Schutz von Klimaschutzprogrammen im Hinblick auf die diesen zugrunde liegenden Annahmen zur Treibhausgasreduktion ab (§ 12 Abs. 3 KSG).[72] Diese Gutachten und Folgenabschätzungen[73] besitzen zwar nur eine sehr schwache Rechtswirkung[74], entfalten aber durch Publizität einen gewissen politischen Druck auf die Entscheidungsträger, wenn beabsichtige Programme als unzureichend eingestuft werden.

Geht es um konkrete Klimaschutzmaßnahmen, so kann der in den Ministerien angesiedelte Sachverstand durch zahlreiche externe Quellen ergänzt werden. Für die Verwaltung wird der direkte Rückgriff auf diesen Sachverstand indes insoweit entbehrlich, wie der Gesetzgeber konkrete Maßnahmen vorgegeben hat. Selbst wo Ermessen verbleibt, etwa bloße Berücksichtigungsgebote normiert sind (z. B. § 13 Abs. 1 KSG, § 1a PBefG), dürfte dieses Ermessen eher durch die konkretisierenden

---

[71] Gemäß § 4 Abs. 1 KSG handelt es sich um Energiewirtschaft, Verkehr, Gebäude, Landwirtschaft sowie Abfallwirtschaft und Sonstiges.

[72] Zu verfassungsrechtlichen Anforderungen an den Expertenrat *Rodi/Sina*, Das Klimaschutzrecht des Bundes – Analyse und Vorschläge zu seiner Weiterentwicklung, Climate Change 17/2022, S. 359 ff. *Franzius*, VVDStRL 81 (2022), S. 383 (422), hält den Expertenrat für tendenziell zu restriktiv ausgestaltet. Keine verfassungsrechtlichen Bedenken hinsichtlich der Tätigkeit des Expertenrats im Kontext der Einbeziehung von Sachverstand sieht *Edenharter*, in: Fellenberg/Guckelberger (Hrsg.), Klimaschutzrecht, 2022, § 11 KSG Rn. 4.

[73] Seine bisherige Tätigkeit ist dokumentiert unter https://expertenrat-klima.de (letzter Zugriff am 15.6.2023).

[74] Allerdings können Gutachten des Expertenrats feststellen, dass in einem bestimmten Sektor die festgelegte Jahresemissionshöchstmenge überschritten wird, was jedenfalls bislang (die Abschaffung befindet sich auf Initiative der Bundesregierung im Gesetzgebungsverfahren) die Verpflichtung zur Aufstellung eines Sofortprogramms nach sich zieht, das in den folgenden Jahren die Einhaltung sicherstellen soll (näher § 8 Abs. 1 KSG).

sektorspezifischen CO_2-Reduktionsziele (die freilich im Bundesklimaschutzgesetz abgeschafft werden sollen) und den Klimaschutzbeschluss des Bundesverfassungsgerichts als durch vorgelagerte Sachverstandsdebatten geleitet werden.[75]

3. Pandemiebekämpfung

Die Bekämpfung der Covid 19-Pandemie liefert wertvolles Anschauungsmaterial zu verschiedenen Aspekten: zu den Grenzen des seriösen außerjuristischen Sachverstands, zu einem technokratischen versus plural-diskursiven Sachverstandsverständnisses, zum Zusammenspiel von verwaltungsinternem und externem Sachverstand und last but not least zur Verknüpfung von sachverständigen Einschätzungen und politischen Bewertungen.

Kritiker der auf Lock-Downs und Kontaktbeschränkungen sowie später einrichtungsbezogenen Impfpflichten basierenden Eindämmungsstrategie hatten sich oftmals auf „alternativen Sachverstand" berufen, wie er auch von einigen Medizinern repräsentiert wurde.[76] Soweit dabei das Risiko schwerer Krankheitsverläufe oder gar die Existenz des ansteckenden Virus geleugnet wurde, entbehrten die Äußerungen jeglicher seriöser wissenschaftlicher Grundlage und konnten deshalb ohne weiteres als jenseits praktischer Vernunft aus der Bandbreite des zu berücksichtigenden Sachverstands ausgegrenzt werden. Schwieriger wird die Abgrenzung, wenn es um unterschiedliche Einschätzungen des Ausmaßes der Gefahr ging.

Jedenfalls war ein technokratisches Sachverstandsverständnis nur für wenige Grundannahmen wie namentlich für die exponentielle Ausbreitung der Infektionen angemessen. Davon abgesehen mussten die massiven Prognoseunsicherheiten plural im Diskurs verschiedener seriöser sachverständiger Einschätzungen aufgearbeitet werden. Das wurde zumindest nicht immer hinreichend kommuniziert. Vor allem in der Anfangsphase, als man noch sehr wenig über das neue Virus wusste, haben die Gerichte der Verwaltung bei Art und Umfang der Schutzmaßnahmen einen weiten Beurteilungsspielraum eingeräumt.[77]

---

[75] Zu diesen Berücksichtigungsgeboten vgl. *Fellenberg*, NVwZ 2022, S. 913 (918 f.); *Heß/Peters/Schöneberger/Verheyen*, NVwZ 2023, S. 113; mit Blick auf § 1a PBefG auch *Fehling/Bahmer*, ZUR 2023, S. 15 (17).

[76] Etwa organisiert im Verband Ärztinnen und Ärzte für individuelle Impfentscheidung e.V., vgl. https://individuelle-impfentscheidung.de/fileadmin/Downloads/%C3%84FI_GAR_KEINE_Impfpflicht.pdf (letzter Zugriff am 15.6.2023).

[77] Mit Verweis auf den Sachverstand des Robert-Koch-Instituts, der in der frühen Phase der Pandemie maßgeblich sei, z. B. BVerfG(K), Beschluss v. 10. April 2020, 1 BvQ 28/20; zur Einschätzungsprärogative in dieser Phase der Pandemie auch *Siegel*, NVwZ 2020, S. 577 (581). Zur reduzierten gerichtlichen Kontrolldichte bei unklaren Erkenntnisgrundlagen ausführlich *Münkler*, Expertokratie, 2020, S. 264 ff.

Angesichts der Größe des Problems hat man sich richtigerweise nicht mit dem durchaus (vor allem im Robert-Koch-Institut) vorhandenen verwaltungsinternen Sachverstand begnügt, sondern auch externen Sachverstand bemüht.[78] Mancher Sachverständige wurde sogar zum „Medienstar". Medienpräsenz wäre freilich ein sachfremdes Kriterium, wenn auszuwählen ist, welche Sachverständige man in den pluralen Diskurs einbezieht.

Konkrete Verwaltungsmaßnahmen zur Pandemieeindämmung lassen sich aus den sachverständigen Erkenntnissen ohnehin nicht deduzieren. Dies liegt zu einen an den sachverständig nicht aufzulösenden Prognoseunsicherheiten, zum anderen an der nur politisch zu beantwortenden Frage, welches Risiko bis hin zu Todesfällen man in Abwägung mit anderen Bedürfnissen (z. B. an Schulbildung, wirtschaftlicher Betätigung, menschlicher Kontaktbedürfnisse) hinzunehmen bereit ist.[79] Die Covid 19-Pandemie bietet damit ein Paradebeispiel dafür, dass sich sachverständige Problemlösung und politische Prioritätensetzung und Gestaltung ergänzen müssen. Wenn in der Realität der Pandemiebekämpfung viele Maßnahmen als vermeintlich sachverständig alternativlos gerechtfertigt wurden,[80] so tendierte dies teilweise schon zu einer Flucht aus der politischen Verantwortung.[81] Die beständige Berufung auf virologischen Sachverstand konnte bei den Kritikern auch deshalb kaum akzeptanzfördernd wirken, weil die politischen Handlungsspielräume dahinter weitgehend aus dem Blick gerieten.

4. Wirtschaftsregulierung durch unabhängige Regulierungsbehörden

Wirtschaftsregulierung, namentlich in den Netzwirtschaften Energieversorgung, Telekommunikation und Eisenbahn, erfordert neben dem jeweiligen technischen besonderen ökonomischen Sachverstand. Diesen Sachverstand sucht man in der Bundesnetzagentur als auf die Netzwirtschaften spezialisierter Regulierungsbehörde unter anderem dadurch zu bündeln, dass die dortigen Beschlusskammern

---

[78] Eine Einrichtung zu diesem Zweck war der Corona-Expertenrat der Bundesregierung, der nach seiner Zielsetzung wissenschaftliche Expertise aus verschiedenen Fachrichtungen mit verwaltungspraktischer Expertise bündeln sollte; dazu https://www.bundesregierung.de/breg-de/bundesregierung/bundeskanzleramt/corona-expertinnenrat-der-bundesregierung (letzter Zugriff am 15.6.2023). Die Rechtsgrundlagen und Maßnahmen der Pandemiepolitik wurden anschließend von einem Sachverständigenausschuss auf Grundlage von § 5 Abs. 9 IfSG evaluiert, der ebenfalls mit Expertise aus verschiedenen Disziplinen besetzt war, vgl. *Gausing*, BeckOK Infektionsschutzrecht, 16. Edition (Stand: 10.01.2023), § 5 IfSG Rn. 61a ff.

[79] Eine Verweigerung dieser Abwägung in der frühen Phase der Pandemie diagnostiziert und kritisiert etwa *Lepsius*, BDVR-Rundschreiben 3/2020, S. 4.

[80] So zum Beispiel der bayerische Ministerpräsident mit Blick auf einen deutschlandweiten Lockdown im Dezember 2020 in einer DPA-Meldung v. 13.12.2020.

[81] Vgl. *Lepsius*, BDVR-Rundschreiben 3/2020, S. 4.

nicht allein mit Juristen besetzt sind.[82] Zur Informationsgewinnung und Wissensgenerierung kann sich die Bundesnetzagentur in weitem Umfang auch externen Sachverstands bedienen (vgl. § 64 Abs. 2 EnWG; § 201 Abs. 2 TKG) und sogar wissenschaftliche Kommissionen einrichten (§ 64 Abs. 1 EnWG; § 201 Abs. 1 TKG). Der europäische Gesetzgeber und der Europäische Gerichtshof sehen im besonderen Sachverstand der nationalen Regulierungsbehörden eine zentrale Legitimation für deren weitreichende Unabhängigkeit gegenüber der Politik. Diese Unabhängigkeit soll nicht nur gegenüber der Bundesregierung, sondern auch gegenüber dem Verordnungsgeber und möglicherweise sogar dem parlamentarischen Gesetzgeber bestehen. Die Argumentation mündet in ein Verbot legislativer Vorstrukturierung aller Regulierungsentscheidungen im Energierecht (und ähnlich wohl auch im Telekommunikationsrecht[83]), soweit über die Umsetzung der Richtlinienvorgaben hinausgehend. Nur bei einem entsprechend weiten funktionalen Verständnis von Unabhängigkeit als Freiheit von „jeglicher politischer Weisung und Einflussnahme von außen“ könne verhindert werden, dass eigene Staatsunternehmen oder „national champions“ bevorzugt werden.[84] Dahinter verbirgt sich jedoch – von anderen hier nicht interessierenden Kritikpunkten abgesehen – ein zu technokratisch-unpolitisches Verständnis von Sachverstand. Es gibt verschiedene Möglichkeiten, Wettbewerb chancengleich zu strukturieren. Schon in der Ökonomie ist vieles umstritten oder ungeklärt. Die Bundesnetzagentur hat der Pluralität des Sachverstandes durchaus Rechnung getragen, wenn sie etwa zur Vorbereitung der damals neuen Anreizregulierung und den dabei offenen Methodenfragen und Prognosen der Marktentwicklung umfassende Konsultationen durchgeführt,[85] Workshops abgehalten sowie Gutachten eingeholt hat. Schon im Telekommunikationsrecht geht es nicht nur um das ökonomisch-sachverständige Austarieren chancengleichen Wettbewerbs, vielmehr müssen andere Gemeinwohlziele wie namentlich die Versorgungssicherheit und

---

[82] Eine interdisziplinäre Zusammensetzung ist gesetzlich nicht vorgeschrieben, entspricht aber der Praxis und dem Selbstverständnis der Bundesnetzagentur, vgl. *Missling,* in: Theobald/Kühling (Hrsg.), Energierecht. 119. EL Februar 2023, § 3 StromNEV Rn. 54; *Franzius,* DÖV 2013, S. 714 (718 f.). Zur Genese der Figur des Regulierungsermessens in der Rechtsprechung, die mit Blick auf den in der Bundesnetzagentur gebündelten Sachverstand entwickelt wurde, vgl. statt vieler hier nur *Münkler*, Expertokratie, 2020, S. 270 f.

[83] Diese Parallele zieht *Schneider*, in: Fehling/Schneider (Hrsg.), Regulierungsrecht. 2. Aufl. (in Vorbereitung), § 8 Rn. 86; bereits ein Stück in diese Richtung weisend EuGH v. 3.12.2009, C-424/07, Rn. 54 f. zur Unionsrechtswidrigkeit der gesetzlichen Regulierungsfreistellung in § 9a TKG 2004.

[84] EuGH, Urt. v. 02.09.2021, Rs. C-718/18, ECLI:EU:C:2021:662, Rn. 108 (112); GA *Pitruzzella*, Schlussanträge v. 14.01.2021, Rs. C-718/18, ECLI:EU:C:2021:20, Rn. 104 ff., insb. Rn. 112.

[85] *Haller*, EnWZ 2014, S. 195 (196 f.).

die Modernisierung der digitalen Infrastruktur ebenfalls berücksichtigt werden.[86] Im Energieregulierungsrecht wird die Komplexität mittlerweile zusätzlich dadurch erhöht, dass die Energiewende in Wettbewerbsverhältnisse eingepasst werden muss.[87] Statt sachverstandsergänzende politische Erwägungen als vermeintlich sachfremd aus der Regulierungspraxis zu verbannen, sollte die Lösung richtigerweise darin bestehen, diese Erwägungen transparent zu machen und darüber zu wachen, dass sie nicht zur Diskriminierung von Wettbewerbern missbraucht werden.

Auch in der Finanzmarktregulierung sucht man ökonomischen Sachverstand in unabhängigen Regulierungsbehörden zu bündeln: auf nationaler Ebene in der Bundesanstalt für Finanzmarktaufsicht und in der Bundesbank, auf EU-Ebene in der Europäischen Zentralbank. Lange Zeit hatte man dabei wohl zu einseitig auf neoklassische und institutionenökonomische Theorien gesetzt.[88] Dies dürfte ein – wenngleich sicherlich nicht der einzige – Grund dafür sein, dass man die systemischen Risiken unterschätzt hat, die 2008/2010 zur Finanzmarktkrise führten. Die Komplexität der Finanzmärkte erfordert es in besonderem Maße, zur Risikoprävention verschiedenste Blickwinkel einzunehmen, also den Sachverstand entsprechend plural-diskursiv zu verstehen und einzubeziehen. Immerhin haben durch die Finanzkrise verhaltensökonomische Ansätze an Einfluss gewonnen,[89] doch schöpft diese Erweiterung das Spektrum ernstzunehmender ökonomischer Theorie bei weitem nicht aus.[90] Ein zweites, wohl noch größeres Problem liegt in dem massiven Wissensgefälle, das zwischen den Aufsichtsinstanzen und den Marktakteuren besteht.[91] Daran wird deutlich, dass sich Sachverstand nicht in abstraktem theoretischem Wissen erschöpft, sondern für die Aufgabenbewältigung gleichermaßen praktische Kenntnisse und Erfahrungswissen erforderlich sind, einschließlich eines hinreichenden Verständnisses der tatsächlichen Marktverhältnisse. Bei der Gesetzgebung hat das entsprechende Wissensgefälle in der Krise sogar dazu geführt, dass sich die Bundes-Ministerialver-

---

86 Besonders deutlich *Schneider*, in: Fehling/Schneider (Hrsg.), Regulierungsrecht. 2. Aufl. (in Vorbereitung), § 8 Rn. 8 u. 14.

87 Dazu *Fehling*, Die Verwaltung 46 (2013), S. 313.

88 *Alpha,* Das Staatsziel Finanzmarktstabilität, 2021, S. 32 f.; *Blaurock,* JZ 2012, S. 226 (233).

89 Zum ganzen Problemfeld *Paraschiakos*, Bankenaufsicht zwischen Risikoverwaltung und Marktbegleitung, 2017, insbes. 24 ff.; Kritik an der mangelhaften Einbeziehung verhaltensökonomischer Perspektiven in der EU bei *Hacker*, European Review of Contract Law 11 (2015), S. 299.

90 Vgl. *Bumke*, Die Verwaltung 41 (2008), S. 227 (230 ff.), zur Rolle der BaFin als Trägerin von Sachverstand dort S. 247 ff.

91 Hierzu und zu den Konsequenzen der Verbindung ökonomischer mit politischer Macht sehr beachtenswert *Pistor*, Der Code des Kapitals, 2020.

waltung Gesetzentwürfe von großen Anwaltskanzleien hat vorbereiten lassen. Diese Kanzleien verfügten wegen ihrer Nähe zu den Marktakteuren im In- und Ausland zwar über weit bessere Kenntnisse der tatsächlichen Verhältnisse, hatten dadurch aber zugleich vorrangig deren Interessen im Blick und konnten jedenfalls nicht die notwendige Gewähr dafür bieten, plural diskursiv verschiedene Gemeinwohlbelange annähernd ausgewogen abzubilden.[92] Neben fehlender Wissensressourcen in der Ministerialverwaltung und in den Parlamenten sorgt auch der verhaltenspsychologische Ankereffekt dafür, dass die Gesetzgebung sich schwer von solch bloßer externer Zuarbeit zu lösen vermag.[93] Verallgemeinernd zeigt sich daran, dass ein Rückgriff auf externen Sachverstand nur dann rechtsstaatlich akzeptabel sein kann, wenn dieser hinreichend plural zusammengesetzt ist und ein Mindestmaß an verwaltungsinternem Sachverstand ein zumindest kritisches Nachvollziehen erlaubt.

5. Jugendschutz

Für die Indizierung jugendgefährdender Medien, die dann Kindern und Jugendlichen nicht zugänglich gemacht werden dürfen (näher § 15 JuSchG), ist bei der Bundeszentrale für Kinder- und Jugendmedienschutz (§§ 17, 17a JuSchG) im Normalverfahren ein zwölfköpfiges Gremium als Prüfstelle zuständig, dessen weisungsunabhängige (§ 19 Abs. 4 JuSchG) Mitglieder einschlägigen Sachverstand (etwa aus der Psychologie oder der Jugendhilfe) einbringen und verschiedene Blickwinkel aus der Gesellschaft repräsentieren, die einen besonderen Bezug zu Jugendschutzfragen oder künstlerischen und kulturellen Belangen aufweisen (Auflistung in § 19 Abs. 2 JuSchG, vorschlagsberechtigte Verbände in § 20 JuSchG).[94] In der Kombination von Sachverstand und Interessenvertretung ähnelt die Zusammensetzung der Prüfstelle strukturell den beteiligten Kreisen, die nach § 51 BImSchG beim Erlass normkonkretisierender Verwaltungsvorschriften mitwirken. Die juristische Einordnung hat sich bei der Prüfstelle jedoch gegensätzlich entwickelt. Bis zu Beginn der 1990er Jahre gestand die Rechtsprechung der damaligen Bundesprüfstelle für jugendgefährdende Schriften einen umfassenden Beurteilungsspielraum zu, weil das Gremium pluralen Sachver-

---

[92] Vgl. *Kloepfer*, NJW 2011, S. 131 (132 f.). Kritisch zum Anwalt als sachverständigem Gesetzgeber *Krüper*, JZ 2010, S. 655 (658 ff.). Anders *Schmieszek*, ZRP 2013, S. 175 (176 f.), der die transparenzsichernde Funktion des Gesetzgebungsverfahrens betont. Zur Rolle von Rechtsetzung im Mehrebenensystem in der Finanzkrise vgl. *Schorkopf*, VVDStRL 71 (2012), S. 183.

[93] Vgl. *Krüper*, JZ 2010, S. 655; *Woiki*, Gesetzgebungsoutsourcing unter dem Grundgesetz, 2016, S. 57 ff.

[94] Zum Verfahren im Überblick *von Lewinski*, Medienrecht, 2020, § 25 Rn. 97 ff.

stand repräsentiere.[95] Nachdem das Bundesverfassungsgericht diese massive Reduzierung der gerichtlichen Kontrolldichte als mit der Kunstfreiheit unvereinbar gerügt hatte,[96] war das Bundesverwaltungsrecht gezwungen, den Beurteilungsspielraum (dort als „Entscheidungsvorrang" bezeichnet) auf die Abwägung von Jugendschutz und Kunstfreiheit zu beschränken. Die Ausführungen zur Jugendgefährdung seien nunmehr nur noch als sachverständige Aussagen in den Prozess einzuführen.[97] Zuletzt hat das Bundesverwaltungsgericht auch den Beurteilungsspielraum hinsichtlich der Abwägungsentscheidung aufgegeben.[98] Damit besitzen die Feststellungen und Wertungen der Prüfstelle insgesamt im Prozess lediglich die Beweiskraft eines (antizipierten) Sachverständigengutachtens.

Somit greift man bei der Indizierungsentscheidung gerade auf diejenige dogmatische Figur zurück, die man beim Erlass der normkonkretisierenden Verwaltungsvorschriften zugunsten eines umfassenden Einschätzungsspielraums aufgegeben hatte. Bei genauerem Hinsehen lassen sich für die unterschiedliche Einordnung immerhin gewisse, wenn auch nicht voll überzeugende Gründe finden: Während die Prüfstelle selbst und weisungsfrei entscheidet, wirken beim Erlass der Verwaltungsvorschriften die beteiligten Kreise nur mit, so dass dort die politisch-wertende Komponente durch die entscheidungsbefugte Behörde und die Mitwirkung auch des Bundesrats (§ 48 BImSchG) gegenüber dem Sachverstand an Bedeutung gewinnt. Außerdem werden Beurteilungsspielräume bei Verwaltungsakten wie hier der Indizierungsentscheidung wegen Art. 19 Abs. 4 GG nur weit restriktiver anerkannt als bei der administrativen Normsetzung.[99]

Jedenfalls bedeutet die Einordnung der Feststellungen der Prüfstelle als antizipiertes Sachverständigengutachten keinen Rückfall in ein rein technokratisches Denken. Entscheidend ist nämlich die Pluralität der Blickwinkel[100] und des damit verbundenen Sachverstands in dem zwölfköpfigen Gremium, das diskursiv eine 2/3-Mehrheit finden muss, um ein Werk auf die Liste jugendgefährdender Medien setzen zu können (vgl. § 19 Abs. 6 S. 1 JuSchG).

---

[95] Vgl. etwa BVerwGE 77, 75 (78).

[96] BVerfGE 83, 130 (145 ff.).

[97] BVerwGE 91, 211 (216); Einordnung der Bedeutung des antizipierten Sachverständigengutachtens der Prüfstelle durch *Schneider*, in: Schoch/Schneider (Hrsg.), VwVfG, 3. EL. August 2022, § 24 VwVfG Rn. 172

[98] BVerwGE 167, 33 (39 f.) = NVwZ 2020, S. 233 m. Anm. *Beisel*; *Schneider*, in: Schoch/Schneider (Hrsg.), Verwaltungsrecht. § 24 VwVfG Rn. 172.

[99] Dazu allgemein etwa *Schulze-Fielitz*, in: Dreier (Hrsg.), Grundgesetz-Kommentar, 3. Aufl. 2013, Art. 19 Abs. 4 Rn. 116; *Buchheim/Möllers*, in: Voßkuhle/Eifert/Möllers (Hrsg.), Grundlagen des Verwaltungsrechts, 3. Aufl. 2022, Bd. II, § 46 Rn. 132 ff.

[100] Zur Prüfstelle als pluralistisches Entscheidungsgremium *Schreyer*, Pluralistische Entscheidungsgremien im Bereich sozialer und kultureller Staatsaufgaben, 1982, insbes. S. 17 ff.

V. Fazit und Entwicklungstendenzen

Die vorstehenden Ausführungen sollten nicht darüber hinwegtäuschen, dass in weniger konplexen Rechtsgebieten und Konstellationen im deutschen Recht weiter ein tendenziell technokratisches Sachverstandsverständnis vorherrscht. So hält die Rechtsprechung mit guten Gründen daran fest, dass besonderer Sachverstand der Verwaltung nicht automatisch zu einem Beurteilungsspielraum führt,[101] vielmehr das kontrollierende Gericht bei entsprechendem Sachvortrag eigenständig (vgl. §§ 86, 98 VwGO) zu prüfen hat, ob die sachverständige Einschätzung der Verwaltung objektiv überzeugt oder ob im Wege der Beweisaufnahme vom Gericht ein neues Gutachten eingeholt werden sollte. Im Streitfall geht es darum, den objektiv qualifiziertesten Sachverstand aufzufinden.

Dagegen ging es bei den soeben betrachteten Referenzgebieten durchweg um komplexe Aufgaben, wo angesichts gravierender Wissensdefizite und Prognoseunsicherheiten sowie unterschiedlicher Blickwinkel oftmals keine konsentierten und rein objektiv-unparteilichen sachverständigen Erkenntnisse existieren. Bei solchen Konstellationen sind sich Gesetzgeber und Verwaltung mehr und mehr der Notwendigkeit bewusst, dass Sachverstand plural herangezogen werden muss, um im Diskurs unter Abgleich auch der verschiedenen Interessen zu einer tragfähigen Entscheidung zu kommen. Die Beratung der Verwaltung ist dabei zunehmend in Gremien institutionalisiert, die in ihrer Zusammensetzung Sachverstand und unterschiedliche Blickwinkel bis hin zu handfesten Eigeninteressen kaum trennbar miteinander verknüpfen. Auch wo solcher teils verwaltungsinterner und teils verwaltungsexterner Sachverstand nicht durch einen Beurteilungsspielraum oder eine Einordnung als antizipiertes Sachverständigengutachten formal rechtlich aufgewertet wird, können davon zumindest erhebliche politische Bindungswirkungen ausgehen.

Grundsätzlich ist mit diesem plural-diskursiven Sachverstandsmodell die Notwendigkeit ergänzender politischer Bewertungen und gegebenenfalls Kompromissbildung verbunden. Die Berufung auf solche sachverständige Beratung kann freilich auch zur Flucht aus der politischen Verantwortung missbraucht werden. Dieses Problem verschärft sich noch, je mehr sich Verwaltungsentscheidungen künftig auf selbstlernende künstliche Intelligenz stützen. Ist nämlich der zugrundeliegende Algorithmus und sein Lernverhalten kaum mehr zu durchschauen, entfaltet die maschinelle sachverständige Einschätzung eine sehr weitreichende faktische Bindungswirkung.

---

[101] Immer noch instruktiv BVerwG, NVwZ 1991, S. 568, im Schrifttum betont etwa von *Ramsauer*, NordÖR 2019, S. 157 (162 f.).

Teil VI

Vermeidung von Kontroll- und Verantwortungsdefiziten bei unabhängigen Verwaltungseinheiten

Selbstständigkeit der Verwaltung und Anlage des öffentlichen Rentenfonds in Japan, Problemskizze[1]

Masahiko Ohta

I. Problemstellung und Voraussetzungen

1. Problemstellung

Der vorliegende Beitrag untersucht am Beispiel des „Government Pension Investment Fund (GPIF, *Nenkin tsumitatekin kanri un'you dokuritsu gyousei houjin*)", einer japanischen Verwaltungsorganisation, die für die Verwaltung und die Anlage der gesetzlichen öffentlichen Rentenfonds zuständig ist, welche Maßnahmen das japanische Verwaltungsorganisationsrecht zur Vermeidung von Kontroll- und Verantwortungsdefiziten bei unabhängigen Verwaltungseinheiten vorsieht. Die deutsche Verwaltungsrechtswissenschaft verfügt bereits über einen zuverlässigen Gesamtüberblick über die selbstständigen Verwaltungseinheiten in Japan.[2] Es erscheint daher sinnvoller, sich auf eine bestimmte Verwaltungsorganisation zu konzentrieren und deren konkrete Kennzeichen zu analysieren, um weitere Charakteristika des japanischen Rechts zu zeigen.

Es gibt keine Verfassungsbestimmung, die die Unabhängigkeit des GPIF ausdrücklich vorschreibt, und es kann auch nicht gesagt werden, dass seine Unabhängigkeit durch die Auslegung der Verfassung eindeutig geboten wäre. Diese Tatsache bietet jedoch Stoff für verwaltungsrechtsdogmatische Überlegungen, wie sowohl die Elemente, die die Unabhängigkeit einer bestimmten Verwaltungsorganisation erfordern, als auch die Elemente, die diese Unabhängigkeit einschränken und kontrollieren, zu erfassen und zu bewerten sind.

---

[1] Bei diesem Aufsatz handelt es sich um die überarbeitete Fassung eines Vortrags, der auf dem 1. Deutsch-Japanischen Verwaltungsrechtskolloquium am 29. April 2023 an der Universität Heidelberg gehalten wurde. Ich bedanke mich herzlich bei den Teilnehmern für ihre wertvollen Anregungen. Diese Forschungsarbeit wurde gefördert durch JSPS KAKENHI Grant Nummer JP22K01154.

[2] *Yamamoto*, JöR 65 (2017), S. 849 ff.

Zunächst werden hier die rechtlichen und faktischen Voraussetzungen des GPIF dargestellt (I). Anschließend werden die organisatorischen und betrieblichen Strukturen des GPIF beschrieben (II). Danach wird untersucht, welche Faktoren die Unabhängigkeit des GPIF begründen und welche Maßnahmen ergriffen werden, um ein Kontroll- und Verantwortungsdefizit zu vermeiden (III). Weder die japanische Verwaltungs- noch die Sozialrechtswissenschaft haben sich bisher intensiv mit dem GPIF befasst.[3] Angesichts seiner Bedeutung und seiner Besonderheiten lohnt es sich jedoch, den GPIF aus juristischer Sicht zu untersuchen. Dieser Beitrag stellt einen ersten Versuch dar, die sich aus dem GPIF ergebenden rechtswissenschaftlichen Fragen zu identifizieren.

2. Rentenfonds der japanischen gesetzlichen Rentenversicherung

Derzeit sind alle Einwohner Japans ab dem 20. Lebensjahr in der nationalen Rentenversicherung versichert; darüber hinaus sind regulär beschäftigte Arbeitnehmer in der Arbeitnehmerrentenversicherung versichert. Beide sind Pflichtversicherungen. Im Gegensatz dazu waren vor 1986 Arbeitnehmer ausschließlich in der Arbeitnehmerrentenversicherung versichert, während Selbstständige, Landwirte, nicht regulär Beschäftigte und andere nur in der nationalen Rentenversicherung versichert waren. Aufgrund dieser Geschichte besteht das öffentliche gesetzliche Rentensystem Japans auch heute noch aus diesen zwei zentralen Bausteinen: der nationalen Rentenversicherung und der Arbeitnehmerrentenversicherung. Die jeweiligen Konten werden getrennt verwaltet.[4] Vor 2015 waren der öffentliche Dienst sowie Lehrer und Angestellte an Privatschulen in ihren jeweiligen Hilfsgenossenschaften versichert und erhielten Renten, die denjenigen aus der Arbeitnehmerrentenversicherung entsprachen. Seit 2015 sind die Rentensysteme und die Versicherten dieser Hilfsgenossenschaften in die Arbeitnehmerrentenversicherung integriert.[5] Die Verwaltung der Versicherten und der gebildeten Rücklagen obliegt weiterhin den nunmehr in das allgemeine System integrierten Hilfsgenossenschaften bzw. ihren Verbänden. Auf die Einzelheiten der Verwaltung dieser Pensionsfonds wird hier nicht näher eingegangen.

Sowohl die Arbeitnehmerrentenversicherung als auch die nationale Rentenversicherung begannen beide mit dem Kapitaldeckungsverfahren; sie konnten aber die Beiträge nicht ausreichend erhöhen, um die später angehobenen Leis-

---

[3] Seltene sozialrechtliche Literatur, *Shimamura*, Shakai hoshou hou kenkyu 16 (2022), S. 29 (49–56); *Kikuchi*, Horitsu jihou 2016, S. 1 ff.

[4] Für einen Überblick über die gesetzliche Rentenversicherung in Japan siehe *Ohta*, in: Gebauer u. a. (Hrsg.), Alternde Gesellschaften im Recht, 2015, S. 149 ff.; *Ohta*, in: Kasagi (Hrsg.), Solidarity Across Generations, 2020, S. 151 ff.

[5] Diese Integration erfolgte durch das Gesetz Nr. 2012-63 vom 22. August 2012.

tungen zu decken. In der Folge wurden die gesetzlichen Rentenversicherungen in Japan zunehmend auf das Umlageverfahren umgestellt.[6] Dieser Prozess hat allerdings unter anderem dazu geführt, dass die Arbeitnehmerrentenversicherung über eine große Reserve verfügt: Ende März 2021 belief sie sich auf rund 194 Billionen Yen, die des nationalen Rentensystems dagegen nur auf 10,5 Billionen Yen.[7]

3. Investitionen des öffentlichen Rentenfonds durch den GPIF

Japan investiert derzeit seine Rentenreservefonds, um das gesetzlich festgelegte Beitragsniveau trotz Geburtenrückgang, Alterung und Bevölkerungsrückgang aufrechtzuerhalten und die Belastung künftiger Generationen zu begrenzen. Die grundlegende Vorgehensweise besteht darin, diese Reservefonds bis etwa 2040 zu investieren und ab etwa 2040 Rentenleistungen für ältere Menschen aus den Beiträgen und dem Reservefonds (einschließlich der Investitionsgewinne) zu erbringen. Bis etwa 2100 soll eine Phase demografischer Stabilität (niedrige Geburtenrate und niedrige Sterberate) erreicht werden.

Der GPIF ist eine juristische Person, die den Rentenfonds verwaltet und anlegt, um die oben beschriebene Politik zu verwirklichen. Die Verwaltung der Rücklagen erfolgt dadurch, dass der Minister für Gesundheit, Arbeit und Soziales dem GPIF die Rücklagen der Arbeitnehmerrentenversicherung und der nationalen Rentenversicherung in Verwahrung gibt, um durch deren Anlage Einnah-

---

6 Nachfolgend einige ergänzende historische Informationen: Die japanische Arbeitnehmerrentenversicherung wurde 1942 mit einem vollständig kapitalgedeckten Finanzierungssystem eingeführt und nach der Niederlage im Zweiten Weltkrieg 1954 mit einem modifizierten Kapitaldeckungsverfahren wieder aufgenommen, wobei künftige Beitragserhöhungen vorgesehen waren. Die späteren Beitragserhöhungen waren jedoch unzureichend, während die Leistungen verbessert wurden, was zum Übergang auf das Umlageverfahren führte. Aufgrund des oben beschriebenen Prozesses verfügt die Arbeiterrentenversicherung jedoch über beträchtliche Reserven. Die nationale Rentenversicherung, die 1959 mit einem vollständig kapitalgedeckten Finanzierungssystem für Selbstständige, einschließlich der in der Landwirtschaft und Fischerei Tätigen, begann, ging – wie auch die Arbeitnehmerrentenversicherung – zu einem modifizierten Kapitaldeckungsverfahren über, da die Beiträge nicht weiter angehoben wurden, während die Leistungen erhöht wurden. Nach der Rentenreform von 1986 wurde das Umlageverfahren in der nationalen Rentenversicherung verstärkt, sodass man heute von einer fast vollständig umlagefinanzierten Rentenversicherung sprechen kann. Dementsprechend verfügt die nationale Rentenversicherung auch über einen Reservefonds, der allerdings im Vergleich zur Arbeitnehmerrentenversicherung sehr gering ist.

7 *Ministerium für Gesundheit, Arbeit und Soziales*, Reiwa 3 nendo nenkin tsumitatekin no un'you joukyou nitsuite [Die Anlagesituation der Rentenfonds im Haushaltsjahr 2021], 2022, S. 10.

men zu erzielen.[8] Der Zweck des GPIF bleibt nach dem Wortlaut des Gesetzes „die vom Minister für Gesundheit, Arbeit und Soziales in Verwahrung gegebenen Rücklagen (Rentenreservefonds) zu verwalten und anzulegen sowie zur Stabilität des Betriebs der Arbeitnehmerrentenversicherung und der nationalen Rentenversicherung beizutragen, indem die Erträge aus ihren Anlagen an die Staatskasse abgeführt werden“.[9] Der GPIF ist eine „selbstständige juristische Person der Verwaltung“ (*Dokuritsu gyousei houjin*, im Folgenden: DGH) und gehört zu „den am mittelfristigen Ziel orientierten juristischen Personen“ als Standardtyp der DGH (im Folgenden: Standard-DGH).[10]

4. Gesetze über Pensionsfonds

Es gibt mehrere Gesetze, die die Verwaltung und die Anlage der jeweiligen Rücklagen der Arbeitnehmerrentenversicherung und der nationalen Rentenversicherung regeln. Welches Gesetz anzuwenden ist, hängt von der Art des jeweiligen Pensionsfonds ab. Hinsichtlich Verwaltung und Anlage der Rücklagen der Arbeitnehmerrentenversicherung gelten für die Hilfsgenossenschaften und ihre Verbände sowie für den GPIF die Bestimmungen des Gesetzes über die Arbeitnehmerrentenversicherung (im Folgenden: ARVG), während für den GPIF als DGH auch das Allgemeine Gesetz über die DGH (im Folgenden: AG-DGH) und das Gesetz über den GPIF (im Folgenden: GPIFG) gelten.[11] Da der GPIF, wie bereits erwähnt, nicht die einzige Organisation ist, die Reservefonds für die Arbeitnehmerrentenversicherung verwaltet, sind die entsprechenden Bestimmungen des ARVG relativ detailliert. Gleichzeitig scheinen sich die Bestimmungen des ARVG jedoch weitgehend an denen des GPIFG zu orientieren.

Die Bestimmungen des Nationalen Rentengesetzes (im Folgenden: NRG), des AG-DGH und des GPIFG gelten gleichermaßen für die Reserven der nationalen Rentenversicherung.[12] Da jedoch nur der GPIF die Reserven der nationalen Rentenversicherung verwaltet und anlegt, enthält das NRG nur wenige Bestimmungen hierzu und ist inhaltlich eher allgemein gehalten.

---

[8] § 76 Abs. 1 des Nationalen Rentengesetzes [NRG, *Kokumin nenkin hou*], § 79-3 Abs. 1 des Gesetzes über die Arbeitnehmerrentenversicherung [ARVG, *Kousei nenkin hoken hou*].

[9] § 3 des Gesetzes über den Government Pension Investment Fund [GPIFG, *Nenkin tsumitatekin kanri un'you dokuritsu gyousei houjin hou*].

[10] § 3-2 GPIFG. § 2 Abs. 2 des Allgemeinen Gesetzes über die DGH [AG-DGH, *Dokuritsu gyousei houjin tsuusoku hou*] für die Arten von DGH. Zur DGH siehe *Yamamoto* (Fn. 2), S. 860–862.

[11] Vgl. § 79-13 ARVG.

[12] § 80 NRG.

II. Charakteristika des GPIF

An dieser Stelle sollen zwei Punkte erwähnt werden, die für die Betrachtung der Eigenschaften des GPIF aus der Sicht einer unabhängigen Verwaltungsorganisation von Interesse sein können. Der erste ist die Verwendung von Kollegialorganen und der zweite die Art und Weise, wie der GPIF die Rentenreserven verwaltet und anlegt. Auf eine detaillierte Darstellung der Struktur und der Aktivitäten des GPIF wird verzichtet.

1. Einsatz von Kollegialorganen

Als DGH unterliegt der GPIF in seiner Organisation und Tätigkeit grundsätzlich dem AG-DGH. Hinsichtlich seiner Organisationsstruktur weicht der GPIF jedoch gemäß GPIFG von den Standard-DGH ab.

Standard-DGH im Sinne des AG-DGH sind in der Regel monokratisch organisiert.[13] Konkret vertritt der vom zuständigen Minister ernannte Direktor die Standard-DGH und trägt die Verantwortung für alle Angelegenheiten der DGH. Der Direktor wird durch den ebenfalls vom zuständigen Minister ernannten Aufsichtführenden kontrolliert. Das vom Direktor ernannte leitende Personal hat die Aufgabe, ihn zu unterstützen. Auch wenn mehrere Aufsichtsführende ernannt sind, bilden sie keine Ausschüsse. Vor der Novellierung des GPIFG im Jahr 2016 folgte auch der 2006 gegründete GPIF der im AG-DGH festgelegten Organisationsstruktur. Allerdings wurde bereits damals ein sog. „Investitionsausschuss" als beratendes Gremium für den Direktor eingerichtet, dessen Aufgaben darin bestanden, Stellungnahmen zur Erstellung und Änderung des mittelfristigen Plans, auf den weiter unten eingegangen wird, sowie zu wichtigen Fragen im Zusammenhang mit der Verwaltung und den Anlagetätigkeiten des Reservefonds abzugeben und diese Bereiche zu überwachen.[14]

Seit der Novelle 2016 verfügt der GPIF nunmehr jedoch über ein Kollegialorgan als Beschlussorgan, das „Board of Governors", das über wichtige Angelegenheiten wie Beschlüsse und Änderungen des mittelfristigen Plans entscheidet (§ 5-2 ff. GPIFG). Darüber hinaus ist ein Aufsichtsausschuss eingerichtet (§ 5-8 ff. GPIFG). Das Board of Governors besteht aus dem Vorsitzenden, bis zu acht Mitgliedern (von denen einige Mitglieder des Aufsichtsausschusses sind und andere nicht) und dem Präsidenten (§ 5-4 Abs. 1 GPIFG).[15] Der Aufsichtsausschuss besteht aus mindestens drei Mitgliedern, die auch Mitglieder des Board of Gover-

[13] Zum Folgenden vgl. §§ 18 ff. AG-DGH.

[14] §§ 15–17 GPIFG i. d. F. v. 11. Juni 2004.

[15] Die Höchstzahl der Mitglieder beträgt daher 10.

nors sind (§ 5-8 Abs. 2 GPIFG). Mindestens ein Mitglied des Aufsichtsausschusses muss hauptamtlich tätig sein (§ 5-8 Abs. 3 GPIFG). Der Präsident ist Mitglied des Board of Governors, aber nicht dessen Vorsitzender. Er repräsentiert den GPIF, führt die Geschäfte jedoch nur gemäß den Weisungen des Board of Governors (§ 7 Abs. 1 GPIFG).

Das GPIFG sieht ferner vor, dass es neben dem Präsidenten einen Direktor für Verwaltung und Anlagetätigkeit geben muss, der den GPIF in den vom Minister für Gesundheit, Arbeit und Soziales festgelegten Angelegenheiten der Verwaltung und der Anlage der Rücklagen gemäß den vom Präsidenten festgelegten Vorgaben vertritt und den Präsidenten bei der Führung der Geschäfte des GPIF unterstützt (§ 7 Abs. 3 GPIFG). Der Präsident kann daher die Verwaltung und die Investition des Rentenfonds nicht allein durchführen. Der Vorsitzende, der Präsident und die übrigen Mitglieder des Board of Governors werden vom Minister für Gesundheit, Arbeit und Soziales ernannt (§ 7-2 Abs. 1 und 2 GPIFG). Der Direktor für Verwaltung und Anlagetätigkeit wird wiederum vom Präsidenten mit der Zustimmung des Board of Governors und mit Genehmigung des Ministers ernannt (§ 7-2 Abs. 7 GPIFG).[16] Das GPIFG trennt somit die Entscheidungsfindung von der Umsetzung, indem es erstere dem Board of Governors als Kollegialorgan und letztere dem Präsidenten überträgt. Darüber hinaus überwacht der Aufsichtsausschuss, der sich aus Mitgliedern des Board of Governors zusammensetzt, die Umsetzung durch den Präsidenten.

Der Rat für Soziale Sicherheit, ein beratendes Gremium des Ministers für Gesundheit, Arbeit und Soziales, das die Reform der Organisationsstruktur des GPIF vorbereitet hatte, begründete den Änderungsbedarf mit der Notwendigkeit, das Vertrauen der Öffentlichkeit in die Verwaltung und Anlage der Rücklagen zu erhöhen, indem das Governance-System in Anlehnung an die allgemeine Organisationsstruktur ausländischer öffentlicher Pensionsfonds und anderer Einrichtungen gestärkt wird.[17]

Aufseiten des Ministers für Gesundheit, Arbeit und Soziales, der den GPIF beaufsichtigt, gibt es ebenfalls ein Kollegialorgan: Der Rat für Soziale Sicherheit wird konsultiert, wenn der Minister die mittelfristigen Ziele festlegt, den mittelfristigen Plan genehmigt und die im Weiteren erörterte Bewertung am Ende jedes Geschäftsjahres vornimmt (§ 29 GPIFG).

---

[16] Ein weiterer Direktor kann ernannt werden. Er wird vom Präsidenten mit Zustimmung des Verwaltungsrates ernannt (§ 7-2 Abs. 8 GPIFG).

[17] *Abteilung Rentenversicherung des Rates für Soziale Sicherheit*, Der Stand der Diskussion über die Reform des GPIF, 2016, S. 2–3.

2. Regeln für die Anlage der Fonds

Der Rahmen für die Tätigkeit des GPIF ist wie folgt: Der Minister für Gesundheit, Arbeit und Soziales legt die mittelfristigen Ziele fest, die in einem Zeitraum von drei bis fünf Jahren erreicht werden sollen. Der GPIF erstellt zur Erreichung dieser Ziele einen mittelfristigen Plan, der vom Minister genehmigt werden muss. Die im Rahmen dieses Plans erzielten Ergebnisse werden jährlich vom Minister bewertet. Am Ende der mittelfristigen Planungsperiode wird der GPIF einer umfassenderen Überprüfung unterzogen, die auch seine Auflösung einschließen kann. Die oben genannten Punkte sind die gleichen wie für eine Standard-DGH.[18]

Die gesetzlichen Bestimmungen begründen und begrenzen die Befugnisse des Ministers und die Tätigkeit des GPIF. Denn einige gesetzliche Bestimmungen richten sich an alle an der Verwaltung der öffentlichen Rentenversicherung beteiligten Akteure, einschließlich des Ministers. Ein Beispiel hierfür sind die Bestimmungen über den Anlagezweck der Rentenfonds, auf die weiter unten eingegangen wird. Diese Bestimmungen schränken den Entscheidungsspielraum des Ministers bei der Festlegung des mittelfristigen Ziels ein.

Daneben gibt es weitere gesetzliche Bestimmungen, die nur für den GPIF gelten. Ein Beispiel hierfür sind die spezifischen Bestimmungen zu den Investitionsmaßnahmen, auf die ebenfalls weiter unten eingegangen wird. Da der Minister dem GPIF jedoch keine Ziele vorgeben, geschweige denn ihn anweisen kann, etwas zu tun, was dem GPIF gesetzlich verboten ist, muss der Minister auch die Bestimmungen beachten, die formal nur für den GPIF gelten.

Das ARVG und das NRG legen als allgemeines Anlageziel und als Richtung der Anlagepolitik der öffentlichen Pensionsfonds fest, dass die Anlagen „ausschließlich zugunsten der Versicherten zu tätigen sind unter besonderer Berücksichtigung der Tatsache, dass die Fonds einen Teil der von den Versicherten erhobenen Beiträge darstellen und eine wertvolle Quelle für künftige Leistungen sind, mit dem Ziel, durch langfristig sichere und effiziente Anlagen zur Stabilität der gesetzlichen Versicherung auch in der Zukunft beizutragen“.[19]

Der Minister für Gesundheit, Arbeit und Soziales legt die gemeinsame Richtlinie für die Hilfsgenossenschaften, ihre Verbände und den GPIF fest, in der die Grundrichtung für die Verwaltung und Anlage der Rentenfonds sowie die Grundangaben für das nachstehend erwähnte Modellportfolio usw. festgelegt werden.[20] Er bestimmt in der mittelfristigen Zielsetzung für den GPIF eine konkrete Ziel-

---

[18] §§ 27–35 AG-DGH.

[19] § 75 NRG, § 79-2 ARVG.

[20] § 79-4 Abs. 1 und 2 ARVG.

rendite als zu erreichende Anlageperformance.[21] Auf dieser Grundlage stellt der GPIF in der mittelfristigen Planung ein Basisportfolio auf, das als die Vermögenszusammensetzung in einer langfristigen Perspektive für die Verwaltung und Anlage der Rentenreserven definiert ist, und verwaltet die Rentenfonds auf der Grundlage dieses Portfolios.[22] Gleichzeitig legt der GPIF in Zusammenarbeit mit anderen Einrichtungen, wie z. B. den mit der Verwaltung der Pensionsfonds betrauten Hilfsgenossenschaften, ein Modellportfolio fest, das die Zielzusammensetzung des Vermögens der Reservefonds abbildet und bei der Festlegung des Basisportfolios zu berücksichtigen ist.[23] Während der Minister also die mit den Anlagen der Reservefonds zu erzielenden Ergebnisse festlegt, bleibt die Wahl der Anlageinstrumente zur Erreichung dieser Ergebnisse im Wesentlichen dem GPIF überlassen.

Wie bereits erwähnt, muss die Anlage jedoch „sicher und effizient" sein. Wenn der GPIF in seinem mittelfristigen Plan seine grundsätzliche Ausrichtung und sein Basisportfolio für die Verwaltung und Anlage seiner Pensionsfonds festlegt, muss er sicherstellen, dass „die Anlagen der Pensionsfonds auf einer sicheren und soliden Bewertung beruhen, nicht auf ein bestimmtes Instrument konzentriert sind" und mit dem Zweck der Verwaltung der Fonds vereinbar sind.[24] Hierbei sind die „allgemein anerkannten Sachverstände auf dem Gebiet der Vermögensverwaltung und -anlage sowie die Entwicklung der nationalen und internationalen Wirtschaft und die Auswirkungen der Anlagen der Pensionsfonds auf die Märkte und andere Aktivitäten des Privatsektors" zu berücksichtigen.[25] Darüber hinaus gilt es, bei der Festlegung des Basisportfolios die finanzielle Lage und die Aussichten des öffentlichen Rentensystems insgesamt sowie die Volatilität der Erträge aus der Anlage der Rücklagen zu bedenken.[26] Das GPIFG führt auch die Anlageformen auf, die für den GPIF zulässig sind. Dies geschieht durch Aufzählung von Finanzinstrumenten, die z. B. im „Gesetz über Finanzinstrumente und Börsen" definiert sind, sowie von Vertragsarten und teilweise durch Hinzufügung von Bedingungen für die Verwendung dieser Mittel. Der GPIF kann die Pensionsfondsreserven nicht nur selbst anlegen, sondern auch anderen Treuhandgesellschaften oder Finanzinstituten, die Treuhandgeschäfte betreiben,

---

[21] Die mittelfristigen Ziele für den GPIF, Nr. 3-3-(1)(2). Vgl. § 29 Abs. 2 Nr. 2 AG-DGH.

[22] § 20 Abs. 1 Nr. 2 GPIFG. Siehe auch § 79-6 ARVG. Vgl. ferner die mittelfristigen Ziele für den GPIF, Nr. 3-3-(1)(4). Das Basisportfolio wird als Prozentsatz der inländischen Anleihen, der ausländischen Anleihen, der inländischen Aktien und der ausländischen Aktien, aus denen sich der Pensionsfonds zusammensetzt, ausgedrückt.

[23] § 79-5 Abs. 1 ARVG.

[24] § 20 Abs. 2 GPIFG.

[25] § 20 Abs. 2 GPIFG.

[26] § 20 Abs. 3 GPIFG.

anvertrauen. Für das Treuhandgeschäft werden in der Regel diskretionäre Anlageverträge verwendet. So kann der GPIF beispielsweise nicht selbst einzelne Aktien kaufen oder verkaufen.[27] In der Praxis wird jedoch überwiegend die Treuhandanlagemethode angewandt, und es ist nicht rechtswidrig, wenn Treuhänder die ihnen anvertrauten Rücklagen in Aktien anlegen.

Die Mitglieder des Board of Governors und die anderen Direktoren sind verpflichtet, ihre Aufgaben für den GPIF gewissenhaft und in Übereinstimmung mit allen oben erwähnten Regeln und Vorschriften wahrzunehmen.[28] Darüber hinaus ist festgelegt, dass die Verwaltung und die Anlage der Reservefonds mit der gleichen Sorgfalt zu erfolgen haben, die eine Person, die im Auftrag Dritter Vermögen verwaltet und anlegt, unter ähnlichen Umständen anwenden würde, um umsichtige Entscheidungen auf der Grundlage allgemein anerkannter beruflicher und fachlicher Kenntnisse im Hinblick auf ihre Aufgaben zu treffen.[29]

In Bezug auf den GPIF ist es in der Praxis unwahrscheinlich, dass die Abschaffung des GPIF als DGH regelmäßig ein realistischer Diskussionspunkt sein wird, obwohl die zuständigen Minister verpflichtet sind, die Abschaffung der DGH in die Überprüfung am Ende der mittelfristigen Planungsperiode einzubeziehen. Dies ist darauf zurückzuführen, dass die Verwaltung der Reserven Teil eines umfassenderen langfristigen Plans für die öffentlichen Rentenfinanzen ist und die langfristige Stabilität der Investitionen sichergestellt werden muss. Andererseits werden, wie bereits erwähnt, die Reservefonds und ihre Erträge ab etwa 2040 nach und nach für die Zahlung der Rentenleistungen verwendet, sodass die Reservefonds schließlich abnehmen werden. Damit entfällt in Zukunft die materielle Grundlage für das Mandat des GPIF.

III. Selbstständigkeit des GPIF

Im Folgenden wird die Selbstständigkeit des GPIF im Hinblick auf ihre Notwendigkeit, ihre Sicherheitsvorkehrungen und ihre Grenzen untersucht.

1. Notwendigkeit der Selbstständigkeit des GPIF

Zunächst zur ersten Frage: Warum ist die Selbstständigkeit des GPIF notwendig? Aus den gesetzlichen Bestimmungen und den Aussagen in den mittelfristigen Zielen des Ministers geht hervor, dass sich die Regierung sehr wohl der Notwen-

[27] Zu den obigen Punkten siehe § 21 GPIFG.

[28] § 21-4 AG-DGH; § 11 Abs. 1 GPIFG.

[29] § 11 Abs. 2 GPIFG. Diese Regelung wurde in Anlehnung an die „prudent man rule" des US-amerikanischen Rechts eingeführt. S.a. 29 U.S.C. § 1104(a)(1), insbesondere (B).

digkeit bewusst ist, erstens die Anlagetätigkeit von der normalen, von politischen Kräften gelenkten Verwaltung fernzuhalten, um negative Auswirkungen auf den Markt zu vermeiden, und zweitens die Anlagetätigkeit des Pensionsfonds einer Organisation anzuvertrauen, die über den notwendigen Sachverstand verfügt, um eine zielführende Anlagetätigkeit zu gewährleisten. Mit anderen Worten: Die Anlagetätigkeit einer direkt von der Politik geleiteten Organisation sollte vermieden werden, da sie sonst den Markt stören könnte, und die rationale Verwaltung dieser großen Fonds am Markt sollte sich auf das Urteil von Experten stützen. Um die Distanz zwischen dem Markt und der Regierung zu gewährleisten, sollte eine unabhängige, von Experten geleitete Verwaltungseinheit zwischen dem Markt und der Regierung angesiedelt werden, der die Verwaltung der Fonds anvertraut wird.[30] Dies als Hauptmotiv zu betrachten, steht auch im Einklang mit den weiter unten diskutierten Maßnahmen zur Gewährleistung der Unabhängigkeit.

Andererseits ist der Gedanke, dass der Reservefonds ein Fonds ist, der von den Versicherten gebildet wird, die sich rechtlich von den Staatsbürgern unterscheiden, und daher von der Selbstverwaltung der Sozialversicherung und nicht allein vom Staat nach dem Demokratieprinzip verwaltet werden sollte, nicht das Hauptargument der Regierung für die Selbstständigkeit des GPIF, obwohl die Regierung ihn als einen Gedanken, der der Unabhängigkeit des GPIF zugrunde liegen könnte, nicht ignoriert hat. Mit anderen Worten: Die Selbstverwaltung der Sozialversicherung ist nur ein sekundäres Argument.

In der Vergangenheit wurden die Rentenfonds vom Finanzministerium verwaltet, was das damalige Ministerium für Gesundheit und Soziales kritisierte, um in der Folge eine unabhängige Verwaltung ausschließlich für die Versicherten zu fordern. Man kann sagen, dass diese Forderung in Form von Investitionen durch den GPIF umgesetzt worden ist.[31] Sowohl die Arbeitnehmerrentenversicherung als auch die nationale Rentenversicherung werden jedoch von der Regierung selbst und nicht von Selbstverwaltungskörperschaften verwaltet. Die Unabhängigkeit der Verwaltungsorganisation des Reservefonds allein auf die soziale Selbstverwaltung zu stützen, ist daher im Hinblick auf das gesamte öffentliche Rentenversicherungssystem Japans nicht ausgewogen. Die Verflech-

---

[30] Ebenso, *Shimamura* (Fn. 3), S. 51. S.a. *Ohta*, Jurist 1357 (2008), S. 96 (105–106), für eine allgemeine Erläuterung, wie Pensionsfonds verwaltet werden sollten. Die Tatsache, dass der GPIF die Aktien nur indirekt auf der Grundlage der Entscheidungen der einzelnen Treuhänder im Rahmen der diskretionären Anlageverträge hält, kann ebenfalls auf die gleiche Überlegung zurückgeführt werden, die darauf abzielt, den Markt von den staatlichen Verwaltungseinheiten zu distanzieren, indem vermieden wird, dass der GPIF die Aktivitäten der Unternehmen auf dem Markt direkt bewertet und beeinflusst.

[31] Ausführlich dazu *Yoshihara/Hata*, Nihon kouteki nenkin seido shi [Geschichte des öffentlichen Rentensystems in Japan], 2016, S. 294–318.

tung der unterschiedlichen Auffassungen in dieser Frage lässt sich besser verstehen, wenn man die Zusammensetzung des Board of Governors betrachtet, sodass wir uns nun den Maßnahmen zur Sicherung der Unabhängigkeit zuwenden.

2. *Sicherstellung der Selbstständigkeit*

Die Unabhängigkeit des GPIF wird in erster Linie durch die Rechtsform der DGH gewährleistet, d. h. die Durchführung der Aufgaben wird dem GPIF vorbehaltlich der Vorgabe von Zielen und der nachträglichen Evaluierung durch den Minister übertragen. Die Weisungsbefugnis des Ministers beschränkt sich dabei grundsätzlich auf die Rechtsaufsicht. Aufgrund des Zwecks, für den der GPIF eingerichtet wurde, sind Einzelweisungen zur Verwaltung des Reservefonds nicht zulässig.

Darüber hinaus wird davon ausgegangen, dass das Board of Governors als Kollegialorgan eine Rolle bei der Sicherung der Unabhängigkeit spielen kann. Dies ist damit zu begründen, dass die Entscheidungen des Kollegialorgans auf der Grundlage der unabhängigen Kommunikation seiner Mitglieder getroffen werden.[32] Die Existenz dieses kollegialen Beschlussorgans ist eine Besonderheit, die in Standard-DGHs nicht üblich ist. Wie bereits erwähnt, erfolgte die Stärkung des Kollegialorgans durch die Einrichtung des Board of Governors im Rahmen der Reform von 2016 jedoch mit der Begründung, durch die Trennung von Entscheidungsfindung und Ausführung innerhalb des GPIF die Befugnisse und die Verantwortlichkeiten der ausführenden Abteilung zu klären und die Aufsichtsstruktur über die ausführende Abteilung zu stärken. Das Ziel, die Unabhängigkeit des GPIF zu stärken, wurde nicht diskutiert. Angesichts dieses Schweigens muss die Beziehung zwischen dem Board of Governors und der Unabhängigkeit des GPIF weiter untersucht werden.

Wie sich der Gesetzgeber die Unabhängigkeit des GPIF vorstellt, lässt sich an den Qualifikationen der Mitglieder des Board of Governors ablesen. Alle seine Mitglieder und der Direktor für Verwaltung und Anlagetätigkeit müssen über „Sachverstand oder praktische Erfahrung in den Bereichen Wirtschaft, Finanzen, Investitionen, Unternehmensführung oder anderen für die Tätigkeit des GPIF relevanten Bereichen“ verfügen (§ 7-2 Abs. 1 und 2 GPIFG). Das GPIFG sieht keine unterschiedlichen Anforderungen für verschiedene Positionen vor. Zu beachten ist jedoch, dass den betroffenen Organisationen ein Vorschlagsrecht für je einen Vertreter der Versicherten und der Arbeitgeber eingeräumt wird (§ 7-2 Abs. 4 GPIFG). Die Beteiligung der Arbeitgeber beruht darauf, dass die Beiträge

[32] Der Präsident nimmt seine Aufgaben als Mitglied des Board of Governors ebenfalls unabhängig wahr (§ 5-4 Abs. 4).

zur Arbeitnehmerrentenversicherung je zur Hälfte von den Versicherten (Arbeitnehmern) und den Arbeitgebern getragen werden (§ 82 Abs. 1 ARVG). Das Vorschlagsrecht wird somit in dem Bewusstsein eingeräumt, dass es sich um einen Fonds handelt, der durch Beiträge der Versicherten und der Arbeitgeber aufgebaut wird, und an dem diese ein besonderes Interesse haben.

Es ist jedoch darauf hinzuweisen, dass auch für die von den Versicherten oder den Arbeitgebern vorgeschlagenen Mitglieder des Board of Governors die grundlegende Anforderung der Sachkenntnis auf dem Gebiet der Wirtschaft und der Vermögensverwaltung gilt. Bedingung ist nicht, dass die von den Versicherten und Arbeitgebern vorgeschlagenen Mitglieder in erster Linie für die Vertretung der Versicherten bzw. der Arbeitgeber qualifiziert sein müssen. Das zugrunde liegende Interesse besteht darin, sicherzustellen, dass der GPIF von Personen verwaltet wird, die über die Fähigkeit verfügen, die Reserven rational zu verwalten und am Markt zu investieren, und dass die Unabhängigkeit des GPIF auf dieser Fähigkeit beruht. Es ist daher verständlich, dass der Gesetzgeber als Grundlage für die Unabhängigkeit des GPIF die Notwendigkeit einer Organisation, die auf der Grundlage ihres Sachverstands rational arbeitet, als übergeordnetes Argument betrachtet hat. Die Überlegung, dass der Betrieb des GPIF und damit die Verwaltung der Reserven eine Unabhängigkeit von der Regierung erfordert, die auf der sozialen Selbstverwaltung beruht, und dass am Betrieb des GPIF Personen beteiligt sein sollten, die über die entsprechenden Qualifikationen und Fähigkeiten verfügen, um die Versicherten zu vertreten, bleibt ein sekundäres Argument.[33] Aus dem Bericht des Rates für Soziale Sicherheit, der die Novelle des GPIFG von 2016 vorbereitete, geht hervor, dass es hinsichtlich der Zusammensetzung des Board of Governors eine Minderheitsmeinung gab, nach der zumindest einige Arbeitnehmer- und Arbeitgeberrepräsentanten darin vertreten sein sollten, ja eigentlich sogar eine Mehrheit, und dass Arbeitnehmer und Arbeitgeber als Beitragszahler besser ein Mitspracherecht bei der Ernennung der Mitglieder haben sollten.[34] Diese Auffassung hat jedoch keinen Eingang in die Reform gefunden. Auch diese Erfahrung spricht für das obige Verständnis.[35]

---

[33] *Shimamura* (Fn. 1), S. 53–54, sieht die Rolle des Mitglieds des Board of Governors als Vertreter der Versicherten darin, ständig zu überprüfen, ob die Beschlüsse des Boards begründet und vernünftig sind, da das Board die hoch spezialisierte Aufgabe hat, den Reservefonds zu investieren. Das Mitglied als Vertreter der Versicherten hat jedoch die gleichen Befugnisse im Board of Governors. Derzeit gibt es ein Mitglied, das lange Zeit im Sekretariat des japanischen Gewerkschaftsbundes gearbeitet hat. Es wird wahrscheinlich als Vertreter der Versicherten angesehen.

[34] *Abteilung Rentenversicherung des Rates für Soziale Sicherheit* (Fn. 17), S. 3.

[35] Ausgehend von dieser Entwicklung betont *Kikuchi* (Fn. 3), S. 2, dennoch aus dem Gedanken der sozialen Selbstverwaltung heraus die Notwendigkeit einer direkten Beteiligung der

Eine weitere wichtige Maßnahme zur Gewährleistung der Unabhängigkeit des GPIF ist die Festlegung des Zwecks und der Anlagemethode der Reservefonds. Wie im Folgenden gezeigt wird, schränkt dies zwar die Unabhängigkeit des GPIF ein. Gleichzeitig wird aber auch die Möglichkeit der Einflussnahme durch den Minister und damit durch die Politik begrenzt. Dies zeigt sich z. B. daran, dass der GPIF nur indirekt, d. h. über die Entscheidungen der Treuhänder im Rahmen der diskretionären Anlageverträge, in Aktien investieren kann. Die Bindung an den Anlagezweck und die Anlagemethode trägt somit wiederum zur Unabhängigkeit des GPIF bei. Mit anderen Worten: Der GPIF erlangt seine Unabhängigkeit durch seine Bindung an den Zweck, die Mittel und die rationale Beurteilung der Angemessenheit der Mittel zur Erreichung des Zwecks. Dies kann als Konsequenz einer Verwaltungseinheit gesehen werden, deren Unabhängigkeit nicht auf einem Grundrecht wie etwa bei einer Universität, sondern ausschließlich auf ihrer Funktion beruht.

3. Grenzen und Disziplinierung der Selbstständigkeit

Das Demokratieprinzip verlangt jedoch, dass die Regierung die Kontrolle über den GPIF ausübt, auch wenn die Rentenfonds durch Beiträge der Versicherten finanziert werden, da die Arbeitnehmerrentenversicherung und die nationale Rentenversicherung von der Regierung verwaltet werden. Alle Mitglieder des Board of Governors, einschließlich des Vorsitzenden, des Präsidenten und der Mitglieder, die von den einschlägigen Organisationen als Vertreter der Interessen der Versicherten und der Arbeitgeber empfohlen werden, werden vom Minister für Gesundheit, Arbeit und Soziales ernannt (§ 7-2 Abs. 1 und 2 GPIFG).[36] Somit gibt es keine Unterbrechung der personell-organisatorischen Legitimationskette. Der Minister kann auch die Mitglieder des Boards auf der Grundlage einer negativen Leistungsbewertung entlassen, wobei selbstverständlich die Erreichung der Zielrendite ausschlaggebend ist.[37]

Zudem könnte die Tatsache, dass das Board of Governors als Kollegialorgan über die grundsätzliche Ausrichtung entscheidet und die Umsetzung des Präsidenten und des Direktors für Verwaltung und Anlagetätigkeit überwacht, wie von der Regierung bei der Änderung der Organisationsstruktur im Rahmen der Reform von 2016 begründet, dazu dienen, die Kontrolle der Durchführung der In-

---

Versicherten- und Arbeitgeberrepräsentanten als Parteien an der Verwaltung und Anlage des Reservefonds.

[36] *Kikuchi* (Fn. 3), S. 2 ist der Ansicht, dass der Minister für Gesundheit, Arbeit und Soziales bei der Ernennung einen großen Spielraum hat, auch wenn die erforderlichen Fähigkeiten der Mitglieder gesetzlich festgelegt sind.

[37] § 23 Abs. 3 AG-DGH, § 10 GPIFG.

vestitionen substanziell zu gewährleisten. In der Struktur vor der Reform von 2016 war das Risiko politischer Einflussnahme umso größer, je wirksamer die Beteiligung des Ministers durch das mittelfristige Ziel und die nachträgliche Evaluierung war. Es liegt auf der Hand, dass das Risiko der Verantwortungslosigkeit des Leitungspersonals des GPIF größer ist, wenn die Beteiligung des Ministers geringer ist. Wenn hingegen das Board of Governors als stimmberechtigtes Kollegialorgan von Sachverständigen die grundsätzliche Richtung vorgibt und deren Umsetzung überwacht, kann trotz der fortbestehenden Beteiligung des Ministers erwartet werden, dass das Board unter der Zielvorgabe des Ministers auf der Grundlage von Diskussionen maßvolle und in diesem Sinne vertretbare Entscheidungen trifft und deren Umsetzung kontinuierlich und substanziell beaufsichtigt. Insofern kann die Einschaltung eines Kollegialorgans auch als Möglichkeit zur Vermeidung eines Verantwortungs- und Kontrolldefizits bewertet werden.

Es ist nochmals darauf hinzuweisen, dass der GPIF nur für die Verwaltung und Anlage der Rentenfonds zuständig ist und damit keinesfalls eine Organisation darstellt, die die Finanzen des öffentlichen Rentensystems insgesamt verwaltet. Die Regierung entscheidet sowohl darüber, wie lange die Rücklagen angelegt werden, als auch darüber, wann und in welchem Umfang sie aufgelöst und für die Zahlung von Rentenleistungen verwendet werden – und zwar auf der Grundlage der alle fünf Jahre durchgeführten Überprüfung und Prognose der finanziellen Lage der Rentenversicherung.[38] Wichtig ist in diesem Zusammenhang auch, dass die Anlagemethode durch das GPIFG festgelegt wird. Damit wird der Gestaltungsspielraum des GPIF auf professionelle Entscheidungen beschränkt, die sich unter dem Gebot der Sicherheit und Effizienz der Anlage letztlich auf die Kombination von Anlagemethoden, einschließlich diskretionärer Anlageverträge mit privaten Anlageinstituten, beschränken. Auf diese Weise werden die Faktoren, die die Unabhängigkeit des GPIF begründen, mit den ihm übertragenen Aufgaben in Einklang gebracht.

Schließlich stellt die Tatsache, dass der GPIF auf den Finanzmärkten investieren muss, eine weitere Form der Disziplinierung dar, da er dadurch automatisch den außergesetzlichen Regeln der Finanzmärkte unterliegt. Aufgrund des enormen Anlagevolumens des GPIF und seines Status als öffentliche Einrichtung wird von ihm erwartet, dass er sich als einer der weltweit größten institutionellen Anleger angemessen verhält, indem er beispielsweise in Übereinstimmung mit dem Stewardship-Code und unter Berücksichtigung von ESG[39]-Kriterien investiert. Da die Notwendigkeit, die Verwaltung von Rentenfonds einer unabhängi-

[38] Vgl. § 2-4 ARVG, § 4-3 NRG.

[39] Environmental, social, governance.

gen Institution und nicht direkt der Regierung anzuvertrauen, darauf beruht, Marktstörungen zu vermeiden, muss der GPIF diese Marktdisziplin respektieren und akzeptieren.[40] Diese Akzeptanz macht den GPIF für den Markt verständlich, der darauf vertraut, dass der GPIF kein Störfaktor ist.[41] In diesem Sinne wird die Unabhängigkeit bzw. die geringere Kontrolle des GPIF im Vergleich zu einer normalen hierarchischen Verwaltungsorganisation durch die Marktdisziplin ausgeglichen. Es ist jedoch eine Frage für die Zukunft, den konkreten Inhalt und die Ursprünge dieser Marktdisziplin kritisch zu untersuchen und das Verhältnis, d. h. die Kohärenz und die Spannungen zwischen ihr und den Verfassungsprinzipien für Verwaltungsorganisationen, zu klären.

---

[40] Die mittelfristigen Ziele des GPIF sehen vor, dass der Fonds seine Stewardship-Verantwortung wahrnimmt und ESG-Kriterien bei seinen Investitionen berücksichtigt. Allerdings wird der Forderung nach Stewardship-Verantwortung und ESG-orientiertem Investieren in den Zielen nur eine mittlere Bedeutung beigemessen, während z. B. dem Ziel der Zielrendite eine höhere Bedeutung beigemessen wird. Vgl. die mittelfristigen Ziele des GPIF Nr. 3-3-(1)(2) und Nr. 3-7.

[41] Zur Gewährleistung der Transparenz und Nachvollziehbarkeit ist auch die Veröffentlichung der Investitionslage im jährlichen Geschäftsbericht von Bedeutung, s. § 26 Abs. 1 GPIFG.

Vermeidung von Kontroll- und Verantwortungsdefiziten bei unabhängigen Verwaltungseinheiten

Ralf Müller-Terpitz

I. Vorbemerkungen

Das zu behandelnde Thema – die Vermeidung von Kontroll- und Verantwortungsdefiziten bei unabhängigen Verwaltungseinheiten – verlangt zunächst nach einer kurzen Analyse des Untersuchungsgegenstands. So wirft es die Frage auf, was unter dem Begriff einer „unabhängigen Verwaltungseinheit" zu verstehen ist. Auch stellt sich die Frage, welches normative Problem durch die Kategorien der Kontroll- und Verantwortungsdefizite adressiert wird. Zudem bedarf der Begriff des Defizits einer näheren Betrachtung: Wörtlich übersetzt bedeutet er „Fehlbetrag" oder „Mangel".[1] Mithin umschreibt der Ausdruck eine Situation, in der (warum auch immer) ein vorgegebener Soll-Zustand nicht erreicht wird. Dieser Soll-Zustand muss logischerweise zunächst bestimmt und sodann in Relation zu einem Ist-Zustand gesetzt werden. Erst wenn dieses Ins-Verhältnis-Setzen einen negativen Saldo ergibt, stellt sich die weitere Frage nach Möglichkeiten zur Vermeidung bzw. Behebung dieses Defizits.[2]

Diese einführende Analyse in den Untersuchungsgegenstand lässt bereits erkennen, dass die nunmehr zu untersuchenden Komponenten – Unabhängigkeit, Kontroll- und Verantwortungsdefizite sowie Maßnahmen zu deren Vermeidung – Interdependenzen aufweisen, die ihre isolierte Betrachtung erschweren oder gar ausschließen. Dennoch soll diese Analyse als Basis für die Struktur und das Erkenntnisinteresse der nachfolgenden Untersuchung dienen.

---

[1] *Duden*, Das Fremdwörterbuch, Bd. 5, 10. Aufl. 2010.

[2] Hierbei kann es sich selbstverständlich auch um präventiv wirkende Maßnahmen handeln, die der Entstehung eines antizipierbaren Defizits *a priori* entgegenwirken.

II. Unabhängige Verwaltungseinheiten

1. Ausmaß der Unabhängigkeit

Nicht nur der Begriff des Defizits, sondern auch derjenige der Unabhängigkeit ist ein genuin relationaler Begriff. Es gibt stets nur eine Unabhängigkeit von etwas, was zugleich das Ausmaß dieser Unabhängigkeit beschreibt. Vorliegend geht es um die Unabhängigkeit von Verwaltungseinheiten, die keiner oder einer nur eingeschränkten Kontrolle und Verantwortlichkeit unterliegen. Der Begriff der Kontrolle ist dabei primär auf das Überprüfen und ggf. Korrigieren sachlich-inhaltlicher, d. h. materieller Entscheidungen dieser Verwaltungseinheiten bezogen – sei es durch eine vorgeordnete und weisungsberechtigte Behörde, durch den Gesetzgeber oder ein Gericht. Der Begriff der Verantwortung betrifft demgegenüber primär die personell-organisatorische Dimension von Unabhängigkeit, sprich die Frage, wie (und durch wen) Entscheidungen von Verwaltungseinheiten in personeller Hinsicht sanktioniert werden können, etwa durch die Abberufung der Behördenspitze oder den Austausch einzelner Behördenmitarbeiter. Aber auch die Möglichkeit, Entscheidungen unabhängiger Verwaltungseinheiten im Wahlakt (z. B. zum Europäischen Parlament oder zum Deutschen Bundestag) zu sanktionieren, ist dieser Verantwortlichkeitsdimension zuzurechnen.

Die Unabhängigkeit von Kontrolle und Verantwortung tritt in abgestuften Formen auf: Sie beginnt bei weichen Formen faktischer Unabhängigkeit, etwa durch eine bestimmte organisatorische Ausgestaltung der Verwaltungseinheit (z. B. als sachverständiges Kollegialorgan), welche ihr zwar keine normative, wohl aber eine tatsächliche Entscheidungsunabhängigkeit einräumt.[3] In sachlich-inhaltlicher Hinsicht kann sie über eine Reduktion fachaufsichtlicher Interventionsmöglichkeiten der vorgeordneten Behörde auf allgemeine Weisungen (unter Ausschluss von Einzelweisungen)[4] bis hin zum völligen Ausschluss fachaufsichtlicher Maßnahmen (sei es in Form von allgemeinen oder einzelnen Weisungen) und der Beschränkung auf eine Rechtsaufsicht (wie etwa im Selbstverwaltungsbereich der Gemeinden und Kreise[5]) oder gar nur „beschränkte" Rechtsaufsicht

---

[3] Diese Form der faktischen Unabhängigkeit wurde früher für das Bundeskartellamt (BKartA) aufgrund seiner Untergliederung in Beschlussabteilungen angenommen; vgl. hierzu *Oertel*, Die Unabhängigkeit der Regulierungsbehörde nach §§ 66 ff. TKG, 2000, S. 404 f.

[4] Für den föderalen Kontext vgl. insoweit Art. 84 Abs. 2 GG. Siehe ferner § 61 des Energiewirtschaftsgesetzes (EnWG) v. 7.7.2005, BGBl. I S. 1970, 3621, der aus Transparenzgründen allerdings wohl nur eine Publikationspflicht für allgemeine Weisungen statuiert, Einzelweisungen aber nicht ausschließen möchte. Freilich ist diese Bestimmung – wie noch zu zeigen sein wird (II. 1.) – unionsrechtlich problematisch.

[5] Vgl. § 118 Abs. 1 der Gemeindeordnung für Baden-Württemberg (GemO BW) v. 24.7.

(wie im Bereich des Rundfunks[6]) reichen. Denkbar ist schließlich auch eine völlige Freistellung der Verwaltungseinheit von jeder Fach- und Rechtsaufsicht durch eine vorgeordnete Behörde.[7] Organisatorisch-personelle Unabhängigkeit kann sich beispielsweise in einer mehr oder minder stark ausgeprägten Budgetautonomie der Verwaltungseinheit oder in ihrer Resilienz gegenüber Abberufungsmöglichkeiten der Leitungsspitze durch die nächsthöhere Verwaltungseinheit manifestieren.[8] Organisatorisch-personelle Unabhängigkeit kann auch dadurch bewerkstelligt werden, dass die Behördenleitung durch ein eigenes Organ der Verwaltungseinheit bestimmt bzw. abberufen wird, wie es im Rundfunkbereich für die Amtsträgerschaft der Präsidenten der Landesmedienanstalten, die durch plural zusammengesetzte Medienräte dieser Anstalten gewählt bzw. abberufen werden müssen, Usus ist.[9]

2. Begriff der Verwaltungseinheit

Seit jeher existieren in Deutschland[10] Verwaltungseinheiten, die durch eine Lockerung oder gar Entkopplung von Kontrolle und Verantwortlichkeit im soeben beschriebenen Sinne gekennzeichnet sind. Zum Teil werden sie, wie etwa im Falle der Gemeinden (Art. 28 Abs. 2 S. 1 GG), der Bundesbank (Art. 88 GG) oder des Bundesrechnungshofs (Art. 114 Abs. 2 GG), durch die Verfassung selbst errichtet bzw. vorausgesetzt und mit einem funktionsbezogenen Maß an Unabhängigkeit ausgestattet.[11] Zum Teil beruhen ihre Errichtung und Unabhängigkeit auf parlamentsgesetzlicher Entscheidung. Beispielhaft sei insoweit auf die

---

2000, GBl. S. 581 sowie § 51 der Landkreisordnung für Baden-Württemberg (LKrO BW) v. 19.7.1987, GBl. S. 288.

[6] Vgl. BVerfGE 12, 205 (261).

[7] *Meinel*, in: Kahl/Ludwigs (Hrsg.), Handbuch des Verwaltungsrechts, Bd. III, 2022, § 61 Rn. 8 bezeichnet Verwaltungseinheiten, die eine solche völlige Freistellung genießen, in Anlehnung an *Gunnar Folke Schuppert* als „verselbstständigte Verwaltungseinheiten".

[8] Vgl. insoweit z. B. § 4 Abs. 5 des Gesetzes über die Bundesnetzagentur für Elektrizität, Gas, Telekommunikation, Post und Eisenbahnen (BEGTPG) v. 7.7.2005, BGBl. I S. 1970, 2009, wonach der Präsident der Bundesnetzagentur (BNetzA) nur aus „wichtigem Grund" und nur per Beschluss der Bundesregierung als Kollegialorgan entlassen werden kann.

[9] Vgl. insoweit bspw. Art. 15 Abs. 1 und 3 des Bayerischen Mediengesetzes (BayMG) v. 22.10.2003, GVBl. S. 799.

[10] Rein europäische Verwaltungseinheiten wie z. B. die Europäische Agentur für die Grenz- und Küstenwache (Frontex) oder die Europäische Arzneimittel-Agentur (EMA) bleiben nachstehend bewusst ausgeklammert. Zu diesen m. w. N. *Dreier/Kuch*, in: Kahl/Ludwigs (Hrsg.), Handbuch des Verwaltungsrechts, Bd. III, 2022, § 60 Rn. 76 ff.; *Meinel* (Fn. 7), § 61 Rn. 46 ff.

[11] Zu diesen Formen verfassungsunmittelbar legitimierter Unabhängigkeit von Verwaltungseinheiten siehe *Grzeszick*, in: Dürig/Herzog/Scholz (Hrsg.), Grundgesetz-Kommentar, 97. EL Jan. 2022, Art. 20 Rn. 147.

Errichtung des Bundeskartellamts[12] und der Bundesnetzagentur[13], auf die Bereiche der sog. funktionalen Selbstverwaltung in Gestalt des Kammerwesens (Rechtsanwalts-, Ärztekammern etc.)[14] oder der Universitäten[15] sowie auf die Landesmedienanstalten verwiesen.

Diese Beispiele markieren zugleich ein weiteres Charakteristikum unabhängiger Verwaltungseinheiten: Sie können – wie das Bundeskartellamt, die Bundesnetzagentur oder die Datenschutzbeauftragten – dem Bereich der sog. unmittelbaren Staatsverwaltung zuzuordnen sein und sind dann – ohne eigene Rechtspersönlichkeit – organisatorisch in den Verwaltungsaufbau des Bundes bzw. der Länder integriert; da sie dennoch von dem ihnen vorgeordneten Ministerium unabhängig sind, werden diese Verwaltungseinheiten auch als „ministerialfrei" bezeichnet. Sie können aber auch – wie im Fall der Kammern, Universitäten und Landesmedienanstalten – der sog. mittelbaren Staatsverwaltung zuzurechnen sein, deren Unabhängigkeit zumeist schon durch ihre rechtliche Verselbstständigung in Gestalt einer rechtsfähigen Körperschaft oder Anstalt des öffentlichen Rechts zum Ausdruck kommt.[16]

3. Materielle Gründe für unabhängige Verwaltungseinheiten

Der solchermaßen anzutreffende Realbefund unabhängiger Verwaltungseinheiten wirft des Weiteren die Frage nach den materiellen, d. h. inhaltlichen Gründen für diese Lockerung von Kontrolle und Verantwortlichkeit auf. Wie noch zu zeigen sein wird,[17] ist diese Frage mit Blick auf die Rechtfertigung der Unabhängigkeit von Verwaltungseinheiten von nicht unerheblicher Bedeutung. So vielfältig wie die Ausprägungen unabhängiger Verwaltungseinheiten sind auch die Gründe für eine Lockerung ihrer Kontrolle und Verantwortlichkeit; sie haben sich im Laufe der Zeit verschoben und können nachfolgend lediglich skizziert werden:[18]

---

[12] Vgl. §§ 51 ff. des Gesetzes gegen Wettbewerbsbeschränkungen (GWB) i. d. F. v. 26.6. 2013, BGBl. I S. 1750, 3245.

[13] Vgl. insoweit erneut das BEGTPG (Fn. 8).

[14] Ausführlich dazu *Trute*, in: Voßkuhle/Eifert/Möllers (Hrsg.), Grundlagen des Verwaltungsrechts, Bd. I, 3. Aufl. 2022, § 9 Rn. 82 ff.

[15] Exemplarisch hierfür § 1 Abs. 2 des Landeshochschulgesetzes für Baden-Württemberg (LHG BW) v. 1.1.2005, GBl. S. 1.

[16] Vgl. hierzu erneut *Meinel* (Fn. 7), § 61 Rn. 5, allerdings mit dem zutreffenden Hinweis, dass in Bereichen mittelbarer Selbstverwaltung nicht stets eine Unabhängigkeit anzutreffen sei.

[17] S. unten III.

[18] Ausführlich zu diesen Gründen neben den nachstehend Zitierten *Kröger*, Unabhängigkeitsregime im europäischen Verwaltungsverbund, 2020, S. 84 ff.

Standen – wie etwa bei den Gemeinden und der funktionalen Selbstverwaltung – zunächst Gründe einer demokratischen Partizipation und Mitwirkung von Betroffenen an Verwaltungsentscheidungen im Vordergrund,[19] traten seit den 1980er Jahren im Zuge der durch das EU-Recht angestoßenen Privatisierung von Staatsaufgaben die Entpolitisierung von Verwaltungsentscheidungen (Trennung von Regulierer und Reguliertem), sprich der unparteiische, nicht diskriminierende[20] und effektive fachlich-technische (expertokratische[21]) Vollzug von Recht in den Vordergrund.[22] Soweit diese Impulse von der europäischen Ebene ausgingen bzw. ausgehen, kommt in ihnen zugleich ein Misstrauen gegenüber den Verwaltungen der Mitgliedstaaten zum Ausdruck, denen ein politisch beeinflusster, mehr an den nationalen denn an den gesamteuropäischen Interessen orientierter Vollzug des Unionsrechts unterstellt wird.[23] Durch die Errichtung und Beauftragung unabhängiger Verwaltungseinheiten wird deshalb ein gewaltenteilendes Element in die Säule der „zweiten Staatsgewalt“ eingebaut,[24] welches aus unionaler Perspektive zudem die Etablierung eines europäischen Verwaltungsverbunds[25], d. h. eines koordinierenden oder beratenden Zusammenwirkens der jeweils unabhängigen nationalen Verwaltungsbehörden und der Europäischen Kommission erleichtert.

4. Fokus der weiteren Untersuchung

Dies leitet zum Fokus der weiteren Untersuchung über: den nationalen Verwaltungseinheiten, die ihre Unabhängigkeit auf das Unionsrecht zurückführen.[26] Einerseits ist dieser Fokus erforderlich, um bei der Analyse des soeben umrissenen Realbereichs nicht im Uferlosen zu ertrinken. Andererseits berührt das Zusammenwirken von Unionsrecht und nationalem (Verfassungs-)Recht den interessantesten, umstrittensten und zugleich weitestgehenden Bereich der Unabhängigkeit nationaler Verwaltungseinheiten.

---

[19] Vgl. *Meinel* (Fn. 7), § 61 Rn. 15.

[20] EuGH, Rs. C-718/18 (Kommission/Deutschland), EU:C:2021:662 Rn. 112.

[21] Umfassend dazu *Münkler*, Expertokratie, 2020.

[22] Vgl. *Kaufhold*, CML Rev. 2022, S. 1853 (1858 f.). Kritisch zu dieser „expertokratischen Entpolitisierung“ von Regulierungsentscheidungen im Energiesektor *Scholtka*, EuZW 2021, S. 900 (901), der diese Betrachtungsweise als „wirklichkeitsfremd“ kennzeichnet.

[23] Zum Vorstehend erneut m. w. N. *Meinel* (Fn. 7), § 61 Rn. 16 f., 19 f., 21, 25 und 29. Speziell für die Regulierung von Netzinfrastrukturen *Di Fabio*, EnZW 2022, S. 291 (293 f.).

[24] Vgl. *Meinel* (Fn. 7), § 61 Rn. 25, 33 f. m. w. N.

[25] Ausführlich hierzu *von Bogdandy/Hering*, in: Voßkuhle/Eifert/Möllers (Hrsg.), Grundlagen des Verwaltungsrechts, Bd. I, 3. Aufl. 2022, § 25.

[26] Im rechtswissenschaftlichen Diskurs werden diese auch als „Agenturen“, „unabhängige Agenturen“ oder „Regulierungsagenturen“ bezeichnet.

Als aktuelles Beispiel für eine kraft Unionsrecht unabhängige nationale Verwaltungseinheit soll im Folgenden der „Koordinator für digitale Dienste" i. S. d. europäischen Gesetzes über digitale Dienste (Digital Services Act – DSA)[27] dienen. Diesem Koordinator obliegt – vereinfacht ausgedrückt – die Überwachung von digitalen Vermittlungsdiensten wie Google, Facebook, Instagram, TikTok oder YouTube. Art. 50 Abs. 2 DSA ordnet insoweit an: „Bei der Wahrnehmung ihrer Aufgaben und Befugnisse gemäß dieser Verordnung handeln die Koordinatoren für digitale Dienste völlig unabhängig. Sie arbeiten frei von äußeren Einflüssen und dürfen weder direkt noch indirekt Weisungen von anderen Behörden oder privaten Stellen einholen oder entgegennehmen." Zur Gewährleistung dieser Unabhängigkeit ordnet Art. 50 Abs. 1 DSA an, dass die EU-Mitgliedstaaten ihren Koordinatoren alle erforderlichen technischen, finanziellen und personellen Ressourcen zur Ausführung ihrer Aufgaben zur Verfügung zu stellen haben. Auch müssen die Mitgliedstaaten dafür Sorge tragen, dass die Koordinatoren ihren Haushalt innerhalb einer Gesamtobergrenze „ausreichend autonom" verwalten können.

Die vorstehend skizzierten unionsrechtlichen Regelungen gewähren dem nationalen Koordinator für digitale Dienste – in der Bundesrepublik Deutschland wird dies voraussichtlich die Bundesnetzagentur sein – mithin eine weitgehende Unabhängigkeit in sachlich-inhaltlicher und organisatorisch-personeller Hinsicht. Namentlich die Formulierung „völlige Unabhängigkeit" in Art. 50 Abs. 2 DSA ist weit zu verstehen:[28] Die Bundesnetzagentur darf hiernach weder fach- oder rechtsaufsichtliche Weisungen vom vorgeordneten Bundeswirtschaftsministerium einholen noch solche Weisungen entgegennehmen.[29] Auch eine Einflussnahme über legislative Maßnahmen – etwa in Gestalt von Vorgaben durch Rechtsverordnungen des Bundeswirtschaftsministeriums oder gar durch eine Begleitgesetzgebung des Parlaments – ist insoweit ausgeschlossen, als diese den unionsrechtlich zugewiesenen Kompetenzbereich der unabhängigen Verwal-

---

[27] Verordnung (EU) 2022/2065 des Europäischen Parlaments und des Rates über einen Binnenmarkt für digitale Dienste v. 19.10.2022, ABl. L Nr. 277, S. 1. Gemäß Art. 93 DSA ist diese Verordnung am 16.11.2022 in Kraft getreten und wird ab dem 17.2.2024 Anwendung finden. Die Verordnung gilt als das neue „Grundgesetz" für Onlineplattformen, da sie zahlreiche Verpflichtungen von Vermittlungsdiensten gegenüber ihren Nutzern und der Allgemeinheit statuiert.

[28] *Kühling/Dürr*, Unabhängigkeit des Koordinators für Digitale Dienste nach dem Gesetz über Digitale Dienste der Europäischen Union, Oktober 2022, S. 40 ff.

[29] Ähnlich EuGH, Rs. C-518/07 (Kommission/Deutschland), EU:C:2010:125 Rn. 18: „In Bezug auf öffentliche Stellen bezeichnet der Begriff `Unabhängigkeit´ in der Regel eine Stellung, in der gewährleistet ist, dass die betreffende Stelle völlig frei von Weisungen und Druck handeln kann." S. ferner EuGH, Rs. C-378/19 (Prezident Slovenskej republiky), EU:C:2020:462 Rn. 32 f. sowie EuGH, Rs. C-718/18 (Kommission/Deutschland), EU:C:2021:662 Rn. 108.

tungseinheit beträfe.[30] Art. 50 Abs. 2 DSA steht exemplarisch für eine Reihe unionsrechtlicher Regelungen, welche die sachlich-inhaltliche und organisatorisch-personelle Unabhängigkeit nationaler Behörden beim Vollzug von Unionsrecht anordnen. Weitere Beispiele finden sich im europäischen Datenschutzrecht[31], Finanzmarktrecht[32] und Medienrecht[33] oder im europäischen Recht der Netzinfrastrukturregulierung[34]: Sie alle gewähren – bei Unterschieden im Detail – den nationalen Behörden, die mit dem Vollzug von Unionsrecht betraut sind, eine weitgehende fachliche wie organisatorische Unabhängigkeit.

III. Rechtliche Legitimation und Grenzen der Unabhängigkeit

Diese umfassende aufsichtliche Freistellung bedarf einer rechtlichen Legitimation, deren Reichweite es im Folgenden auszuloten gilt. Die hybride rechtliche Konstruktion – Behörde kraft nationalen Rechts einerseits, Unabhängigkeit kraft Unionsrecht andererseits – erfordert eine Annäherung von zwei Seiten. Sowohl das Unionsrecht als auch das nationale Recht starten insoweit vom gleichen normativen Ausgangspunkt: dem Demokratieprinzip, welches nach einer Rückführbarkeit exekutiver Entscheidungen auf den Willen des Wahlvolks verlangt.

1. Unionsrechtliche Perspektive

Aufgrund seines Anwendungsvorrangs bildet das Unionsrecht den Ausgangspunkt der weiteren Betrachtung. Gemäß Art. 10 Abs. 1 EUV beruht die Arbeitsweise der Europäischen Union auf dem Grundsatz einer repräsentativen Demokratie. Dieser Grundsatz konkretisiert den allgemeinen Wert der Demokratie, wie er für die Europäische Union und ihre Mitgliedstaaten durch Art. 2 EUV zum Ausdruck gebracht wird.[35]

---

30 Vgl. hierzu EuGH, Rs. C-424/07 (Kommission/Deutschland), EU:C:2009:749 Rn. 93 f.; Rs. C-718/18 (Kommission/Deutschland), EU:C:2021:662 Rn. 112, 123 f.

31 Vgl. Art. 52 Abs. 1 der Datenschutz-Grundverordnung (DSGVO) v. 27.4.2016, ABl. L Nr. 119, S. 1: Unabhängigkeit der nationalen Datenschutzbeauftragten.

32 Vgl. Art. 19 Abs. 1 der Verordnung (EU) 1024/2013 des Rates zur Übertragung besonderer Aufgaben im Zusammenhang mit der Aufsicht über Kreditinstitute auf die Europäische Zentralbank v. 15.10.2013, ABl. L Nr. 287, S. 63.

33 Vgl. Art. 30 der Richtlinie über audiovisuelle Mediendienste (AVMD-RL) v. 10.3.2010, ABl. L Nr. 95, S. 1: Unabhängigkeit der nationalen Regulierer von audiovisuellen Inhalten.

34 Vgl. Art. 57 Abs. 4 der Elektrizitätsbinnenmarkt-Richtlinie v. 5.6.2019, ABl. L Nr. 158, S. 125: Unabhängigkeit der nationalen Regulierungsbehörde für den Stromsektor.

35 Vgl. EuGH, Rs. C-502/19 (Junqueras Vies), EU:C:2019:1115 Rn. 63; Rs. C-718/18

Zwar hat der EuGH bislang noch nicht näher elaboriert, welchem unionsrechtlichen Demokratiekonzept er folgt.[36] Hierin unterscheidet sich der EuGH vom Bundesverfassungsgericht, das von einem bestimmten Grundmodell demokratischer Legitimation ausgeht und dieses durch Ausnahmen und Kompensationsmöglichkeiten anreichert.[37] Was aus dem vorstehend skizzierten, sehr allgemeinen Konstruktionsmerkmal der Europäischen Union für die Organisation und Unabhängigkeit nationaler Verwaltungseinheiten folgt, wurde vom EuGH jedoch in zwei Leitentscheidungen aus den Jahren 2010 und 2021 konkretisiert. Beide Entscheidungen betrafen die Bundesrepublik Deutschland.[38] In dem älteren Verfahren ging es um die Unabhängigkeit der Datenschutzbehörden, im jüngeren Verfahren um die Unabhängigkeit der Bundesnetzagentur bei der Regulierung von Energienetzen. Laut Gerichtshof steht das unionsrechtliche Demokratieprinzip mitgliedstaatlichen Verwaltungseinheiten, die von ihren Regierungen mehr oder weniger unabhängig sind, jedenfalls dann nicht entgegen, wenn folgende Grundbedingungen erfüllt werden:

Die Verwaltungseinheit übt Regulierungsfunktionen oder Aufgaben aus, die der politischen Einflussnahme entzogen sein müssen, etwa um die wirksame und zuverlässige bzw. objektive und unparteiische Wahrnehmung der ihr sekundärrechtlich übertragenen Aufgaben sicherzustellen.[39] Wem mit Blick auf die Beurteilung der Frage, ob eine Verwaltungsaufgabe der politischen Einflussnahme entzogen sein muss, die Einschätzungsprärogative (Gesetzgeber oder Gericht) zukommt, konkretisiert der EuGH allerdings nicht.

Die Verwaltungseinheit muss zudem an ein Gesetz gebunden sein. Dieses Gesetz muss einen detaillierten normativen Rahmen festlegen, den Wertungsspielraum der unabhängigen Verwaltungseinheit beschränken und sie daran hindern, Entscheidungen politischer Art zu treffen.[40] Der EuGH präzisiert diese Anforderungen unter Rückgriff auf seine Meroni-Doktrin[41] dahingehend, dass den unabhängigen Verwaltungseinheiten nur genau umgrenzte Ausführungsbefugnisse in

---

(Kommission/Deutschland), EU:C:2021:662 Rn. 124. Siehe hierzu ferner BVerfGE 151, 202 (294, Rn. 135) m. w. N.

[36] *Jestaedt*, in: Kahl/Mager (Hrsg.), Verwaltungsaufgaben und Legitimation der Verwaltung, 2022, S. 183 (196 f.); *Kahl*, in: Kahl/Mager (Hrsg.), Verwaltungsaufgaben und Legitimation der Verwaltung, 2022, S. 329 (370 f.); *Schöndorf-Haubold*, in: Kahl/Mager (Hrsg.), Verwaltungsaufgaben und Legitimation der Verwaltung, 2022, S. 219 (237, Fn. 65).

[37] Siehe dazu nachfolgend 2. b).

[38] EuGH, Rs. C-518/07 (Kommission/Deutschland), EU:C:2010:125; Rs. C-718/18 (Kommission/Deutschland), EU:C:2021:662.

[39] EuGH, Rs. C-718/18 (Kommission/Deutschland), EU:C:2021:662 Rn. 126. S. ferner EuGH, Rs. C-518/07 (Kommission/Deutschland), EU:C:2010:125 Rn. 25.

[40] EuGH, Rs. C-718/18 (Kommission/Deutschland), EU:C:2021:662 Rn. 126, 132.

[41] EuGH, Rs. C-9/56 (Meroni/Hohe Behörde), EU:C:1958:7.

Gestalt objektiver Tatbestandsmerkmale übertragen werden dürfen, die Übertragung in den Verträgen ihre Grundlage finden muss und kein freies Ermessen oder weite Ermessensspielräume vorsehen darf; andernfalls läge eine unzulässige „tatsächliche Verlagerung der Verantwortung" auf eine demokratisch nicht hinreichend legitimierte unabhängige Verwaltungseinheit vor.[42] Diese Anforderungen des EuGH sind nicht leicht zu interpretieren: Der Gerichtshof scheint mit ihnen zum Ausdruck bringen zu wollen, dass den unabhängigen Verwaltungseinheiten durch das EU-Recht kein gesetzlich ungebundenes oder so weit reichendes Ermessen eingeräumt werden darf, dass ihre Entscheidungen in solche politisch-gestaltender Natur, sprich in staatliche Leitentscheidungen umschlagen; Letztere sollen den Parlamenten und Regierungen vorbehalten bleiben. Wie das vorliegend relevante Urteil zur Unabhängigkeit der Bundesnetzagentur im Energiesektor zeigt, dürfen an diese gerichtlichen Vorgaben allerdings keine allzu strengen Anforderungen gestellt werden. Denn das Gericht hat dort Regelungen mit sehr offenen tatbestandlichen Aufgaben- und Befugnisumschreibungen zugunsten der mitgliedstaatlichen Verwaltungseinheiten für hinreichend bestimmt im Sinne der vorstehend skizzierten Anforderungen an die Detailliertheit des normativen Rahmens erachtet.[43]

Und schließlich muss die unabhängige Verwaltungseinheit der Kontrolle durch die zuständigen Gerichte der Mitgliedstaaten und der Europäischen Union unterworfen sein.[44] Das Maß der gerichtlichen Kontrolldichte wird vom EuGH

---

[42] EuGH, Rs. C-718/18 (Kommission/Deutschland), EU:C:2021:662 Rn. 131 unter Berufung auf EuGH, Rs. C-270/12 (Vereinigtes Königreich/Parlament und Rat), EU:C:2014:18 Rn. 42. S. ferner BVerfGE 151, 202 (295, Rn. 137). Freilich betrifft die *Meroni*-Entscheidung die Konstellation, dass die Kommission Befugnisse auf Fachbehörden mit spezifischen Verwaltungsaufgaben überträgt. Vorliegend geht es jedoch um die Übertragung von Befugnissen auf unabhängige Verwaltungseinheiten per europäischem Gesetz. Der EuGH, Rs. C-718/18 (Kommission/Deutschland), EU:C:2021:662 Rn. 126, 131, wendet die Grundsätze der *Meroni*-Entscheidung auf Konstellationen der vorliegenden Art dennoch an, lässt aber im Ergebnis offen, ob sie auf diese überhaupt transponierbar sind.

[43] Vgl. insoweit EuGH, Rs. C-718/18 (Kommission/Deutschland), EU:C:2021:662 Rn. 131 f. mit Blick auf Art. 37 der Richtlinie 2009/72 (abgedruckt ebd. Rn. 7) und den *mutis mutandis* gleichlautenden Art. 41 der Richtlinie 2009/73 (vgl. ebd. Rn. 10). Beide Bestimmungen ermächtigen die Regulierungsbehörden dazu, „anhand transparenter Kriterien" Fernleitungs- und Verteilungstarife bzw. die Methode zu deren Berechnung festzulegen. Für die Methodik geben die zitierten Regelungen lediglich vor, dass sie Investitionen in die Netze und diverse Anreize für die Netzbetreiber (z. B. für mehr Effizienz oder eine bessere Marktintegration) ermöglichen muss. Die Regelungen statuieren mithin lediglich Zielvorgaben, deren Erreichung von den Regulierungsbehörden sodann kraft eigener Gestaltungsentscheidungen umzusetzen sind.

[44] EuGH, Rs. C-718/18 (Kommission/Deutschland), EU:C:2021:662 Rn. 126 und 128, wo der EuGH insoweit explizit auf Art. 47 EUGRC Bezug nimmt. Siehe ferner EuGH, Rs. C-518/07 (Kommission/Deutschland), EU:C:2010:125 Rn. 42.

allerdings nicht vorgegeben. Gerade für das Regulierungsrecht, das von unabhängigen Verwaltungseinheiten vollzogen wird, haben die nationalen Gerichte durch die Rechtsfiguren des Beurteilungsspielraums[45] und des Regulierungsermessens ihre Möglichkeiten zur Kontrolle unabhängiger Verwaltungseinheiten indes stark restringiert und hierdurch reziprok deren Gestaltungsspielräume[46] erweitert.[47]

Aus der Perspektive des Unionsrechts bilden folglich die parlamentarische Einflussnahmemöglichkeit über ein im Europäischen Parlament und/oder Rat der Europäischen Union repräsentativ-demokratisch zustande gekommenes sowie jederzeit änderbares Unionsgesetz im Verbund mit der Möglichkeit gerichtlicher Kontrolle des Verwaltungshandelns die tragenden Säulen der demokratischen Legitimation unabhängiger Verwaltungseinheiten.[48]

Daneben lässt der EuGH allerdings weitere legitimierende Einflussnahmemöglichkeiten auf unabhängige Verwaltungseinheiten zu: So darf deren Leitungsspitze vom nationalen Parlament oder der nationalen Regierung ernannt und die Verwaltungseinheit als solche einer parlamentarischen Kontrolle unterworfen werden.[49] Die Ausführungen des Gerichtshofs legen allerdings den Schluss nahe, dass es sich bei diesen nationalen Einflussnahmemöglichkeiten nicht um die „tragenden Säulen" der Vermittlung demokratischer Legitimation nach Unionsrecht, sondern lediglich um optionale unionsrechtskonforme Legitimationsbausteine handelt, die das jeweilige nationale Recht vorsehen kann oder aus verfassungsrechtlichen Gründen sogar vorsehen muss.

Details zu Umfang und Grenzen dieser national normierbaren Einflussnahmemöglichkeiten deutet der EuGH in einer anderen Entscheidung zur Unabhängigkeit der slowakischen Energieregulierungsbehörde an. Dort hat der Gerichtshof festgestellt, dass die Mitgliedstaaten bei der Organisation und Strukturierung

---

[45] Siehe hierzu unlängst BGH, BeckRS 2021, 42681 Rn. 16 sowie BVerfG-K, BeckRS 2021, 23595.

[46] Siehe vorstehend Fn. 43.

[47] Siehe hierzu *Di Fabio*, EnWZ, 2022, S. 291 (296 f.), anstelle der ausgedünnten gesetzgeberischen Determinierung und Kontrolle von Verwaltungseinheiten für eine Stärkung der Rolle der Rechtsprechung plädiert. In die gleiche Richtung *Scholtka* (Fn. 22), S. 900 (901).

[48] In diesem Sinne wohl auch BVerfGE 151, 202 (294 ff., Rn. 135 ff., 139), wo das Gericht zudem auf den eher hypothetischen Fall verweist, dass „(j)edenfalls eine Verselbstständigung von Organen, Einrichtungen und sonstigen Stellen der Europäischen Union, die zu einer vollständigen Abkoppelung von der demokratischen Kontrolle führt, (…) auch an Grenzen des unionalen Demokratiegebots" stieße. Siehe ferner *Di Fabio* (Fn. 23), S. 291 (295); *Kahl*, in: Kahl/Mager (Hrsg.), Verwaltungsaufgaben und Legitimation der Verwaltung, 2022, S. 329 (371).

[49] EuGH, Rs. C-718/18 (Kommission/Deutschland), EU:C:2021:662 Rn. 127 unter Berufung auf EuGH, Rs. C-378/19 (Prezident Slovenskej republiky), EU:C:2020:462 Rn. 36 ff.

ihrer unabhängigen Regulierungsbehörden über eine institutionelle Autonomie verfügen, die jedoch unter Beachtung der Wirksamkeit der umzusetzenden Richtlinienziele sowie der dort statuierten Pflichten wahrzunehmen ist.[50] Die Befugnis zur Ernennung und Entlassung des Präsidenten einer unabhängigen Verwaltungseinheit müsse deshalb so ausgeübt werden, dass im unionsgesetzlich geforderten Umfang die Unabhängigkeit dieser Behörde gewahrt bleibe.[51] Eine nationale Regelung, wonach der Präsident einer kraft Unionsrecht unabhängigen Regulierungsbehörde für eine feste sowie angemessene Amtszeit (z. B. von sechs Jahren) von der Regierung ernannt wird und von dieser nur unter explizit normierten gesetzlichen Voraussetzungen vorzeitig seines Amtes enthoben werden darf, hat der EuGH mit dem unionsrechtlichen Unabhängigkeitsgebot für vereinbar erachtet.[52]

2. Verfassungsrechtliche Perspektive

a) Ius Europaeum locuta, causa finita?

Das Demokratieprinzip der Europäischen Union erlaubt folglich eine weitreichende Herauslösung nationaler Verwaltungseinheiten aus hierarchischen Verwaltungsstrukturen, ohne dass der EuGH eine klare normative Präferenz für den einen oder anderen Verwaltungsaufbau (hierarchisch oder unabhängig) erkennen lässt.[53] Gilt aufgrund des unionsrechtsrechtlichen Anwendungsvorrangs deshalb: Ius europaeum locuta, causa finita?

Die Antwort (Nein!) wird durch den eher rhetorischen Charakter der Fragestellung bereits präjudiziert; sie bleibt dessen ungeachtet erklärungsbedürftig: Das in Art. 20 Abs. 2 GG konkretisierte Demokratieprinzip verlangt nach einer Rückführbarkeit ausgeübter Staatsgewalt (unter Einschluss von Verwaltungshandeln) auf den Willen des Volkes. Dieser Grundsatz der Volkssouveränität gehört zum änderungsresistenten Kern der deutschen Verfassung (Art. 79 Abs. 3 GG), welcher mit Blick auf die Europäische Union über Art. 23 Abs. 1 S. 3 GG zugleich als Integrationsschranke fungiert. Diese verfassungsrechtlichen Vorgaben sperren mithin das Recht des Integrationsgesetzgebers, sich an einer Europäischen Union zu beteiligen, die den Grundsatz der repräsentativen Demokratie missachtet. Entsprechend, so lässt sich die daraus vom Bundesverfassungsgericht gezogene Schlussfolgerung formulieren, konnte der deutsche Gesetzgeber über die „Brücke" des nationalen Zustimmungsgesetzes zu den Europäischen Verträgen

---

[50] EuGH, Rs. C-378/19 (Prezident Slovenskej republiky), EU:C:2020:462 Rn. 37 f.

[51] EuGH, Rs. C-378/19 (Prezident Slovenskej republiky), EU:C:2020:462 Rn. 40.

[52] Vgl. EuGH, Rs. C-378/19 (Prezident Slovenskej republiky), EU:C:2020:462 Rn. 41.

[53] Siehe hierzu die bereits oben in Fn. 36 Genannten.

auch keine Kompetenzen auf die Europäische Union „hochzonen“, welche diese zur Einrichtung solcher Verwaltungseinheiten ermächtigt, die mit einer tragenden Säule des deutschen Verfassungsrechts (Demokratie-, Rechtsstaats-, Bundesstaatsprinzip etc.) nicht in Einklang stehen.[54] Der potentielle EU-rechtliche Übergriff in diesen unantastbaren Kerngehalt der Verfassung unterliegt nach Auffassung des Bundesverfassungsgerichts seiner „Identitätskontrolle“.[55]

An der vorstehend skizzierten Argumentation, die im Wesentlichen die Rechtsprechung des Bundesverfassungsgerichts reflektiert, ist gewichtige Kritik geübt worden: So sei schon schwer begründbar, warum die unionsrechtlich verordnete „Ministerialfreiheit“ nationaler Verwaltungseinheiten die Identität der bundesdeutschen Verfassung berühren solle, da insoweit lediglich die konkrete Handlungsebene betroffen werde.[56] Auch wird geltend gemacht, dass es bei der unionsrechtlich verordneten Unabhängigkeit nationaler Verwaltungseinheiten um deren Herauslösung aus der nationalen Verwaltungshierarchie, nicht aber aus dem europäischen Verwaltungsverbund gehe. Dort hinwiederum unterlägen die nationalen Behörden nicht nur der Steuerung durch das demokratisch legitimierte sekundäre EU-Recht, sondern zugleich den (wie auch immer rechtlich ausgestalteten) Vorgaben sowie Einwirkungsmöglichkeiten der EU-Kommission und ggf. weiterer EU-Gremien.[57]

Diese Kritik blendet indes aus, dass EU-Sekundärrecht auch jenseits der aus dem europäischen Verwaltungsverbund resultierenden Vorgaben und Einwirkungen Ermessens- sowie Gestaltungsspielräume für die mitgliedstaatliche Vollzugsebene belassen kann, die es in rechtskonformer Weise auszufüllen gilt. Gerade das auf Netze bezogene Regulierungsrecht operiert nicht selten mit divergierenden Zielvorgaben, die in einen wertenden Ausgleich gebracht werden müssen.[58] Entscheidungen über konkrete Netzzugangsbedingungen, die hierfür anfallenden Kosten bzw. die insoweit zugrunde zu legende Berechnungsmethodik oder zu Ausbau- und Investitionsverpflichtungen in Netze haben indes nicht nur eine ökonomische, sondern auch eine große gesellschaftlich-politische Relevanz.[59] Gleiches gilt für den durch EU-Recht harmonisierten Datenschutz, der

---

[54] Grundlegend zu dieser „Brückentheorie“ *Kirchhof,* in: Isensee/Kirchhof (Hrsg.), HStR, Bd. VII, 2. Aufl. 1992, § 183 Rn. 63 ff.

[55] BVerfGE 123, 267 (353 f.); 140, 317 (336 f., Rn. 42); 151, 202 (287, Rn. 120).

[56] *Schöndorf-Haubold,* (Fn. 36), S. 234 Fn. 56. Allg. kritisch zur Entscheidung des BVerfG *Jestaedt* (Fn. 36), S. 183 (184 ff., 195).

[57] Vgl. dazu *Schoch,* in diesem Band, S. 69 f.

[58] Vgl. insoweit etwa nur den EU-Recht umsetzenden § 1 EnWG, dessen multiplen und sich teils widersprechenden Zielvorgaben bei der Anordnung regulierungsrechtlicher Maßnahmen Rechnung zu tragen ist.

[59] So mit Recht schon *Scholtka* (Fn. 22), S. 900 (901). S. ferner *Di Fabio* (Fn. 23), S. 291 (291 f.).

den Mitgliedstaaten weitreichende Abwägungsspielräume belässt, die im Einzelfall zugunsten oder zulasten des Datenschutzes bzw. eines anderen betroffenen Rechtsguts (Forschung, Journalismus etc.) gewendet werden kann.[60] Warum diese mitgliedstaatlichen Spielräume über eine unionsrechtliche verordnete Unabhängigkeit der jeweils zuständigen nationalen Aufsichtsbehörden (Regulierungsbehörden, Datenschutzbeauftragte etc.) *a limine* der Kontrolle durch die nationale Regierung – sei es in Gestalt von individuellen oder allgemeinen Weisungen oder sei es, wie bislang etwa im Energierecht, durch das Konzept der „normierenden Regulierung", d.h. der Steuerung nachgeordneter Behörden durch materielle Gesetze in Gestalt von Rechtsverordnungen[61] – und insoweit auch dem nationalen Parlament entzogen sein sollen, bedarf durchaus einer Rechtfertigung. Aufgrund der betroffenen Thematik – Rückführbarkeit von Entscheidungen auf den Willen des Volkes – wird diese zwangsläufig zu einer solchen des Verfassungsrechts (Art. 23 Abs. 1 S. 3 i.V.m. Art. 79 Abs. 3 GG) und damit der Identitätsrechtsprechung des Bundesverfassungsgerichts.[62] Dass in den hybriden Strukturen des europäischen Verwaltungsverbunds die nationalen Behörden nicht vollständig aus ihren Rechenschaftsbeziehungen gegenüber den Organen der Staatsleitung entlassen sind, erkennt im Übrigen auch der EuGH als legitim und mit dem Unionsrecht vereinbar an; wie gesehen, hält er Berichtspflichten der unabhängigen Verwaltungseinheiten gegenüber Regierung und Parlament für eine probates Mittel, die demokratische Legitimation des Behördenhandelns abzusichern, wenn nicht gar zu steigern.

Wie das Bundesverfassungsgericht allerdings selbst zu Recht hervorhebt, verlangt die Normenkette des Art. 23 Abs. 1 S. 3 i.V.m. Art. 79 Abs. 3 i.V.m. Art. 20 Abs. 2 GG nicht nach einer Eins-zu-Eins-Übertragung der verfassungsrechtlichen Anforderungen an nationale Verwaltungseinheiten auf das europäische Recht. Namentlich steht dem der in Art. 23 Abs. 1 S. 1 GG niedergelegte verfassungsrechtliche Auftrag entgegen, sich als Bundesrepublik Deutschland in das supranationale Gebilde „Europäische Union" zu integrieren, welches seinerseits aus gleichberechtigten Mitgliedern mit je unterschiedlichen demokratischen Verfassungstraditionen besteht.[63]

---

[60] Vgl. insoweit nur die Art. 85ff. DSGVO.

[61] Vgl. dazu nur *Schmidt-Preuß*, EnWZ 2021, S. 337.

[62] I. Erg. wie hier *Kreuter-Kirchhof*, NVwZ 2021, S. 589 (590). S. ferner *Scholtka* (Fn. 22), S. 900 (901), der insoweit auf Art. 4 Abs. 1 EUV (Schutz der nationalen Identität) verweist. Die Frage erörternd, aber letztlich offenlassend *Di Fabio* (Fn. 23), S. 291 (296). Eingehend zu der schon seit langem umstrittenen Reichweite des verfassungsgerichtlichen Prüfungsumfangs an der Schnittstelle des europäischen und nationalen Rechts *Classen*, EuR 2023, S. 4ff.; *Hillgruber*, JZ 2022, S. 584ff.; *Ludwigs*, NVwZ 2015, 537ff.

[63] Vgl. BVerfGE 123, 267 (344, 347); 151, 202 (289, Rn. 125).

b) Maßstäbe des Bundesverfassungsgerichts

Im Unterschied zum EuGH hat das Bundesverfassungsgericht in zahllosen Entscheidungen ein Grundmodell für die Kontrolle und Verantwortlichkeit von Verwaltungseinheiten entwickelt. Dieses Grundmodell ist durch eine ununterbrochene Legitimationskette in personeller wie sachlich-inhaltlicher Hinsicht geprägt. Hieraus folgt zum einen, dass ein Amtsträger sein Amt im Wege einer Wahl durch das Volk oder das Parlament oder durch einen seinerseits personell legitimierten Amtsträger erhalten haben muss. Zum anderen wird die sachlich-inhaltliche Legitimation durch die Bindung an das Gesetz *sowie* durch Aufsicht und Weisung übergeordneter staatlicher Stellen sichergestellt.[64] Zwar relativiert das Gericht diese Grundbedingungen durch den Hinweis, dass es nicht auf die Form der demokratischen Legitimation staatlichen Handelns, sondern auf deren Effektivität und auf ein „bestimmtes Legitimationsniveau" ankomme;[65] „Einflussknicke" könnten deshalb kompensiert werden. Das Gericht hat jedoch deutlich zum Ausdruck gebracht, dass es die Einrichtung von „ministerialfreien Behörden", d.h. von Verwaltungseinheiten, die keinen Weisungen der Regierung oder des jeweiligen Fachministeriums unterliegen, als Ausnahmefall begreift,[66] den es mit Blick auf das Spannungsverhältnis zu dem durch Art. 20 Abs. 2 S. 1 i.V.m. Art. 79 Abs. 3 GG geschützten Grundsatz der Volkssouveränität gar für „prekär" erachtet.[67]

Speziell für die europäisierte nationale Verwaltung fordert das Bundesverfassungsgericht deshalb ein „Mindestmaß" an demokratischer Legitimation und Kontrolle.[68] In seiner Entscheidung zur Bankenunion aus dem Jahre 2019[69] konkretisierte das Gericht dieses Mindestmaß wie folgt:

Für die Unabhängigkeit bedarf es zunächst einer spezifischen (aber nicht notwendigerweise verfassungsrechtlichen) Rechtfertigung. Das Bundesverfassungsgericht hat insoweit den Schutz der Geldwertstabilität[70] sowie die effektive Wahrnehmung von Aufsichtsaufgaben und den Schutz vor ungebührlicher politischer Einflussnahme und Einmischungen der Industrie als Rechtfertigungsgrün-

---

64 Vgl. BVerfGE 93, 37 (67); 107, 59 (89). Näher zu diesen Modi demokratischer Legitimationsvermittlung m.w.N. *Grzeszick* (Fn. 11), Art. 20 Rn. 118ff.; *Trute* (Fn. 14), § 9 Rn. 9ff.

65 Vgl. BVerfGE 83, 60 (72); 93, 37 (66f.); 107, 59 (87); 130, 76 (124, 128); 136, 194 (262, Rn. 168).

66 Vgl. BVerfGE 9, 268 (282).

67 BVerfGE 151, 202 (Ls. 3, 295 Rn. 138).

68 BVerfGE 151, 202 (Ls. 1, 289 Rn. 124).

69 BVerfGE 151, 202ff.

70 Vgl. BVerfGE 89, 155 (208f.); 134, 366 (389 Rn. 32, 399f. Rn. 58f.); 142, 123 (220f., Rn. 188f.); 146, 216 (256ff. Rn. 59ff., 278 Rn. 103).

de anerkannt.[71] Das Gericht übernimmt damit das Unabhängigkeitsnarrativ des Unionsrechts, wie es insbesondere für die unabhängige Netzinfrastrukturregulierung ins Feld geführt wird. Es zieht eine Grenze erst dort, wo die in Rede stehende Aufgabe aufgrund ihrer politischen Tragweite der Regierungsverantwortung nicht generell entzogen werden dürfe, da es sonst der Regierung unmöglich wäre, die von ihr geforderte demokratische Verantwortung zu tragen. Wann diese Grenze erreicht ist, spezifiziert das Gericht freilich nicht, sondern stellt dies einem konkreten Blick auf den Einzelfall anheim.[72]

Des Weiteren muss die unabhängige Verwaltungseinheit an das einschlägige Primärrecht (Grundsatz der begrenzten Einzelermächtigung, Grundsatz der Verhältnismäßigkeit, Charta der Grundrechte) und Sekundärrecht gebunden sein. Als prozessuale Konkretisierung dieser sachlich-inhaltlichen Legitimationsanforderung fordert das Gericht zudem die Einräumung besonderer Kontrollrechte für das Europäische Parlament oder von Rechenschaftspflichten, welche die Organe der Europäischen Union und die Mitgliedstaaten in die Lage versetzen sollen, die von den unabhängigen Verwaltungseinheiten zu vollziehende Rechtsgrundlagen zu ändern.[73] Dem Gericht zufolge können diese Rechenschafts- und Berichtspflichten die mit der Übertragung von Aufgaben auf unabhängige Verwaltungseinheiten verbundenen Einflussknicke zwar nicht ausgleichen, aber jedenfalls eine politische Steuerung erleichtern und insoweit zu einer demokratischen Legitimationsabstützung beitragen.[74] Das Gericht plädiert insoweit folglich für eine „Legitimation durch Verfahren".

Und schließlich verlangt das Bundesverfassungsgericht nach einer (strengen) gerichtlichen Kontrolle des amtlichen Handelns der unabhängigen Verwaltungseinheiten durch die nationalen Gerichte sowie den EuGH.[75] Das Gericht macht allerdings keine Ausführungen zu der Frage, welches Kontrollniveau diese judizielle Überprüfbarkeit erreichen muss. In Bezug auf das Energieregulierungsrecht hat es sich jedenfalls nicht an der Einräumung behördlicher Beurteilungsspielräume gestoßen.[76] Vor diesem Hintergrund streitet einiges für die Annahme, dass das Bundesverfassungsgericht die von den nationalen Gerichten geübte Zurückhaltung bei der Kontrolle unabhängiger Verwaltungseinheiten weder mit Blick auf das Demokratieprinzip noch mit Blick auf das Gebot effektiven Rechts-

---

71 BVerfGE 151, 202 (334, Rn. 223).

72 BVerfGE 151, 202 (292 f., Rn. 133) unter Bezugnahme auf BVerfGE 9, 268 (282).

73 Vgl. BVerfGE 151, 202 (328 f., Rn. 211 f.) unter Bezugnahme auf *Epron*, RFDA 2011, S. 1007 (1017 f.) und *Groß*, JZ 2012, S. 1087 (1092).

74 BVerfG 151, 202 (332, Rn. 217) unter Bezugnahme auf BVerfGE 89, 155 (184).

75 BVerfGE 151, 202 (328, Rn. 211) unter Bezugnahme auf BVerfGE 142, 123 (220 f., Rn. 187 ff.); 146, 216 (258 f., Rn. 61).

76 BVerfG-K, BeckRS 2021, 23595 Rn. 2.

schutzes (Art. 19 Abs. 4 GG) für prekär erachtet. Hierfür spricht letztlich auch der Umstand, dass gerade das häufig nur durch Zielvorgaben konditionierte Regulierungsrecht einer Einzelfallkonkretisierung durch die unabhängigen Regulierungsbehörden bedarf. Diese hinwiederum verfügen über eine hochspezialisierte Sachkunde, welche zudem in eigens dafür ausgestalteten Verfahren unter intensiver Beteiligung der Betroffenen entfaltet wird.

Wie unschwer zu erkennen ist, decken sich diese legitimatorischen „Mindestmaß"-Anforderungen des Bundesverfassungsgerichts im Grundsatz mit denjenigen des EuGH.[77] Das Bundesverfassungsgericht zeigt allerdings zusätzliche kompensatorische Möglichkeiten zur Herstellung einer „Mindestmaß"-Legitimation auf, die vom EuGH zwar nicht explizit gefordert, aber jedenfalls nach Maßgabe des nationalen Verfassungsrechts für möglich erachtet werden.[78] Hierzu zählen die Bestellung der Leitungsspitze einer unabhängigen Verwaltungseinheit durch das Parlament oder die Regierung zwecks Vermittlung personeller Legitimation.[79] Zur Wahrung der unionsrechtlich angeordneten Unabhängigkeit der Verwaltungseinheit darf die Abberufung der Leitungsspitze durch das Parlament oder die Regierung allerdings nur aus „wichtigem Grund" sowie ggf. unter Einhaltung verfahrensrechtlicher Sicherungen (Anhörungsrechte, Quoren etc.) erfolgen. Zudem sieht das Bundesverfassungsgericht in der Einräumung von Einflussnahmemöglichkeiten der nationalen Parlamente auf das Handeln der unabhängigen Verwaltungseinheiten einen Weg zur Vermittlung demokratischer Legitimation.[80] Zu denken ist hier an Kontrollrechte in Gestalt von Rechenschafts- und Berichtspflichten gegenüber den nationalen Parlamenten oder an die Bildung parlamentarisch besetzter Beiräte innerhalb der unabhängigen Verwaltungseinheiten.[81]

---

[77] Diese Deckungsgleichheit wird zudem durch den Umstand unterstrichen, dass das BVerfG vereinzelt explizit auf die Entscheidung des EuGH zur Unabhängigkeit der Datenschutzbeauftragten (EuGH, Rs. C-518/07 [Kommission/Deutschland], EU:C:2010:125) Bezug nimmt; vgl. BVerfGE 151, 202 (328, Rn. 211).

[78] Siehe oben 1.

[79] Vgl. BVerfGE 151, 202 (329, Rn. 212). Freilich bedarf es zum Schutz der Unabhängigkeit der Behördenspitze nationaler Begleitregelungen, welche das Ernennungsverfahren näher ausgestalten. Insoweit regelungsbedürftig sind etwa das Anforderungsprofil an die Stelle, die Ausgestaltung des Vorschlagsrechts, das Ernennungsverfahren als solches sowie ggf. die erforderlichen Beschlussquoren. Für den Streit um die Ernennung des Datenschutzbeauftragten des Landes Niedersachsen vgl. insofern VG Hannover, Beschl. v. 22.6.2023, Az. 13 B 3358/23, becklink 2027501.

[80] Vgl. BVerfGE 151, 202 (328, Rn. 211).

[81] Vgl. insoweit bspw. § 5 Abs. 1 BEGTPG. Siehe hierzu ferner *Meinel* (Fn. 7), § 61 Rn. 61.

3. Herausbildung von Kontroll- und Verantwortlichkeitsmechanismen

Logischerweise bilden sich diese unions- und verfassungsrechtlichen Vorgaben in solchen europäischen Rechtsakten ab, die unabhängige nationale Verwaltungseinheiten etablieren. Hierfür kann erneut auf den bereits erwähnten Digital Services Act als Beispiel moderner europäischer Gesetzgebung verwiesen werden:

Die dort angeordnete „völlige" Unabhängigkeit der Koordinatoren soll nicht nur einen unparteilichen und effektiven Vollzug des Digital Services Act sicherstellen, sondern dient zugleich der Verwirklichung des verfassungsrechtlichen Prinzips der Staatsferne.[82] Als unmittelbar anwendbare Verordnung ist der vom Europäischen Parlament und vom Rat der Europäischen Union verabschiedete Digital Service Act sehr detailliert ausgestaltet. Seine Umsetzung und Durchsetzung unterliegt – wie Art. 50 Abs. 3 DSA explizit feststellt – der uneingeschränkten Kontrolle durch die Gerichte der Mitgliedstaaten und den EuGH. Für besonders grundrechtssensible Maßnahmen (Beschlagnahmen, Durchsuchungen, Sperrungen von Inhalten) statuiert die Verordnung zudem ausdrückliche „Justizvorbehalte". Auch soll die unionsrechtlich verfügte Unabhängigkeit angemessenen Rechenschaftspflichten in Bezug auf die allgemeinen Tätigkeiten der Koordinatoren oder einer Berichterstattung der Koordinatoren an die jeweiligen nationalen Parlamente nicht entgegenstehen. Näheres hierzu wird im nationalen Begleitgesetz zum Digital Services Act niederzulegen sein. Des Weiteren verpflichtet Art. 55 DSA die Koordinatoren zur Erstellung jährlicher Tätigkeitsberichte, die als Anknüpfungspunkt für ein Monitoring und eine Kontrolle dieser Behörden durch andere nationale Institutionen (Ministerien, Parlamente etc.) dienen können. Art. 91 DSA schließlich verpflichtet die Kommission zum regelmäßigen Monitoring des Digital Service Act, über dessen Ergebnisse sie insbesondere dem Europäischen Parlament Bericht zu erstatten hat. Vor diesem Hintergrund begegnet die Unabhängigkeit des Koordinators weder unions- noch verfassungsrechtlichen Bedenken.

IV. Fazit

Anknüpfend an die eingangs formulierten Überlegungen zum Untersuchungsgegenstand lässt sich deshalb folgendes Fazit ziehen:

Der EuGH erachtet die Unabhängigkeit nationaler Verwaltungseinheiten, die mit dem Vollzug von EU-Recht betraut sind, unter bestimmten Voraussetzungen

[82] Zu letzterem Prinzip vgl. BVerfGE 136, 9 (28, Rn. 28 ff.); *Rauchhaus*, Rundfunk und Staat 2014.

wie insbesondere der Gesetzesbindung und gerichtlichen Kontrolle für grundsätzlich unbedenklich. Aus seiner Sicht entsprechen solche unabhängigen Verwaltungseinheiten dem Demokratieprinzip des Unionsrechts; ein rechtfertigungs- oder kompensationsbedürftiges Defizit oder einen Ausnahmefall scheint der EuGH in einer solchen organisatorischen Konstruktion nicht zu sehen.

Die Rechtsprechung des Bundesverfassungsgerichts erweist sich – zumindest *prima facie* – insofern als strenger und kennzeichnet derartige unabhängige Verwaltungseinheiten als „prekär", d.h. als rechtfertigungsbedürftige Abweichung vom „Goldstandard" ministerieller Aufsichts- und Einflussmöglichkeiten. Aus der Perspektive des Bundesverfassungsgerichts besteht bei unabhängigen Verwaltungseinheiten mithin ein Defizit an Kontrolle und Verantwortlichkeit, welches es durch entsprechende Kompensationsmaßnahmen auszugleichen gilt. Bei näherer Betrachtung, sprich *secunda facie*, erweisen sich die vom Gericht entwickelten Maßstäbe jedoch als weitgehend kongruent und komplementär zu den Vorgaben des EuGH. Mithin nutzt es die in seinem Legitimationsmodell angelegte Flexibilität, um einen grundlegenden Rechtsordnungs- bzw. Jurisdiktionskonflikt mit dem Unionsrecht bzw. dem EuGH zu vermeiden. Salopp und etwas überspitzt lässt sich dies wie folgt auf den Punkt bringen: In seiner Rechtsprechung zur unionsrechtlich vorgegebenen Unabhängigkeit nationaler Verwaltungseinheiten springt das Bundesverfassungsgericht als Tiger los, um als Bettvorleger des EuGH zu landen. Der vom Bundesverfassungsgericht entwickelte „Goldstandard" ministerieller Aufsichts- und Einflussmöglichkeiten dürfte in Zukunft deshalb nur noch dort von Relevanz sein, wo es um rein innerstaatliche Sachverhalte geht oder das Unionsrecht zur Unabhängigkeit der nationalen Vollzugsbehörden keine Vorgaben statuiert. Für den Bereich der unionsrechtlich induzierten Unabhängigkeit nationaler Verwaltungseinheiten hat die Entscheidung des Bundesverfassungsgerichts indes „Druck aus dem" durch die Figur der verfassungsgerichtlichen Identitätskontrolle stark aufgeheizten „Kessel" genommen.[83] Hierbei nähert sich das Bundesverfassungsgericht mit seinen Vorgaben zur demokratischen Legitimation unabhängiger Verwaltungseinheiten denjenigen des EuGH so weitgehend an, dass – zumindest für den hier interessierenden Themenkreis – letztlich auch der oben (2. a)) skizzierte Streit um die Reichweite des verfassungsgerichtlichen Prüfungsrechts in europarechtlichen Angelegenheiten an Brisanz verloren haben dürfte.

Aus Sicht beider Gerichte lässt sich folglich ein unions- und verfassungskonformes Legitimationsniveau unabhängiger Verwaltungseinheiten gewährleisten.

---

[83] Ein Jurisdiktionskonflikt zwischen dem BVerfG und dem EuGH erscheint deshalb nicht sonderlich realistisch. A.A. *Jestaedt* (Fn. 36), S. 187, der im Urteil keinen „Schlussakkord", sondern „in mancherlei Hinsicht sogar (…) einen Rückschritt" sieht.

Die hierfür in der Judikatur beider Gerichte entwickelten „normativen Blaupausen“ (Gesetzesbindung, gerichtliche Kontrolle, Ernennungsakte, Rechenschaftspflichten etc.) sind in der Gesetzgebung der Europäischen Union bereits gut erkennbar.

Teil VII

Bericht aus der Vereinigung der Deutschen Staatsrechtslehrer

Jahrestagung 2022 in Bremen und Jubiläumsband „Streitsache Staat"

Jens-Peter Schneider

I. Einleitung: Jubiläumstagung 2022 in Bremen

Die Vereinigung der deutschen Staatsrechtslehrer wurde 1922 auf Initiative des Berliner Staatsrechtslehrers *Heinrich Triepel* im Rahmen einer ersten Tagung mit damals nur drei Vorträgen gegründet.[1] Die Bremer Tagung des Jahres 2022 nutzte die Vereinigung daher nicht nur zu dem üblichen fachlichen Austausch. Zusätzlich feierte sie auch ihr 100-jähriges Bestehen mit einem Festakt im Bremer Rathaus, der durch den Abdruck der Grußbotschaft des deutschen Bundespräsidenten *Frank-Walter Steinmeier* und des Festvortrags „Die Zukunft der Demokratie" des Historikers *Andreas Wirsching* (München) auch im Tagungsband Niederschlag gefunden hat.[2] Angemerkt sei, dass die Vereinigung erst ab 1924 jährlich zusammenkam und in den Jahren 1932 bis 1948 im Vorfeld und für die Dauer der nationalsozialistischen Machtergreifung auf eine Durchführung der Jahrestagungen verzichtete bzw. nach der Auflösung der Vereinigung im Jahr 1938 an deren Durchführung gehindert war.[3]

1949 erfolgte dank der Initiative von *Walter Jellinek* die Neugründung und die Wiederaufnahme der Jahrestagungen.[4] Die Bremer Tagung war aufgrund dieser Umstände die 81. Jahrestagung der Vereinigung.

---

[1] Hierzu *Schönberger*, in: Cancik/Kley/Schulze-Fielitz/Waldhoff/Wiederin (Hrsg.), Streitsache Staat. Die Vereinigung der Deutschen Staatsrechtslehrer 1922–2022, 2022, S. 3 ff.

[2] *Steinmeier*, VVDStRL 82 (2022), S. 9 ff.; *Wirsching*, VVDStrRL 82 (2022), S. 13 ff.

[3] Zur Vereinigung in der Zeit des Nationalsozialismus *Kley*, in: Cancik/Kley/Schulze-Fielitz/Waldhoff/Wiederin (Hrsg.), Streitsache Staat. Die Vereinigung der Deutschen Staatsrechtslehrer 1922–2022, 2022, S. 39 ff.

[4] *Kaiser*, in: Cancik/Kley/Schulze-Fielitz/Waldhoff/Wiederin (Hrsg.), Streitsache Staat. Die Vereinigung der Deutschen Staatsrechtslehrer 1922–2022, 2022, S. 75 (77 ff., 85 ff.).

II. „Streitsache Staat": ein Rückblick auf 100 Jahre Staats- und Verwaltungsrechtslehre in Deutschland

Ein weiterer Höhepunkt des erwähnten Festakts war die Vorstellung des im Auftrag der Vereinigung von *Pascale Cancik*, *Andreas Kley*, *Helmuth Schulze-Fielitz*, *Christian Waldhoff* und *Ewald Wiederin* herausgegebenen Jubiläumsbands „Streitsache Staat", der in 36 Beiträgen und einem Datenapparat auf ca. 1150 Seiten die Entwicklung der Vereinigung reflektiert.[5] In unserem Zusammenhang ist einerseits der Beitrag von *Prof. Atsushi Takada* hervorzuheben, der einen instruktiven Vergleich zwischen der Vereinigung der deutschen Staatsrechtslehrer und der Japan Public Law Association bietet.[6] Da Prof. *Takada* zu den Teilnehmern auch unseres Verwaltungsrechtskolloquiums gehört, freue ich mich in besonderem Maße auf unseren heutigen Gedankenaustausch über die deutsche Vereinigung.

Zum anderen enthält der Jubiläumsband neben solchen Außensichten auf die Vereinigung wie die von Prof. *Takada* verschiedene Beiträge zur Geschichte der Vereinigung sowie eine Reihe von thematischen Querschnittsstudien über die Verhandlungen der Vereinigung in den vergangenen 100 Jahren. Ich möchte hier kurz auf die drei Querschnittstudien mit einem verwaltungsrechtlichen Fokus eingehen.

Franz Merli (Wien) rekapituliert die zunehmend gewachsene Rolle der Verwaltungsrechtsvergleichung auf den Tagungen der Vereinigung und nutzt dies zugleich zu einer knappen Reflexion über Nutzen und Zukunft der Rechtsvergleichung.[7] Bemerkenswert ist seine österreichische Perspektive auf die gelegentliche Selbstgenügsamkeit bundesdeutscher Rechtswissenschaft, in der sich seine These über Machtfragen in der Rechtsvergleichung spiegelt.[8]

Margrit Seckelmann (Hannover) stellte in den Mittelpunkt ihrer Studie zu Verwaltungswissenschaften und Verwaltungsrealität als Themen oder Nichtthemen der Vereinigung die Jahrestagung 1971 in den Mittelpunkt.[9] In den damals von *Otto Bachof* und *Winfried Brohm* zum Thema „Dogmatik des Verwaltungsrechts

---

[5] Cancik/Kley/Schulze-Fielitz/Waldhoff/Wiederin (Hrsg.), Streitsache Staat. Die Vereinigung der Deutschen Staatsrechtslehrer 1922–2022, 2022.

[6] *Takada*, in: Cancik/Kley/Schulze-Fielitz/Waldhoff/Wiederin (Hrsg.), Streitsache Staat. Die Vereinigung der Deutschen Staatsrechtslehrer 1922–2022, 2022, S. 909 ff.

[7] *Merli*, in: Cancik/Kley/Schulze-Fielitz/Waldhoff/Wiederin (Hrsg.), Streitsache Staat. Die Vereinigung der Deutschen Staatsrechtslehrer 1922–2022, 2022, S. 681 ff.

[8] *Merli* (Fn. 7), S. 694.

[9] *Seckelmann*, in: Cancik/Kley/Schulze-Fielitz/Waldhoff/Wiederin (Hrsg.), Streitsache Staat. Die Vereinigung der Deutschen Staatsrechtslehrer 1922–2022, 2022, S. 665 (671 ff.).

vor den Gegenwartsaufgaben der Verwaltung" gehaltenen Referaten[10] seien zwei nahezu diametral entgegengesetzte Standpunkte markiert worden. *Bachof* beharrt in der Darstellung von *Seckelmann* auf der im 19. Jahrhundert etablierten „reinen" – normfokussiert-analytischen – Dogmatik, mit der die vorherige, primär kompilatorische Staatswissenschaft überwunden wurde.[11] Diese Darstellung des Bachofschen Referats durch *Seckelmann* überzeugt nicht. *Bachof* betonte den Nutzen von Sozialwissenschaften und er beklagte eine „Verarmung nicht nur der Verwaltungswissenschaften insgesamt, sondern auch speziell des Verwaltungsrechts" aufgrund einer rein positivistischen Grundhaltung.[12] In *Otto Mayer* sah er keinen Vertreter der Begriffsjurisprudenz, vielmehr seien für diesen juristische Konstruktionen – richtigerweise – Mittel zur sachgerechten Bewältigung von Aufgaben und Problemen der Verwaltung.[13] Zwar war sich *Bachof* der Risiken einer sozialwissenschaftlich informierten Rechtswissenschaft „zwischen dem Verzicht auf Fremderkenntnisse und damit einem Verlust an Wirklichkeitsbezug einerseits, und einer unkritischen Übernahme solcher Fremderkenntnisse (...) andererseits" bewusst, hielt es jedoch „für den Juristen unausweichlich, sich diesem Risiko zu stellen".[14] In Bezug auf die Entwicklung der verwaltungsrechtlichen Dogmatik resümiert *Bachof* herauf aufbauend, dass sich diese „– vielleicht gerade dank der Notwendigkeit ständiger Auseinandersetzung mit neuen Materien und Problemen – wirklichkeitsnäher gehalten als die Dogmatik mancher anderer Rechtsgebiete. Die Entwicklung seiner Institute und Begriffe war und blieb im Wesentlichen final, die Auslegung seiner Normen teleologisch".[15]

Skeptischer als *Brohm* war *Bachof* allerdings hinsichtlich der Fähigkeit der Rechtsdogmatik zukünftige Entwicklungen vorwegzudenken, wenn er zusammenfassend festhält: „Die dogmatische Bewältigung neuer Probleme braucht ihre Zeit, sie braucht Geduld und Ausdauer. Irrwege und Umwege sind dabei unvermeidbar, Fertiges wird sich nur selten aufweisen lassen."[16] Demgegenüber plädierte *Winfried Brohm* für einen konzeptionellen Neuanfang, um das Verwaltungsrecht auf die Gegenwart und – noch wichtiger – die Zukunft auszurichten.[17]

---

[10] *Bachof,* VVDStRL 30 (1972), S. 193 ff.; *Brohm*, VVDStRL 30 (1972), S. 245 ff.

[11] *Seckelmann* (Fn. 9), S. 672, 673 f.; demgegenüber stellt *Schoch*, in: Cancik/Kley/Schulze-Fielitz/Waldhoff/Wiederin (Hrsg.), Streitsache Staat. Die Vereinigung der Deutschen Staatsrechtslehrer 1922–2022, 2022, S. 607 (631), heraus, dass auch *Bachof,* wenngleich vorsichtiger als *Brohm*, eine „sozialstaatlich veranlasste Neuausrichtung" der Verwaltungsrechtswissenschaft angemahnt habe.

[12] *Bachof* (Fn. 10), S. 216.

[13] *Bachof* (Fn. 10), S. 219, 221.

[14] *Bachof* (Fn. 10), S. 218.

[15] *Bachof* (Fn. 10), S. 222.

[16] *Bachof* (Fn. 10), S. 237; s. hierzu auch *Seckelmann* (Fn. 9), S. 673.

[17] *Brohm* (Fn. 10), S. 251.

Aus der Perspektive von *Seckelmann* „formulierte [er] gleichsam das Manifest der später ins Leben getretenen Neuen Verwaltungsrechtswissenschaft".[18] Dogmatik muss für *Brohm* nämlich versuchen, „die in der Entwicklung angelegten Umweltveränderungen vorwegzunehmen" und ist deshalb „in besonderem Maße auf die sozialwissenschaftliche Forschung angewiesen".[19]

Die Forderung *Brohms*, Verwaltungsrechtsdogmatik als auf Realbereichsanalysen beruhende Zukunftswissenschaft zu begreifen, nutzt mein Freiburger Kollege *Friedrich Schoch* zur methodischen Grundlegung und thematischen Strukturierung seines Beitrags zum Jubiläumsband über den „Wandel von Staatlichkeit im Brennglas des Verwaltungsrechts".[20] *Schoch* plädiert für eine „aufgeklärte Rechtsdogmatik", die auf dem geltenden Recht aufbaut und zugleich die Sachprobleme des Realbereichs rezipiert sowie systematisch verarbeitet.[21] Die neue Verwaltungsrechtswissenschaft steht für *Schoch* – richtigerweise – nicht in einem Gegensatz zur überkommenen Verwaltungsrechtsdogmatik, sondern ergänzt deren Rechtsaktsfokussierung um interdisziplinär informierte Analysen der gesetzlich geforderten Implementation von Verwaltungsaufgaben.[22]

Wegweisend für diese Modernisierung des verwaltungsrechtswissenschaftlichen Denkens war laut *Schoch* die – wie gezeigt – schon von *Seckelmann* ins Zentrum gerückte Regensburger Jahrestagung von 1971.[23] *Schoch* verweist auf die Forderung *Bachofs*, das Verwaltungsrechtssystem fortzuentwickeln, um sozialstaatliche Aufgaben der Leistungsverwaltung erfassen zu können.[24] Das Referat von *Brohm* bezeichnet *Schoch* gar als „eine Handlungsanleitung zu einem reformierten Allgemeinen Verwaltungsrecht".[25] *Brohms* Überlegungen verwirklichten sich – natürlich mit zusätzlichen Akzentuierungen – in der von *Schmidt-Aßmann* und meinem eigenen akademischen Lehrer *Hoffmann-Riem* betriebenen Reformdebatte in den 1990er Jahren. In dieser Debatte erweiterte die Verwaltungsrechtswissenschaft steuerungsorientiert ihren Analyserahmen grundlegend auf den Realbereich von Normen. Realbereichsanalysen gehören für *Schoch* heute zum „nicht mehr hintergehbaren Standard" für Staatsrechtslehrerreferate.[26]

---

[18] *Seckelmann* (Fn. 9), S. 672.

[19] *Brohm* (Fn. 10), S. 251.

[20] *Schoch* (Fn. 11), S. 612 ff., 630 f., 648 ff.

[21] *Schoch* (Fn. 11), S. 612 f.; zum Systemdenken als Aufgabe der Verwaltungsrechtswissenschaft grundlegend *Schmidt-Aßmann*, Das Allgemeine Verwaltungsrecht als Ordnungsidee, 2004, S. 1 ff.; siehe ferner *Schneider*, DVBl. 2021, S. 761 (762) alle m. N. zu Gegenpositionen.

[22] *Schoch* (Fn. 11), S. 615.

[23] *Schoch* (Fn. 11), S. 630.

[24] *Schoch* (Fn. 11), S. 630 unter Verweis auf *Bachof* (Fn. 10), S. 207 ff., 225 ff.

[25] *Schoch* (Fn. 11), S. 630 unter Verweis auf *Brohm* (Fn. 10), S. 293 ff.

[26] *Schoch* (Fn. 11), S. 612 unter Verweis auf den Diskussionsbeitrag von *Schmidt-Aßmann*, VVDStRL 56 (1997), S. 294; und das Referat von *Brohm* (Fn. 10), S. 249 ff.

Damit zu den verwaltungsrechtlich relevanten Referaten der Jubiläumstagung 2022.

III. Die Berichte und Diskussionen der Jahrestagung 2022 aus der Perspektive des Verwaltungsrechts

Die Jahrestagung 2022 firmierte unter dem Generalthema „Verfasste Freiheit" und hatte ihren Schwerpunkt im Verfassungsrecht. Dies zeigte sich bei den drei Beratungsgegenständen, die die Tagung gliederten und sich den Themen „Selbstbestimmung und Fremdbestimmung in der liberalen Demokratie" mit drei Vorträgen sowie „Zugehörigkeit und Partizipation" und „Individuen und Intermediäre" mit jeweils zwei Referaten widmeten.

1. Referate mit indirektem Bezug zum Verwaltungsrecht

Verwaltungsrechtliche Relevanz besaß beim ersten Beratungsgegenstand der Tagung „Selbstbestimmung und Fremdbestimmung in der liberalen Demokratie" vor allem das Zweitreferat von *Helen Keller* (Zürich).[27] *Keller* behandelte nämlich in rechtsvergleichender Perspektive die Rechtsprechung deutscher, österreichischer, schweizerischer, französischer und italienischer Verfassungsgerichte zu gesetzlichen Covid-19-Impfpflichten.[28] Die Zulässigkeit und Durchsetzung dieser Impflichten ist auch eine Frage für das Gesundheitsverwaltungsrecht, die auch aus japanischer Perspektive interessant sein dürfte.

Laut *Keller* prägte die jeweilige Pandemieerfahrung, aber auch die Dauer der Pandemie die Bereitschaft in den Ländern, die Selbstbestimmung durch rechtliche oder faktische Impfpflichten zu beschränken.[29] So haben die anfangs durch viele Todesfälle stark von der Pandemie getroffenen Länder Frankreich und Italien besonders drastische Maßnahmen ergriffen.[30] *Keller* hob hervor, dass die Gerichte in allen untersuchten Staaten den Gesetzgebern erhebliche Spielräume belassen haben und zwar unabhängig davon, ob sich diese für eine rechtlich verbindliche oder eine nur faktisch erzwungene Impfverpflichtung entschieden haben. Die Gerichte sind laut *Keller* bei der Kontrolle der Impfregime am Maßstab der Verhältnismäßigkeit an ihre Grenzen gestoßen.[31] Sie plädiert für eine künftig stärkere Realbereichsanalyse – im konkreten Fall etwa in Bezug auf Long-

---

[27] *Keller*, VVDStRL 82 (2022), S. 67 ff.
[28] *Keller* (Fn. 27), S. 76 ff.
[29] *Keller* (Fn. 27), S. 69, 96 ff.
[30] *Keller* (Fn. 27), S. 87.
[31] *Keller* (Fn. 27), S. 90 ff., 99 ff.

Covid-Risiken, Chancen für neue Covid-Medikamente, die Ressourcenallokation im Gesundheitswesen oder die volkswirtschaftlichen Kosten verschiedener Pandemiebekämpfungsstrategien (Leitsätze 10, 11, 13).

Das theoretisch angelegte Erstreferat zum ersten Beratungsgegenstand von *Ino Augsberg* (Kiel) bot demgegenüber eine rein (rechts-)philosophische Studie zu Autonomie und Heteronomie mit marginaler rechtswissenschaftlicher Anschlussfähigkeit.[32] Das Drittreferat von *Josef Franz Lindner* (Augsburg) zur „Entwicklungsdynamik“[33] fokussierte auf eine dialektische Struktur aus Emanzipierungs- und Etatisierungsdynamik.[34] Als Emanzipierungsdynamik versteht *Lindner* eine fortschreitende Öffnung der Räume für Selbstbestimmung in nahezu allen lebensweltlichen Bereichen, etwa durch das Recht auf informationelle Selbstbestimmung oder einen selbstbestimmten Tod.[35] Mit Etatisierungsdynamik meint *Lindner* die wachsende Verantwortungsübernahme des Staates für die Möglichkeit und das Gelingen von Selbstbestimmung etwa im Bereich der Daseinsvorsorge.[36] Als Desiderat benennt *Lindner* in diesem Kontext die Entwicklung einer „Ermöglichungsdogmatik“, die allerdings auf interdisziplinären Input angewiesen sei und den Gestaltungsspielraum des Gesetzgebers akzeptieren müsse.[37] Für *Lindner* eröffnet sich trotz dieser Mahnung zur Zügelung dogmatischen Gestaltungseifers einer interdisziplinär arbeitenden Verwaltungsrechtswissenschaft ein weites Feld zur Entwicklung von zivilgesellschaftlichen „Empowerment“-Konzepten etwa im Städtebau- und Planungsrecht sowie im Bildungsrecht.[38]

Nur indirekte verwaltungsrechtliche Relevanz besaßen die Vorträge im Themenblock „Zugehörigkeit und Partizipation“. *Antje von Ungern-Sternberg* (Trier) sprach über „Solidargemeinschaften“.[39] Gesetzlich verankerte Lasten für solidarisch Beitragende seien rechtfertigungsbedürftige Grundrechtseingriffe,[40] wenngleich der Verhältnismäßigkeitsgrundsatz aufgrund gesetzgeberischer Entscheidungsspielräume oft geringe Steuerungskraft entfalte.[41] Nur graduell relevanter ist die Steuerungskraft des Gleichheitsgrundsatzes.[42] Daher seien besondere Rechtfertigungshürden für fremdnützige Freiheitslasten im Sinne einer Nach-

---

32 *Augsberg*, VVDStRL 82 (2022), S. 29 ff.
33 *Lindner*, VVDStRL 82 (2022), S. 109 ff.
34 *Lindner* (Fn. 33), S. 116 ff.
35 *Lindner* (Fn. 33), S. 117.
36 *Lindner* (Fn. 33), S. 117 f.
37 *Lindner* (Fn. 33), S. 148 ff.
38 *Lindner* (Fn. 33), S. 150.
39 *von Ungern-Sternberg*, VVDStRL 82 (2022), S. 197 ff.
40 *von Ungern-Sternberg* (Fn. 39), S. 206, 231 f.
41 *von Ungern-Sternberg* (Fn. 39), S. 231, 238.
42 *von Ungern-Sternberg* (Fn. 39), S. 238 f.

rangthese[43] sowie die Einbeziehung von alternativen Belastungen anderer – z. B. besonders verantwortlicher – Adressaten im Sinne einer Drittbelastungsthese in die Verhältnismäßigkeitsprüfung zu erwägen.[44] Grundrechtlich war auch der Fokus des Vortrags von *Andreas Funke* (Erlangen) zum Thema „Multiple Identitäten".[45] Er griff unter anderem die Diskussion über die Anerkennung geschlechtlicher Selbstidentifikation auf.[46]

2. Referate zum Themenblock „Individuen und Intermediäre"

Die intensivsten Bezüge zum Verwaltungsrecht zeigten sich im Themenblock „Individuen und Intermediäre".

a) Erstreferat zum Unterthema Zivilgesellschaft (Hufeld)

Das Erstreferat von *Ulrich Hufeld* (Universität der Bundeswehr Hamburg) galt der „Zivilgesellschaft" und damit einem Phänomen und Begriff, das bzw. der in den letzten Jahren auch Eingang in die europäische und deutsche Rechtssprache gefunden hat.[47] Die Vereinigung und der Referent zeigten dabei im Sinne des von Schoch formulierten „unhintergehbaren Standards" ein deutliches Interesse nicht nur an diesen normativen Grundlagen, sondern nicht weniger am heterogenen zivilgesellschaftlichen Realbereich. Verwaltungsrechtssystematisch erscheinen mir vor allem die – im Referat selbst leider eher etwas beiläufig auftauchenden – Thesen *Hufelds* zur hybriden Stellung der Zivilgesellschaft zwischen Staatlichkeit und Individuen bedeutsam. Zivilgesellschaftliches Agieren charakterisiert *Hufeld* eingangs als „tätige[] Bürgerfreiheit, gerichtet auf Engagement in der öffentlichen Sache"[48]. Zugleich „will, kann und soll" Zivilgesellschaft nach *Hufeld* „kein Staat im Staate sein"; sie ist für ihn vielmehr „radikal staatsunähnlich".[49] Gleichwohl verfolgten Akteure der Zivilgesellschaft Gemeinwohlanliegen. Für ihr Handeln sei daher die Kombination partikularer und allgemeiner Interessen charakteristisch.[50] Das „Proprium" der Zivilgesellschaft ist für *Hufeld* „ihre komplementäre Kraft" oder präziser ihre Komplementärfunktion zur öffentlichen Verwaltung.[51] An anderer Stelle charakterisiert *Hufeld* gemeinnützige

---

43 *von Ungern-Sternberg* (Fn. 39), S. 232 ff.
44 *von Ungern-Sternberg* (Fn. 39), S. 238 ff.
45 *Funke*, VVDStRL 82 (2022), S. 247 ff.
46 *Funke* (Fn. 45), S. 260 f.
47 *Hufeld*, VVDStRL 82 (2022), S. 323 (325 ff.).
48 *Hufeld* (Fn. 47), S. 324.
49 *Hufeld* (Fn. 47), S. 336.
50 *Hufeld* (Fn. 47), S. 336.
51 *Hufeld* (Fn. 47), S. 336.

Organisationen, in denen sich Zivilgesellschaft assoziiert, als „republikanische[] Fachbehörden".[52]

Zwei wichtige spezifische Komplementärfunktionen zur staatlichen Gemeinwohlverwirklichung spricht *Hufeld* – systematisch etwas versteckt – richtigerweise konkreter an: (1.) Wissenstransfer etwa durch NGOs oder Whistleblower als Quellen von gemeinwohlrelevanten Informationen, die dem Staat andernfalls verschlossen blieben.[53] Und (2.) den überindividuellen Rechtsschutz mittels Verbandsklagen, die jedenfalls im traditionell individualrechtlich geprägten Verwaltungsrechtsschutzkonzept Deutschlands Schutzlücken schließen und neue Formen bürgerlicher Kontrolle in öffentlichen Angelegenheiten etablieren.[54]

Eine solche Komplementärfunktion verlangt sowohl Förderung als auch Qualitätssicherungen. *Hufeld* entfaltet daher in seinem Referat verschiedene Facetten eines Status- und Kooperationsrechts.[55] Für das Stiftungsprivatrecht lässt sich beispielsweise eine zunehmende Bedeutung der „gefahrenabwehrrechtlichen Dimension" der für Stiftungen rechtlich betrachtet existenznotwendigen staatlichen Anerkennungsentscheidung festhalten.[56] Angesichts zunehmender Tendenzen in EU-Mitgliedstaaten Modelle einer sogenannten illiberalen Demokratie mit gezielter Schrumpfung regierungskritischer Organisationen durchzusetzen, ist die vom Europäischen Parlament geforderte positiv aktivierende Statusordnung für zivilgesellschaftliche Akteure (sogenannte „Mindeststandardrichtlinie") von hoher staats- wie verwaltungsrechtlicher Relevanz.[57] Nicht weniger wichtig kann aber auch der Schutz zivilgesellschaftlicher Kritiker gesellschaftlicher Macht vor missbräuchlicher Inanspruchnahme von Gerichten durch finanzstarke Akteure – sogenannten strategic lawsuits against public participation (SLAPP) – sein.[58] Die in diesem Kontext von der EU-Kommission vorgeschlagene Anti-SLAPP-Richtlinie wagt einen Balanceakt zwischen unverzichtbarer Justizgewährung und Schutz vor Einschüchterung durch übermächtige Kläger.[59]

Als heikel erweisen kann sich laut *Hufeld* auch staatliche Alimentation: einerseits als staatliche „Vereinnahmung am goldenen Gängelband",[60] mit dem zivilgesellschaftliches Engagement – oft gerichtliche Kontrolle vermeidend – gezähmt werden könnte, und andererseits, wenn sich staatliche Akteure über finan-

[52] *Hufeld* (Fn. 47), S. 330.
[53] *Hufeld* (Fn. 47), S. 347 ff.
[54] *Hufeld* (Fn. 47), S. 349 f.
[55] *Hufeld* (Fn. 47), S. 337 ff.
[56] *Hufeld* (Fn. 47), S. 338 f.
[57] *Hufeld* (Fn. 47), S. 342 f.
[58] *Hufeld* (Fn. 47), S. 344.
[59] *Hufeld* (Fn. 47), S. 344 f.
[60] *Hufeld* (Fn. 47), S. 331.

ziellen Einfluss zivilgesellschaftlicher Akteure rechtsstaatlichen Bindungen z. B. für behördliche Publikumsinformationen entziehen. Diese Probleme wurden vor allem in der Abschlussdiskussion herausgehoben.[61] Hintergrund dieser Bedenken sind grundlegende – aus der Partizipationsdebatte bekannte – konzeptionelle Fragen demokratischer Legitimation zivilgesellschaftlicher Mitwirkung an der Bewältigung von Gemeinwohlbelangen.[62]

b) Zweitreferat zum Unterthema Selbstverwaltung (Bußjäger)

Peter Bußjägers (Innsbruck) Zweitreferat mit dem Titel „Selbstverwaltung" galt hingegen einem genuin verwaltungsrechtlichen Thema. Dabei fokussierte der Referent auf die sogenannte funktionale Selbstverwaltung, deren vielfältige Erscheinungsformen er ausgehend von der österreichischen Rechtslage illustrierte,[63] bevor er einen historischen Entwicklungsbericht lieferte.[64] In diesem entfaltete *Bußjäger* den für die Selbstverwaltung etwa von *Max Weber* und *Hans Kelsen* herausgearbeiteten Antagonismus zwischen „einer dem Staat abgerungenen Selbstregierung und Selbstverantwortung des Bürgers (…) und (…) einer sich professionalisierenden Staatsverwaltung"[65].

Normativ zeigte *Bußjäger*, dass die deutschsprachigen Verfassungstexte traditionell die funktionale Selbstverwaltung – anders als die kommunale Selbstverwaltung – allenfalls beiläufig adressieren, also im Wesentlichen zu den virulenten Legitimationsfragen[66] schweigen,[67] woraus ein großer Gestaltungsspielraum für den einfachen Gesetzgeber erwachsen ist.[68] Auch die im Jahr 2008 erfolgte explizite Verankerung von Grundsätzen der funktionalen bzw. nichtterritorialen Selbstverwaltung in der österreichischen Verfassung löst für *Bußjäger* wichtige Legitimationsfragen nicht, sondern wirft – insbesondere bezüglich der universitären Autonomie – neue Fragen auf.[69]

---

[61] Vgl. aus der Diskussion insb. *Wißmann*, VVDStRL 82 (2022), S. 413 f.; *Classen*, VVDStRL 82 (2022), S. 416; *Waldhoff*, VVDStRL 82 (2022), S. 417 f.; *Murswiek*, VVDStRL 82 (2022), S. 418; *Lindner*, VVDStRL 82 (2022), S. 420; *Heinig* VVDStRL 82 (2022), S. 421; *Kampny*, VVDStRL 82 (2022), S. 422 f.; *Schoch* VVDStRL 82 (2022), S. 423 f.

[62] Vgl. aus der Diskussion diese Problematik andeutend *Droege*, VVDStRL 82 (2022), S. 422; *Lepsius*, VVDStRL 82 (2022), S. 425 f.; ferner *Grimm*, VVDStRL 82 (2022), S. 416 f.; *Meinel*, VVDStRL 82 (2022), S. 419 und aus dem Schlusswort *Hufeld*, VVDStRL 82 (2022), S. 433 f.

[63] *Bußjäger*, VVDStRL 82 (2022), S. 363 (370 ff.).

[64] *Bußjäger* (Fn. 63), S. 372 ff.

[65] *Bußjäger* (Fn. 63), S. 377 sowie Fn. 61, 384, 388.

[66] *Bußjäger* (Fn. 63), S. 384 ff.

[67] *Bußjäger* (Fn. 63), S. 378 ff.

[68] *Bußjäger* (Fn. 63), S. 380 ff.

[69] *Bußjäger* (Fn. 63), S. 385 ff.

Abschließend behandelt *Bußjäger* unter Bezugnahme auf das Generalthema der Jubiläumstagung „Verfasste Freiheit“ bekannte Fragen (1.) des Schutzes von Selbstverwaltungskörpern gegenüber staatlichen Eingriffen,[70] (2.) des Schutzes der nicht an der partikularen Willensbildung beteiligten Außenstehenden vor Auswirkungen autonomer Rechtsetzung der Selbstverwaltungskörper auf ihre Freiheitspositionen und demokratischen Mitgestaltungsrechte[71] sowie (3.) des Schutzes der Individuen, die Zwangsmitglieder eines funktionalen Selbstverwaltungskörpers wie etwa einer Industrie- oder Arbeitnehmerkammer sind.[72] Aus einer liberalen Perspektive stellt sich bei alledem für *Bußjäger* nicht nur die Frage nach der Wahl des Gesetzgebers zwischen Selbstverwaltung oder staatlicher Verwaltungsorganisation, sondern vorgelagert, „ob (...) die Angelegenheit überhaupt der [beides übergreifenden] Staatsfunktion Verwaltung überantwortet werden soll“[73].

In der Diskussion wurden die Zweifel *Bußjägers* am Gelingen der neuen österreichischen Verfassungsregeln zur funktionalen Selbstverwaltung bestärkt,[74] dessen von ihm eingangs als inzwischen weitgehend konsentiert dargestellter Selbstverwaltungsbegriff kritisiert[75] und besonders bemerkenswert gefragt, „ob möglicherweise Selbstverwaltung sich beschreiben lässt als in den Staat hinein invertierte Zivilgesellschaft“,[76] wodurch die Trennlinien zwischen Zivilgesellschaft und funktionaler Selbstverwaltung zum Thema werden.[77]

3. Gesprächskreis Verwaltung

Im Gesprächskreis Verwaltung[78] wurde der eigentlichen Jahrestagung vorgelagert das überaus aktuelle Thema „Künstliche Intelligenz (KI) in der öffentlichen Verwaltung“ diskutiert.

Dazu gab *Margrit Seckelmann* (Hannover) einen Überblick über den aktuell in den Gesetzgebungsorganen der EU intensiv diskutierten Kommissionsentwurf für eine sogenannte KI-Verordnung.[79] Diese erfasst keineswegs allein die KI-Verwendung durch die öffentliche Verwaltung, sondern erstreckt sich aus einer

70 *Bußjäger* (Fn. 63), S. 397 ff.
71 *Bußjäger* (Fn. 63), S. 400 f.
72 *Bußjäger* (Fn. 63), S. 402 ff.
73 *Bußjäger* (Fn. 63), S. 407 Leitsatz 18.
74 *Eberhard*, VVDStRL 82 (2022), S. 426 f.
75 *Hufen*, VVDStRL 82 (2022), S. 428 f.
76 *Heinig*, VVDStRL 82 (2022), S. 421.
77 *von Lewinski*, VVDStRL 82 (2022), S. 428.
78 Zur Entwicklung des heutigen Gesprächskreises Verwaltung *Seckelmann* (Fn. 9), S. 677 ff.
79 Publiziert in Die Verwaltung 56 (2023), S. 1 ff.; zum Kommissionsentwurf für eine KI-VO s. COM(2021) 206 final.

Binnenmarktperspektive ebenso auf von Privaten genutzte KI-Systeme. Bilanzierend konstatierte *Seckelmann* kritisch einen Rückfall hinter den status quo des Risikoverwaltungsrechts, insbesondere in Bezug auf die besonders legitimationsbedürftige Einführung von Verwaltungs-KI.[80]

Im zweiten Referat qualifizierte *Christoph Krönke* (WU Wien) KI-Systeme der Verwaltung als „digitale Verwaltungshilfe", womit er auf eine Rechtsfigur und ein Ordnungskonzept aus dem Privatisierungsrecht zurückgriff.[81] Auf dieser Basis entwickelte *Krönke* verfassungsrechtliche und einfachrechtliche Maßgaben. Schlagworte sind aus verfassungsrechtlicher Perspektive Funktionsvorbehalte zugunsten menschlicher Amtsträger, technologiespezifische Gesetzesvorbehalte und KI-bezogene Organisationspflichten als Digitalisierungsfolgenrecht. In den Blick gerieten so KI-typische Fehlerquellen und KI-adäquate Kontrolloptionen. Einfachrechtlich thematisierte *Krönke* vor allem Anforderungen des allgemeinen Verwaltungsrechts an die behördliche Sachverhaltsermittlung sowie Grenzen für die Übertragung der Ausfüllung von Ermessens- und Beurteilungsspielräumen.

IV. Ausblick: Jahrestagung 2023 in Bochum

Die Anfang Oktober in Bochum unter dem Generalthema „Bestimmungsfaktoren `guter Verwaltung´" firmierende Jahrestagung 2023 wird einen erkennbar verwaltungsrechtlichen Schwerpunkt haben. Im Einzelnen sind Referate zum Thema „Historische Konstanten und neue Impulse in der Entwicklung des verfassungsrechtlichen Verständnisses von „guter Verwaltung"" von *Sebastian Unger* (Bochum) und *Bettina Schöndorf-Haubold* (Gießen); zu „Zeithorizonte von Verwaltung – Krisenmanagement, langfristige Planung und Systemkohärenz" von *Markus Ludwigs* (Würzburg) und *Jan Henrik Klement* (Freiburg), zu „Information als Voraussetzung des Verwaltungshandelns" von *Ralf Müller-Terpitz* (Mannheim) und *Johannes Reich* (Zürich) sowie zu „Supranationale und grenzüberschreitende Verwaltung – neue Formen der Ausübung von Hoheitsgewalt" von *Jörg Gundel* (Bayreuth) und *Monika Polzin* (Wien) vorgesehen. Das Programm verspricht damit für die Teilnehmer des deutsch-japanischen Verwaltungsrechtskolloquiums vielfältige Impulse für eine intensive Diskussion auf unserem Treffen in Tokyo.

---

80 Für einen diesbezüglichen Regelungsvorschlag s. European Law Institute, Model Rules on Impact Assessment of Algorithmic Decision-Making Systems Used by Public Administration, 2022 (abrufbar unter https://www.europeanlawinstitute.eu/projects-publications/completed-projects/ai-and-public-administration/); für eine grundlegende rechtsvergleichende Analyse *Dollinger*, Folgenabschätzungen für Verwaltungsalgorithmen, 2023.

81 Publiziert in Die Verwaltung 56/2023, S. 31 ff.

Vorstellung der Japanischen Staatsrechtslehrervereinigung

Hirotaka Tokumoto

I. Einführung

In diesem Bericht werde ich zunächst einen kurzen Überblick über die akademischen Gesellschaften in Japan geben, und dann die Geschichte der Gründung der „Japanischen Staatsrechtslehrervereinigung" (JStRLV) (Japan Public Law Association), der Organisation und des Managements sowie die Themen der Jahrestagungen 2021 und 2022 erläutern. Außerdem möchte ich den Bericht abschließen, indem ich die von anderen wissenschaftlichen Gesellschaften durchgeführte Analyse zum Online-Konferenzsystemen vorstelle.

II. Wissenschaft in Japan

1. Akademische Gesellschaften, Forschungsforen, Rechtssprechungsstudiengruppen

In diesem Bericht bezieht sich der Begriff „akademische Gesellschaften" zusammenfassend auf Organisationen, die von Wissenschaftlern organisiert wurden, um miteinander zu kommunizieren, Wissen und Informationen auszutauschen und Forschungsergebnisse zu präsentieren. Im Allgemeinen wird gesagt, dass es die folgenden fünf Standards und Bedingungen gibt, die akademische Gesellschaften erfüllen sollten. Akademische Gesellschaften sind danach: (1) gemeinnützige Organisationen, die zum Zweck der Förderung und Entwicklung ihrer Fachgebiete gegründet wurden; (2) die Hauptmitglieder der Organisationen sind Forscher; (3) verfügen über ein Sekretariat und eine Satzung; (4) veranstalten regelmäßig verschiedene akademische Treffen und (5) veröffentlichen akademische Zeitschriften wie institutionelle Zeitschriften. Es wird gesagt, dass es in Japan mehr als 1.000 akademische Gesellschaften mit diesen Merkmalen gibt.[1]

---

[1] Vgl. *Narisada*, in: World Encyclopedia 5 (Sekai Daihyakka Jiten 5), überarbeitete Neuauflage (Kaitei Shinban) 2007, S. 399 f.

Eine Akademische Gesellschaft ist eine Organisation, die durch die Qualitätskontrolle von Leistungen in der akademischen Welt Qualifikationen als Forscher bescheinigt. Eine wissenschaftliche Gesellschaft zu gründen und zu betreiben, erfordert von verantwortungsvollen Wissenschaftlerinnen und Wissenschaftlern große Anstrengungen. Daher haben sich in den letzten Jahren nicht wenige Foren etabliert, die auf der Idee beruhen, die Teilnahme aller an der zu diskutierenden Thematik Beteiligten zu ermöglichen, ohne die Qualifikation der Teilnehmer zu streng zu regeln.[2] In Japan findet seit 2002 das Verwaltungsrechtsforschungsforum statt. Der Grund dafür ist, dass es im Bereich des öffentlichen Rechts schwierig ist, eine dauerhafte Organisation mit verwaltungsrechtlichem Schwerpunkt zu etablieren, da es bereits mehrere wissenschaftliche Gesellschaften gibt.[3] Auch in der japanischen Rechtswissenschaft sind Studiengruppen für Rechtsprechung häufig. Solche Fallstudiengruppen sind nicht nur wichtig für die Entwicklung von Theorien, sondern die dort gebildete Forschungsgemeinschaft spielt eine wichtige Rolle[4] bei der Förderung von Forschern und akademischen Gesellschaften.[5]

2. Gründung wissenschaftlicher Gesellschaften in Japan

In Japan war die zweite Hälfte des 19. Jahrhunderts eine Zeit, in der die akademische Spezialisierung voranschritt und spezialisierte akademische Gesellschaften gegründet wurden.[6] Auf dem Gebiet des Rechts wurde 1887 eine akademische Gesellschaft mit Mitgliedern der Kaiserlichen Universität Tokio und 1900 eine akademische Gesellschaft mit Mitgliedern der Kaiserlichen Universität Kyoto gegründet. Dies sind jedoch alles Forschergemeinschaften, die an bestimmten Universitäten gegründet wurden, und keine landesweit tätigen akademischen Gesellschaften[7]. Die Ausnahme ist die Gesellschaft für Zivilprozessordnung, welche im Juni 1935 von Forschern der Zivilprozessordnung und des Insolvenzrechts gegründet wurde. Zu diesem Zeitpunkt nahmen 24 Forscher und Praktiker teil, und sie ist insofern einzigartig, als es nicht nur mit Akademikern,

---

[2] Vgl. *Kobayashi*, in: Fujigaki (Hrsg.), The Challenge of STS, 2020, S. 5.

[3] Vgl. http://www2.kobe-u.ac.jp/-kado/ad-law_forum/purpose.html [abgerufen am 22. Mai 2023].

[4] Vgl. *Oota*, in: Narita u. a. (Hrsg.), Verwaltungswandel und Perspektiven des öffentlichen Rechts (Gyōsei no Henyō to Kouhō no Tenbō), 1999, S. 66 ff.

[5] Vgl. *Tamai*, in: Narita u. a. (Hrsg.), Verwaltungswandel und Perspektiven des öffentlichen Rechts (Gyōsei no Henyō to Kouhō no Tenbō), 1999, S. 311 ff.

[6] Vgl. *Yajima=Nomura*, Meiji Cultural History 5 Academics [New Edition] (Meiji Bunkashi 5 Gakujyutsu [Shinsōban]), 1979 [Nachdruck des Originals 1954], passim.

[7] Vgl. *Narisada* (Fn. 1) S. 400.

sondern auch mit Praktikern als Mitglieder begann.[8] Ich denke, der Grund, warum es sich zu einer landesweiten Gesellschaft entwickelt hat, war, dass es möglich war, Diskussionen vom technischen Standpunkt aus zu führen, ohne Ideologie.

III. Gründung der JStRLV

1. Anlass der Gründung der JStRLV

Die JStRLV wurde kurz nach dem Zweiten Weltkrieg gegründet. Es wird gesagt, dass es vor dem Krieg nicht einfach war, eine landesweite akademische Gesellschaft für Studien des öffentlichen Rechts zu gründen. Allerdings gab es schon damals Gelehrte, die sich für die Notwendigkeit der Gründung einer landesweiten Gesellschaft für öffentliches Recht einsetzten. Einer von Ihnen war *Soichi Sasaki* von der Kaiserlichen Universität Kyoto. Er stellt fest, dass der Nutzen der Gründung einer solchen Gesellschaft so klar ist, dass sie keiner detaillierten Erklärung bedarf.[9] Da die Staatsrechtslehrertagung in Deutschland 1922 gegründet wurde,[10] ist es selbstverständlich, dass *Sasaki* etwa 20 Jahre später eine solche Aussage machte.[11]

2. Gründung der JStRLV

Jiro Tanaka von der Universität Tokio war eine der Personen, die zu seiner Gründung beigetragen haben. Die JStRLV wurde im Juni 1948 von sieben Gelehrten des öffentlichen Rechts und einem Richter gegründet, die Japan als Kulturnation unter der neuen Verfassung wieder aufbauen wollten.[12] In seinem Festvortrag zum 30-jährigen Jubiläum wies *Tanaka* darauf hin, dass der Grund, warum die/eine akademische Gesellschaft für Öffentliches Recht nicht vor dem Krieg gegründet wurde, darin bestand, dass die ideologischen Konflikte im öffentlichen Recht tendenziell emotional wurden.[13] In diesem Vortrag sagte er auch, dass die Erweiterung und Komplexität der Forschungsthemen in den Studien des öffent-

---

[8] Vgl. *Ito*, Liberty & Justice (Jiyū to Seigi) 55 (2004), S. 15 ff.

[9] *Sasaki*, Hoffnung auf die Gründung der Japanischen Staatsrechtslehrervereinigung – auch die Gründung der Gesellschaft der Japanischen Recht, Kouhō zasshi Bd. 7 Nr. 11 (1941), S. 99 ff.

[10] Vgl. *Schulze-Fielitz*, Die Wissenschaftskultur der Staatsrechtslehrer, 2022, S. 10 ff.

[11] Vgl. *Ishikawa*, The Chuo Law Review (Hōgaku Shinpō) 96 (1990), S. 3–84.

[12] Vgl. *Tanaka*, Journal of the Association of Political and Social Science (Kokka Gakkai zasshi) 63 (1949), S. 101.

[13] *Tanaka,* Public Law Review 41 (1979), S. 2.

lichen Rechts und die Diversifizierung der Forschungsmethoden zur Gründung der Gesellschaft für Öffentliches Recht geführt hätten.[14]

3. Politik und Gesellschaft für öffentliches Recht

In großen akademischen Gesellschaften, die aus Menschen mit unterschiedlichen Ansichten bestehen, wird es notwendig, die Ansichten der Mitglieder zu berücksichtigen, und es wird für die Gesellschaft als Ganzes schwierig, ein bestimmtes Werturteil zu demonstrieren. Die JStRLV hat freiwillig eine gewisse Distanz zu politischen Fragen gewahrt. Die Mehrheit der Mitglieder hat immer die Position vertreten, dass die JStRLV es vermeiden sollte, politische Äußerungen abzugeben, und diese Position wird im Allgemeinen bis heute aufrechterhalten und ist eine Tradition der JStRLV.[15] Insofern unterscheidet diese Distanz sich von der Vereinigung der Deutschen Staatsrechtslehrer, deren Satzung die Aufgabe vorsieht, Stellungnahmen zu wichtigen öffentlich-rechtlichen Fragen gegenüber Regierung und Parlament abzugeben (§ 1 Abs. 3 der Satzung der Vereinigung der Deutschen Staatsrechtslehrer).[16] Auf der anderen Seite gibt es das Science Council of Japan (SCJ) – es versteht sich als eine Art Akademie der Wissenschaften –, das sich immer wieder mit dem Verhältnis von Wissenschaft und Politik auseinandergesetzt und gelegentlich politische Stellungnahmen abgegeben hat.[17] 2020 weigerte sich der Ministerpräsident, vom SCJ empfohlene Mitglieder zu ernennen. Die JStRLV wird 2021 eine Sondersitzung zu diesem Thema abhalten, um eine akademische Studie zu versuchen. Während Hunderte von wissenschaftlichen Gesellschaften diese Frage kritisierten, hielt die JStRLV an einem Stil fest, in dem einzelne Forscher ihre Meinungen aus akademischer Perspektive veröffentlichten und prüften.

IV. Organisation

1. Mitgliedschaft und Verwaltung

Um Mitglied der JStRLV zu werden, müssen dem Vorstand eine Bescheinigung über die Fähigkeit, zur Entwicklung öffentlich-rechtlicher Studien beizutragen,

---

[14] *Ders.* (Fn. 13), S. 2 f.

[15] *Ders.* (Fn. 13), S. 6; *Ashibe*, in: Higuchi u. a. (Hrsg.), 50 Jahre Verfassungslehre (Kenpō Riron no 50 nen), 1996, S. 330–338.

[16] Vgl. *Takada*, Zivilisation und Philosophie (Bunmei to Tetsugaku) 11 (2019), S. 150–158.

[17] Vgl. *Takayanagi*, Historical Journal (Rekishi Hyōron) 401 (1983), S. 80–93.

oder Empfehlungsschreiben von zwei oder mehr Mitgliedern zur Genehmigung vorgelegt werden (§ 5 · 6 der Satzung der JStRLV).

1950 betrug die Zahl der Mitglieder der Gesellschaft für öffentliches Recht 160, heute sind es mehr als 1.200. Bis 1959 fand die Tagung zweimal jährlich statt, seit 1970 nur noch einmal jährlich im Herbst. Grund dafür ist die Notwendigkeit der Abstimmung mit anderen verwandten Gesellschaften, und die Zunahme der Mitgliederzahl hat den Vorbereitungsaufwand erhöht.[18]

Übrigens, obwohl der Umfang der Gesellschaft zu dieser Zeit klein war, war ein enormer Aufwand erforderlich, um die Gesellschaft zu führen. Deshalb wurde 1971 eine Stiftung gegründet, die sich um die Mitgliederansprache und die Buchhaltung kümmerte. Diese Körperschaft war für rund 300 kleine und mittelgroße wissenschaftliche Gesellschaften mit Verwaltungsaufgaben betraut, ging aber 2004 aufgrund operativer Probleme in Konkurs. Derzeit unterstützt ein als Nachfolgeorganisation gegründeter eingetragener Verein die Geschäfte der jeweiligen wissenschaftlichen Gesellschaft.[19]

Der Vorstand der JStRLV besteht aus Vorstandsmitgliedern, die für drei Jahre im Amt sind. Zwanzig der Gesamtzahl der Vorstandsmitglieder werden von allen Mitgliedern gewählt. Die gewählten Vorstandsmitglieder wählen die verbleibenden etwa 20 Vorstandsmitglieder unter Berücksichtigung der Ausgewogenheit ihrer Zugehörigkeit, Region, Alter usw. aus und schlägt sie dem Vorstand vor.[20] Der Präsident wird vom Vorstand gewählt. Als Vorstandsmitglieder kommen diejenigen in Frage, die „zur Entwicklung von Studien zum öffentlichen Recht beitragen oder beitragen sollten" (§ 5 der Satzung der JStRLV).

2. Festlegung der Tagungsthemen

Auf der Jahrestagung werden vier Berichte vorgelegt, danach wird sie in zwei Sitzungen aufgeteilt, die sich jeweils mit einem verwandten Thema befassen. Zuvor wurde das Thema der Jahrestagung auf der Grundlage von Beratungen des Vorstands festgelegt. Seit 1994 wurde angesichts der zunehmenden Komplexität von Studien zum öffentlichen Recht ein Ausschuss eingerichtet, der sich aus Wissenschaftlern in der Mitte ihrer Karriere zusammensetzt, um deren Meinung zu den jeweiligen Themen einzuholen. Die endgültige Entscheidung trifft der Vorstand auf der Grundlage des Berichts des Ausschusses. Sobald das Thema der Jahrestagung festgelegt ist, ernennt und organisiert der Vorstand einen „Verwaltungsausschuss der Jahrestagung" (etwa 10 Personen), und der Verwaltungsaus-

---

[18] Vgl. *Sato*, Public Law Review 61 (1999), S. 1 ff.; *Hasebe*, Liberty & Justice (Jiyū to Seigi) 55 (2004), S. 23 ff.

[19] http://www.asas.or.jp/index.html [abgerufen am 22. April 2023].

[20] Vgl. *Hasebe* (Fn. 18), S. 25.

schuss entscheidet über Berichterstatter. Es ist üblich, dass ein Mitglied des Ausschusses auch den Tag leitet.[21]

„Das Public Law Review (Kouhō Kenkyū)“, die Zeitschrift der JStRLV, veröffentlicht Berichte und stellt bemerkenswerte Bücher und Abhandlungen zum Verfassungs- und Verwaltungsrecht vor, die im Laufe des Jahres erschienen sind. Ab „Public Law Review Nr. 66 (2004)“ wurde ein offenes Ausschreibungssystem eingeführt, und Beiträge, die hauptsächlich von jungen Forschern eingereicht wurden, werden veröffentlicht.[22]

Seit 2010, als die Zahl der Mitglieder zunahm, begann die JStRLV, zusätzlich zu den üblichen Sitzungsberichten kleinere Angebotberichtssitzungen abzuhalten. In dieser Sitzung werden mehrere Mitglieder, die sich im Voraus beworben haben, in etwa 90 Minuten nach dem Jahrestagungsbericht am ersten Tag Forschungsberichte vorlegen. Ab 2022 wurde das System jedoch dahingehend überarbeitet, dass es sich auf die Themen der Jahrestagung beschränkt und nicht mehr auf die freiwilligen Themen der Bewerber. In der neu eingerichteten einzelnen Berichtssitzung wird der Ausschuss einen Berichterstatter aus relativ jungen Forschern auswählen, die zu Themen im Zusammenhang mit dem Thema der Jahrestagung forschen, und auch Kandidaten wie bisher offen rekrutieren.[23]

Sasaki, der bereits erwähnt wurde, argumentierte, dass „Forschung zum öffentlichen Recht in anderen Ländern oder vergleichende Forschung zum öffentlichen Recht in anderen Ländern“ auch zur Entwicklung von Studien zum öffentlichen Recht in Japan beitragen würde. Er plädierte dafür, das Studium des japanischen öffentlichen Rechts aus einer breiteren Perspektive anzugehen und sich nicht auf das Studium des für Japan spezifischen öffentlichen Rechts zu beschränken.[24] Japans Modernisierung seit Beginn der Meiji-Zeit begann damit, die Systeme anderer Länder, einschließlich Deutschlands, zu lernen, und es scheint, dass *Sasaki*s Behauptung in Japan ganz natürlich war. § 3 der Satzung der JStRLV besagt: „Zweck der Gesellschaft ist die Förderung der öffentlich-rechtlichen Forschung (einschließlich Verfassungsrecht, Verwaltungsrecht, Staatsrecht und verwandter Fachgebiete) und der gegenseitigen Zusammenarbeit der Wissenschaftlerinnen und Wissenschaftler sowie die Herstellung von Kontakten zu ausländischen wissenschaftlichen Gesellschaften.“ Berichterstatter erstellen häufig Berichte auf der Grundlage von Erkenntnissen aus der ausländischen Rechtsforschung und der rechtsvergleichenden Forschung.

---

[21] Vgl. *Hasebe* (Fn. 18), S. 25.

[22] Vgl. *Hasebe* (Fn. 18), S. 25.

[23] http://www.asas.or.jp/publiclaw/session.html [abgerufen am 22. April 2023].

[24] *Sasaki* (Fn. 9), S. 100.

V. Themen der Jahrestagungen 2021 und 2022

1. Thema der Jahrestagung 2021

Die Jahrestagung 2020 wurde aufgrund von Covid-19 abgesagt, aber die 85. Jahrestagung[25] wurde im Oktober 2021 unter Verwendung eines Online-Konferenzsystems abgehalten. Der Gastgeber der Jahrestagung war die Ryukoku-Universität in Kyoto. Das Berichtsmanuskript wurde vorab auf der speziellen Website der Gesellschaft verteilt, am Tag der Tagung fanden lediglich Fragen und Diskussionen statt. Das Thema der Jahrestagung lautet „Gewaltenteilung und Machtkontrolle in der Gegenwart". Politische und administrative Reformen, die seit den 1990er Jahren durchgeführt wurden, haben es bis zu einem gewissen Grad geschafft, bürokratische Herrschaft und Partikularinteressen zu brechen. Auf der anderen Seite hat es jedoch negative Auswirkungen wie eine zu sensible Politik, eine übermäßige Machtkonzentration beim Ministerpräsidenten und eine dysfunktionale Unterdrückung der Politik durch die Bürokratie und die Medien mit sich gebracht. Die Justiz bleibt zurückhaltend und dient der Kontrolle der Politik nur unzureichend. Es war der Zweck der Jahrestagung, den gegenwärtigen Stand der oben genannten Probleme zu untersuchen.[26] Auf der Jahrestagung wurden am ersten Tag vier Präsentationen gehalten, und am zweiten Tag in der ersten und zweiten Sitzung jeweils fünf Berichte vorgestellt. Am ersten Tag gab es vier Jahrestagungsberichte, „Die zeitgenössische Bedeutung der Gewaltenteilung" (*Norikazu Kawagishi*), „Reformen der Beziehung zwischen Politikern und Beamten und der Bürokratie" (*Takio Honda*), „Parlamentarische Kontrolle und Kontrolle der Regierung" (*Kazuaki Harada*) und „Machtkontrolle durch die Justiz" (*Keiko Yamagishi*). Die Berichte der einzelnen Sitzungen entnehmen Sie bitte der beigefügten Anlage.[27]

Darüber hinaus wurde, wie oben erwähnt, die „Sondersitzung zu Angelegenheiten des SCJ" abgehalten.[28] Die Themen des Vortrags waren „SCJ und Wissenschafts- und Technologieverwaltung – Mehr als 70 Jahre Geschichte" (*Seigo Hirowatari*), „Die Frage der Ablehnung der Ernennung von Mitgliedern des SCJ aus verfassungsrechtlicher Sicht" (*Hiroshi Matsuda*) und „Untersuchung der Akademie der Wissenschaften aus öffentlich-rechtlicher Perspektive – Ein Vergleich der Akademie der Wissenschaften in Japan und Deutschland" (*Hirotaka Tokumoto*).

---

[25] Vgl. Public Law Review No. 83.

[26] Vgl. Broschüre zur 85. Jahrestagung.

[27] Auf der Rückseite von Public Law Review wird das Thema des Berichts in europäischen Sprachen vorgestellt.

[28] Der Bericht und die Diskussion sind veröffentlicht in The Horitsu Jiho, Vol. 94 No. 2, S. 65 ff.

2. Thema der Jahrestagung 2022

Auch die 86. Jahrestagung[29] im letzten Jahre wurde in ähnlicher Weise über ein Online-Konferenzsystem abgehalten. Die ausrichtende Universität war die Waseda-Universität in Tokio. Das Thema der Jahrestagung lautet „Gesellschaftskrise und öffentliches Recht – Angesichts der Covid-19-Pandemie". Es gibt unterschiedliche Auffassungen darüber, ob die Corona-Krise auf der Ebene bestehender Gesetze behandelt werden sollte oder ob von normalen Zeiten abweichende menschenrechtliche Einschränkungen gerechtfertigt werden sollten.[30] Der Jahrestagungsbericht wurde mit dem Ziel erstellt, ein Gesamtbild für die Überprüfung der Reaktion der Regierung auf die Corona-Krise zu präsentieren sowie eine theoretische Untersuchung des Systems und der rechtlichen Grundlagen der Krisenreaktion durchzuführen. Auf der Jahrestagung am ersten Tag wurden folgende Themen diskutiert: „Reaktionen auf Krisen und Notfälle und Konstitutionalismus" (*George Shishido*), „Pandemien und Verfassungen: Verfassungsstrukturen in Risikogesellschaften" (*Keigo Obayashi*), „Über Methoden der Krisenreaktion – aus der Perspektive des institutionellen Designs" (*Kenji Shimoyama*), und „Bekämpfung von Infektionskrankheiten und Auslegung und Operation eines positiven Rechtssystems" (*Shigeki Nakahara*). Die Themen der 1. und 2. Sitzungen habe ich im Anhang dargestellt.[31]

Die oben erwähnten neuen Einzelberichtssitzungen wurden auch in zwei Sitzungen unterteilt und behandelten die folgenden Themen. In der ersten Sitzung ging es um „rechtsvergleichende Prüfung von Maßnahmen gegen neuartige Coronavirus-Infektionen", in der zweiten Sitzung um „Konstitutionalismus und Rechtsstaatlichkeit bei neuen Coronavirus-Infektionen". Jeder Berichterstatter verwies auf die Situation in den Vereinigten Staaten, Deutschland und China und berichtete aus der Perspektive des Verhältnismäßigkeitsprinzips, des Vorsorgeprinzips und des Katastrophenrechts usw.

VI. Vor- und Nachteile von Online-Konferenzsystem

In den letzten zwei Jahren haben viele akademische Gesellschaften Online-Konferenzen abgehalten, und die Japan Surgical Society (JSS) hat ihre Vor- und Nachteile untersucht. Diese Konferenz wurde bereits 2020 online durchgeführt

---

[29] Diesen Herbst erscheint die Public Law Review No. 84, die den Inhalt der 86. Jahrestagung enthält. Daher basiert die Vorstellung hier auf der Broschüre der 86. Jahrestagung.

[30] Vgl. Broschüre zur 86. Jahrestagung.

[31] Public Law Review No. 84, das diesen Herbst veröffentlicht wird, wird die endgültigen europäischen Sprachthemen enthalten, so dass die hier gezeigten Themen vorläufig sind.

und zusammen mit der Konferenz 2021 wurde die Online-Konferenz in der im März 2022 erschienenen Zeitschrift (Band 123 Nr. 2) dokumentiert.[32] JSS ist eine große Gesellschaft mit etwa 15.000 Teilnehmern pro Jahr, aber etwa 21.000 Menschen nahmen an der 120. Tagung (2020) und etwa 17.000 Menschen an der 121. Tagung (2021) teil. Fragen wurden in Echtzeit gestellt, und Fragen wurden in einem Chat-Format angenommen. Ein Kommentator wies darauf hin, dass die inhaltliche Qualität bis zu einem gewissen Grad gesichert sei, andererseits bekräftigte er die Bedeutung des Aufbaus persönlicher menschlicher Beziehungen und das Sammeln von Erinnerungen an Reisen zu akademischen Konferenzen und äußerte die Meinung, dass hybride Konferenzen zum Standard werden sollten. Andere argumentieren, dass die Vorteile von Online-Konferenzen die Vermeidung von überfüllten Räumen, die Reduzierung der zeitlichen und finanziellen Belastung der Teilnehmer, die Möglichkeit der Teilnahme von unterwegs, die Nutzung von Chat- und Fragebogenfunktionen und das Sammeln von Zugangsdaten sind. Als Nachteile weist derselbe Kommentator jedoch darauf hin, dass die Internetumgebung den Grad der Zufriedenheit beeinflusst, es schwierig ist, die Atmosphäre der akademischen Gesellschaft zu erfassen, die Diskussion zu vertiefen, und Notfallmaßnahmen zu ergreifen, wenn die Verbindung unterbrochen wird.

Die Vorteile der Vorveröffentlichung des Archivs sind darüber hinaus die wiederholte Einsehbarkeit, die Möglichkeit, sich uneingeschränkt zwischen den virtuellen Orten zu bewegen und die Möglichkeit, auf unauffällige Studien aufmerksam zu machen. Nachteile sind mangelnde Diskussionsentwicklung, Verlust von Präsentationserfahrung und Risiko des Langzeitsehens (insbesondere in den Naturwissenschaften kann die Nutzung unveröffentlichter Daten zurückhaltend sein und die Nachahmungsforschung zunehmen).

Die JSS ist etwa 20-mal größer als die JStRLV, und die personelle und finanzielle Ausstattung, um Veranstaltungsorte zu sichern und die Ausführung vorzubereiten, ist sehr unterschiedlich. Die Analyse der oben erwähnten Vor- und Nachteile scheint jedoch etwas informativ sein.

---

[32] Das Journal of the Japan Surgical Society Vol. 123 No. 2 (2022) berichtet über akademische Aktivitäten, die sich durch die Corona-Krise stark verändert haben.

Anhang

Themen der Sitzungen der JStRLV in 2021 und 2022

【*2021*】

Thema der Jahrestagung: Contemporary Issues on the Separation of Powers and the Control over Government

Norikazu Kawagishi, The Contemporary Significance of the Separation of Powers
Takio Honda, Reforms of the Politician-Official Relationship and the Bureaucracy
Kazuaki Harada, Parliamentary Control and Scrutiny of Government
Keiko Yamagishi, Control of Power by the Judiciary

Sitzung 1: Government of Limited Powers: Organizations and Entities

Ryota Muranishi, Parlamentsorganisation im parlamentarischen Regierungssystem
Shigeru Kijuji, Funktionen und Herausforderungen der Regierungs- und Verwaltungsorganisation
Youhei Jodai, Die kommunale Selbstverwaltung als das System der Gewaltenteilung und Gewaltenkontrolle
Osamu Nishigami, Zur Stellung und Funktion der Rechtssubjekte bei objektiven Streitigkeiten
Itsuko Yamaguchi, Safeguarding the Mass Media's Checking Function as the Fourth Estate: Designing Digital Governance Structures for Liberty, Openness, and Transparency

Sitzung 2: Government of Limited Powers: Methods and Procedures

Tomonobu Hayashi, Deliberation und Entscheidung im parlamentarischen Regierungssystem
Kazuhiro Hayakawa, Significance and Issues of Controlling Public Authority Action through Appropriate Management and Disclosure of Public Records and Archives Management

Yosuke Orihashi, Position of Administrative Appeal Review and Administrative Tribunal Decision *Kazumasa Inaba*, Controlling Administrative Power through Participation: Experiences and Lessons
Kensuke Ueda, Current Issues of the Control System of Public Finance in Japan

【*2022*】

Thema der Jahrestagung: Gesellschaftskrise und öffentliches Recht – Angesichts der Covid-19-Pandemie

George Shishido, Reaktionen auf Krisen und Notfälle und Konstitutionalismus
Keigo Obayashi, Pandemien und Verfassungen: Verfassungsstrukturen in Risikogesellschaften
Kenji Shimoyama, Über Methoden der Krisenreaktion – Aus Sicht des Systemdesigns
Shigeki Nakahara, Bekämpfung von Infektionskrankheiten und Auslegung und Operation eines positiven Rechtssystems

Sitzung 1: Bekämpfung von Infektionskrankheiten und Sicherstellung der Menschenrechte

Shohei Eto, Maßnahmen gegen Infektionskrankheiten und Einschränkungen der Menschenrechte – Berücksichtigung aus den Grundsätzen der Menschenrechte
Tetsuji Matsumoto, Einschränkungen der Menschenrechte und Schadensersatz oder Versorgung als Maßnahmen gegen Infektionskrankheiten
Misaki Maki, Maßnahmen gegen Infektionskrankheiten und Gleichstellung – Überprüfung des Verfassungsidee
Takashi Jitsuhara, Informationen zur Bekämpfung von Infektionskrankheiten
Satoshi Yamada, Globale Reaktion auf Infektionskrankheiten: Bedeutung und Grenzen

Sitzung 2: Methoden zur Bekämpfung von Infektionskrankheiten

Hiroshi Matsudo, Reaktion der Regierung und rechtliche Grundlagen
Shigeaki Owaki, Finanzhilfe etc. als Maßnahmen gegen Infektionskrankheiten
Tetsu Isobe, System der medizinischen Versorgung
Junko Iijima, Konzentration und Dezentralisierung der Kompetenzen (Beziehung zwischen nationalen und lokalen Regierungen)
Yosuke Tezuka, Politiker, Regierungsbeamte und Experten in der Krisenreaktion: Rollen und Grenzen des Fachwissens

Stichwort- und Personenverzeichnis

Verzeichnis der Autorinnen und Autoren

Prof. Dr. *Michael Fehling*, LL.M. (Berkeley), Bucerius Law School Hamburg

Prof. Dr. *Stephan Harbarth*, LL.M. (Yale), Präsident des Bundesverfassungsgerichts

Prof. Dr. *Ralf Müller-Terpitz*, Universität Mannheim

Prof. Dr. *Masahiko Ohta*, University of Tokyo

Prof. Dr. *Hermann Pünder*, LL.M. (Iowa), Bucerius Law School Hamburg

Prof. Dr. *Jens-Peter Schneider*, Universität Freiburg

Prof. Dr. *Friedrich Schoch*, Universität Freiburg

Prof. *Atsushi Takada*, Osaka University

PD Dr. *Tomohiko Tatsumi*, University of Tokyo

Prof. *Hirotaka Tokumoto*, Chuo University, Tokyo

Prof. Dr. *Ryuji Yamamoto*, University of Tokyo

Verzeichnis der Teilnehmerinnen und Teilnehmer

Prof. Dr. *Martin Burgi*, Universität München

Prof. Dr. *Michael Fehling*, LL.M. (Berkeley), Bucerius Law School Hamburg

Prof. Dr. *Bernd Grzeszick*, LL.M. (Cambridge), Universität Heidelberg

Prof. Dr. *Hiroki Harada*, Kyoto University

Prof. Dr. Dr. h.c. *Wolfgang Kahl*, Universität Heidelberg

Prof. Dr. *Ann-Katrin Kaufhold*, Universität München

Prof. Dr. *Ralf Müller-Terpitz*, Universität Mannheim

Prof. Dr. *Shoichiro Nishido*, Seijo University, Tokyo

Prof. *Yoichi Ohashi*, Gakushuin University, Tokyo

Prof. Dr. *Masahiko Ohta*, University of Tokyo

Prof. Dr. *Hermann Pünder*, LL.M. (Iowa), Bucerius Law School Hamburg

Prof. Dr. *Hans Christian Röhl*, Universität Konstanz

Prof. Dr. *Jens-Peter Schneider*, Universität Freiburg

Prof. Dr. *Friedrich Schoch*, Universität Freiburg

Prof. Dr. *Bettina Schöndorf-Haubold*, Universität Gießen

Prof. *Takeshi Shimamura*, Kobe University

Prof. *Atsushi Takada*, Osaka University

Prof. *Hikaru Takagi*, Kyoto University

PD Dr. *Tomohiko Tatsumi*, University of Tokyo

Prof. *Hirotaka Tokumoto*, Chuo University, Tokyo

Prof. Dr. *Ryuji Yamamoto*, University of Tokyo